U0111713

大展好書　好書大展
品嘗好書　冠群可期

大展好書　好書大展
品嘗好書．冠群可期

武術特輯
84

形意拳械精解

（下）

邸國勇　編著

大展出版社有限公司

前　言

　　爲了適應當前武術蓬勃發展的需要，在人民體育出版社的大力支持和幫助下，我編著了這本《形意拳械精解》。本書分上下兩冊，上冊主要内容是五行拳、十二形和傳統套路；下冊主要是刀、槍、劍、棍和八字功。

　　上冊共有七章，第一章形意拳的起源。第二章椿功，介紹了五個椿法，以三體勢爲主，不但講述了三體勢的來源和内中含義，而且對各部的要領和具體要求作了較爲詳細的講解。砸椿是一種長功快的椿法，混元椿注重養身和放鬆，降龍、伏虎椿外注重間架結構的正確和勁力的合順，内練心、意、氣、神。

　　第三章五行拳，重點放在每一個拳法的勁力問題，整勁是形意拳最顯著的特點之一，對每一個拳法動作勁力的來源，各部如何協調配合，關鍵部位在哪裡，以及怎樣打出整勁等問題，進行了詳細的分析和講解；對五行拳的呼吸方法作了介紹，使動作與呼吸相配合。

　　第四章十二形，突出了每一形在練習中應帶有的意念和意境。在形意拳各拳法的練習中，如果沒有意念去指導，那只叫「形拳」。目前有重形輕意的現象，在練拳時，我們應該帶著什麼樣的意念？用什麼樣的意念去指導練習？練習形意拳不能沒有意，應該「形」「意」並重，在練拳的過程中，有什麼樣的意念，就有什麼樣的勁力；有什麼樣的意

境，就有什麼樣的功夫。

第五、六章是傳統套路和對練，完全保留了民間傳統的練法，只是在勁力和意念方面加入了自己的心得體會。第七章是自己學練的心得體會，只能起拋磚引玉的作用。

對我來說，書的編寫過程就是一個學習總結和提升的過程，也是一個對形意拳加深認識理解和體悟的過程。雖然書稿即將面世，但我並沒感到輕鬆。武術事業的發展，給我們提出的任務是相當艱巨的，特別是形意拳在理論科學化的問題上，還遠遠跟不上形勢發展的需要。我真誠的希望武林同道和前輩及廣大讀者多提寶貴意見，多方面地批評指正，本身就是對我的關心和愛護，有利於自己的提升，有利於形意拳今後的發展。

在本書的編輯過程中，趙新華先生給予了大力的幫助，趙先生審稿之嚴格，編審之認真，使我深受感動。另外，我的弟子劉明亮、楊樹東爲我拍攝了大量的照片，還有我的好友康戈武先生，前國家武術院院長徐才先生在百忙中爲本書寫序，在此一併表示深深的感謝。

作　者

目　錄

第一章　形意拳八字功

八字功是形意拳體系中一個重要的組成部分。在民間傳統形意拳中，八字功是功拳。功拳是指增加功力的拳術，是指在實用中能產生較大效力的拳術。拳譜中講：「形意拳皆以五行，十二形為體，其餘為用。功拳者，形意致用之學也。學問之道，必須體用兼備，方為上乘，惟拳術亦然。」

八字功是以「展、截、裹、跨、挑、頂、雲、領」這八個字命名的動作功法。每一個字各由幾個動作組成，各字含有不同的練法、勁法和用法。每一字既可單獨練習，也可八個字串起來練。練習八字功，以充實五行拳、十二形拳對身體各部位的勁法，練習身體在多種方位、多種角度的發勁方法。同時，也進一步豐富和完善了形意拳的手法和技法，可以提高實戰應變的能力。

這套八字功是取自 1919 年保定軍官學校編寫的《武術研究社成績錄》，由於老譜文字過於簡略，圖又僅繪單勢，從文圖中很難了解動作的細節以及過程。本人對老譜進行多年的研習和演練，並向諸多前輩好友請教，在老譜的基礎上，增添了動作過程和動作要點，用文字和圖片詳細說明，並配以歌訣加強記憶。這樣使初學者能按圖學練，並能加深理解。

形意拳八字功歷來被拳家視若珍寶，不輕易外傳，致使這套功法在社會上流傳不廣，有的只知其名，而不知其

實。有的雖名同而實異，這是由於師承不同、各人對拳譜理解的不同而產生的。

<h1 style="text-align:center">第一節　展字功</h1>

一、概　述

拳譜云：「展者，寬展之義，即拓展手足也。」說文解字中講：「展，轉也。展轉者，急伸急屈不適而求適之意態也。」展，有展開、放開、伸展、舒張之意。在八字功裡，展字功是表現一種形象之意，姿勢展開，拓展手足，側身而進擊。在有的拳譜裡展字功取的是「斬」字。斬有砍斷、截斷的含義，說斬字功是劈拳。「展」和「斬」音同字不同，內中含義差距較大。所以在動作結構、技法內容以及實際用法方面都各不相同。

二、展字功內容

展字功動作內容包括：（一）起勢（自左三體勢起）；（二）右上步虎托；（三）右展勢；（四）上步左劈拳；（五）左展勢；（六）上步右劈拳。

三、展字功練法

(一)起勢（自左三體勢起）

1.動作過程

① 立正姿勢站好，面對練拳方向 45°角或面正對練拳

圖 1-1

圖 1-2

方向均可（圖 1-1）。

②兩足不動，兩手自體兩側以手心向上，徐徐向上抬起，兩臂自然彎曲，兩掌與肩平；目視右手（圖 1-2）。

③兩臂屈肘，使兩掌在面前合攏，兩掌指相對，掌心向下，同時下按至小腹前。同時，兩腿彎曲向下蹲，兩膝併攏；頭向上頂，目視左前方（圖 1-3）。

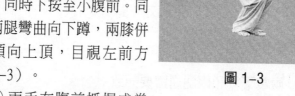

圖 1-3

④兩手在腹前抓握成拳翻轉，拳心向上，左拳在小腹不動，右拳自小腹向上、經心窩向上、向前鑽出。右拳小指上翻，高與鼻齊；目視右拳（圖 1-4）。

圖 1-4　　　　　　　　　　　圖 1-5

　　⑤ 左足向前進一步，右足不動，兩足距離約為自己的一小腿長，左腿微屈，右腿彎曲，大部分重量在右腿（重量分布約為前三後七和前四後六之間，以黃金分割點 0.618 為標準）；同時，左拳自小腹向上、經心窩向右臂肘部、順右前臂向前鑽出，拳心向上。左拳與右拳相交時，兩拳變掌內旋，左掌向前下劈出，左臂微屈，左掌心向下，腕微塌，掌指高與肩齊。同時，右掌拉回至小腹，掌心向下；頭向上頂，目視左手前方（圖 1-5）。

2.動作要點

　　① 兩掌下按和兩腿屈蹲要一致。
　　② 左掌劈出與左足上步要同時。
　　③ 起勢動作精神要飽滿，眼神要貫注。

圖 1-6①

圖 1-6②

（二）右上步虎托

1.動作過程

　　① 左足向前進半步，右足跟進至左足內側不落地；兩膝相靠，左腿屈膝成獨立步站穩；同時，右手以掌心向下順左臂下向前穿，至兩腕相交時，兩掌在身前各自向左、向右畫弧繞圓，兩掌心均斜向前，畫弧繞圓收抱於兩腰側，兩掌心向前，掌指向下，頭向上頂，目視前方（圖1-6①②）。

　　② 右足向前上一大步，左足跟進半步，成右前左後三體勢步型；同時，雙掌向前下托出，掌心向前，掌指向下，兩掌相距約一拳，兩肘部微屈，高與小腹齊，目視兩掌前方（圖1-7）。

圖 1-7   圖 1-8

形
意
拳
械
精
解
（
下
）

2.動作要點

① 兩掌左右畫弧與左足進步要協調一致。

② 兩掌托出與右足上步落地要整齊一致。

（三）右展勢

1.動作過程

①左足向後退半步，右足隨之向後撤至左足前方，大部分重量在左足；同時，雙手握拳，拳心向上，左拳順右臂外側向上鑽，高與鼻齊，右臂屈肘左掩至身前，右拳高與鼻齊，兩拳心向裡，兩肘合抱；目視拳前方（圖 1-8）。

②右足向前進一大步，右腳尖微向內扣落地，左足跟進半步，左足橫落，身向左轉 90°，重心下坐，大部分重量

圖 1-9① 　　　　　圖 1-9②

在左足，成右前左後的半馬步型；同時，左拳由前向上、
向後拉至左額角處，拳內旋，拳眼向下，左臂屈肘向外撐
出；右拳下翻內旋至拳眼向下，右肘抬起略高過肩，隨上
步轉身，右拳向前打出，右臂微屈，拳眼向下，拳心向
後，高與胸齊；目視右拳（圖 1-9①②）。

2.動作要點

①左足退步與左拳上鑽、右拳左掩要上下同時動作。
②右足進步與右拳向前下栽打要同時，重心下坐，兩
腿成半馬步型。

（四）上步左劈拳

1.動作過程

① 右足向後撤半步，重心後移，身微右轉；同時，左

圖 1-10

圖 1-11

拳自頭左側向下拉回至左腰側，拳心向上，左肘貼肋；右拳外旋拉回至小腹，拳心向上；目視前方，頭向上頂（圖1-10）。

②右足向前進半步，左足跟進至右足內側不落地；同時，右拳經心窩向前、向上鑽出，小指上翻，高與鼻齊，左拳不動；頭向上頂，目視右拳前方（圖1-11）。

③左足向前上一大步，右足跟進半步，大部分重量在右足；同時，左拳經心窩，順右臂變掌向前劈出，右拳變掌，翻轉拉回至小腹，掌心向下。左掌劈出，高與胸齊；頭向上頂，目視前方（圖1-12）。

2.動作要點

①動作①②③是一個完整的上步左劈掌，動作要連貫不停，一氣呵成。

②右足撤步與右拳外旋拉回動作要一致。

圖1-12

圖1-13

③ 右足進半步與右拳上鑽要整齊；左足上步與左掌劈出，上下動作要手腳齊到。

(五) 左展勢

1.動作過程

①右足向後退半步，左足隨之向後撤半步，重心後移，大部分重量在右足；同時，雙手握拳，左拳外旋至拳心向上，左臂屈肘向右掩，至身中線。右拳拳心向上，順左肘在左前臂外側向前、向上鑽出，高與鼻齊。左臂隨之屈肘回收，兩拳心向裡，兩肘合抱；目視前方（圖1-13）。

② 左足向前進一大步，足尖微向內扣，右足跟進半步，右足橫，身向右轉90°，重心下坐，兩腿成半馬步型；同時，右拳由前向上、向後內旋拉回，至頭右側方，拳眼

圖1-14　　　　　　　　　　　圖1-15

向下，右肘彎曲向外撐出；左拳下翻內旋至拳眼向下，左
肘上起略高過肩，隨左足上步轉身，左拳向前栽打，左臂
微屈，拳眼向下，拳心向後，拳高與胸齊；目視左拳（圖
1-14）。

2.動作要點

與右展勢相同。

（六）上步右劈拳

1.動作過程

① 身微左轉，左足向後撤半步，重心後移；同時，右
拳自頭右側內旋拉回下落至右腰側，拳心向上，右肘貼
肋；左拳外旋，向後拉回至腹前，拳心向上，目視前方
（圖1-15）。

圖 1-16   圖 1-17

　　②左足向前進半步，右足跟進至左足內側不落地，兩膝靠攏；同時，左拳向前、向上鑽出，小指上翻，拳高與鼻齊；頭向上頂，目視前方（圖1-16）。

　　③右足向前上一大步，左足跟進半步；同時，右拳經心窩，順左臂向前劈出變掌，左拳變掌，拉回至小腹，右手劈出，高與胸齊；頭向上頂，目視右掌前方（圖1-17）。

2.動作要點

　　同（四）上步左劈拳。

　　展字功左右練習，動作互換。

（七）展勢轉身

　　轉身動作可以劈拳轉身，也可以虎托動作轉身，動作過程請參閱五行拳的劈拳轉身或十二形的虎托轉身動作。

(八) 展勢收勢

練至出勢位置，與出勢同一方向時，打出左劈拳，按左劈拳收勢。

四、展字功的勁力

1. 展字功是由左右展勢和上步左右劈拳組成。從展勢的動作結構來看，是側身栽拳。發力特點是距離長而力量大，距離長是指拳端距頭部有一臂加一肩的距離。力量大是指上步攬腰、側身伸臂向前栽打。

2. 展勢拳的打出與兩足和身形要在同一個平面上。前臂內掩，後拳上鑽，兩肘相抱在胸前，兩肘相抱要有撐勁，含胸緊背以蓄勁。

3. 退步撤步，兩拳上起時，身形要微向上起，微向後移以蓄勁。右拳橫向栽打之前，右肩要先向後微引，左拳橫向栽打之前，左肩微向後引，這就是「欲前先後」。

4. 栽拳打出，要向前下方發勁，高在胸、腹之間，前腳落地要有踩勁。在拳發力的剎那間，身形要有向拳打出方向的橫撞之勁。拳和臂要有翻扣攬旋的鑽勁，攬腰順肩側身而栽打。

5. 後拳由前方向後拉至頭側時，要攬轉後拉，用肘部向後撐，以助前拳發勁。整個發勁要以腰帶肩，以肩催肘，以肘催拳，以拳前領，節節貫穿，協調用勁，以發力呼氣打出整勁。

6. 展勢接上步劈拳的勁法，關鍵是撤步收拳，拳在外旋翻轉拉回時，肩部要先回收外展，再向下鬆沉，而肘部向內合、向下沉墜，由肩帶肘，由肘而帶動拳的外旋攬

轉，撤步拉拳至小腹，再擰裹鑽翻上步打劈拳。

7. 開始學習和練習時，不要忙於打整勁，應先掌握動作的路線，兩手的動作過程和拳打出的位置、身型、步法要和順。先使動作正確，再使動作熟練，在熟練的基礎上，再去找整勁。在練習的過程中不斷精確、不斷完善。

五、展字功的技擊含義及用法

1. 展字功的核心動作是左、右展勢。從展勢的動作結構來分析，是側身栽打。從全部動作來看攻防兼備，顧打結合。後腳退步、前腳後撤、雙肘合抱、掩肘上鑽，其內中含義是避敵鋒勢，嚴密防護我胸部和頭部。迅速進前腳，擰腰側身向前栽打，意在敵胸、腹、軟肋等部位。關鍵是前腳進步要插進敵襠。

2. 展勢既可防守反擊，也可主動進攻，你打你的，我打我的，「不招不架，就是一下」。你發拳打我頭部，我側身打你頭部。由於我有一臂加一肩的距離，同時發拳，你打不到我，而我能打到你。

3. 防守反擊時，後腳退步。主動進攻時，後腳上步。我頭部有向後躲閃之意，兩肘有護胸，兩拳有護頭，後手有上鑽、挑架、刁捋之意，前拳有進擊栽打之技。

4. 當然，實際應用時，不能滿足於一擊，應牢記拳譜說：「犯了招架，就有十下。」連續進攻，直至取勝。展勢接上步劈拳時，前栽之拳，既含有翻背摔砸的技法，又含有向前擰鑽的用義，再上步劈拳向前打出。這只是針對動作作一個簡單的分析而已，真正實際的用法，全憑自己的靈活運用。

六、展字功歌訣

展勢側身勁力雄，一展一劈練其功。
掩肘上鑽胸前抱，擰腰栽打貫腹胸。

第二節　截字功

一、概　述

拳譜云：「截，裁也，以裁退敵手也。」截字有阻斷、切斷的意思。說文解字中：「截，斷也。截之言絕也，謂以刀絕斷之，不復相連也。割斷，阻攔，阻擋之意。從戈猶從刀耳。」八字功中的截字功主要是取攔截敵手之意，練法中有單截、雙截之分。

截也是一種勁法，截勁是一種快速而短促的擊發力。一般是在對方攻勢已出而未至之時，用與對方勁路相垂直的剛勁進行攔擊，攔截敵手而速進攻。單純地說截是顧法，是防守技法，功深技精的老前輩單用截法也能重創敵人的手臂，使之喪失戰鬥力。

在截字功法中，截勢之後緊跟滾手。滾手就是雙手向前推撞而把對方放出去。在練習時，既可單練截勢，也可截勢緊跟滾手，所以學練時，要先學其常，後精其變。而用時則隨機應變，隨意變化。初學者應細心領悟其精髓而刻苦練習之。

二、截字功內容

截字功包括起勢、上步虎托、左截勢、進步滾手、右

截勢、上步滾手、收勢。

三、截字功練法

（一）起 勢

以左三體勢為出勢，動作同前。

（二）上步虎托

動作同展字功中的上步虎托。

（三）左截勢

1.動作過程

接右上步虎托勢。左足向後退半步，重心隨之後移，右足隨之後撤半步，大部分重量在左足；同時，左手握拳向上鑽出，至身右前方時，變掌內旋做刁捋狀，由右前方向左畫弧刁捋，至左乳側屈臂；同時，右手握拳抽回至右腰側不停，屈肘上起，由右前方向前、向左掩肘橫截，至身中線微偏左一些，右拳外旋小指向上。右拳高與鼻齊，右肘部夾角約100°；身微左轉，擰腰坐身，沉肩墜肘，頭向上頂。目視右拳前方（圖1-18）。

圖1-18

2.動作要點

① 左足退步與左手刁捋相合，右足撤步與右臂掩肘橫截要整齊一致。截肘時，身形微縮。

② 右臂向左掩肘橫截，以轉腰合肩而發勁。

(四)進步滾手

圖 1-19

1.動作過程

右足向前進一大步，左足跟進半步，兩足成右前左後三體勢步型；同時，右拳內旋變掌，沉肘向前伸臂推出，右臂微屈，掌高與胸齊；左手在右前臂處，掌心向前，兩掌同時用力，右手在前，左手在後，兩肘內合；含胸長腰，鬆肩沉肘，頭向上頂，目視前方（圖 1-19）。

2.動作要點

① 右足進步要大，左足跟步要快。重心移動要快速穩定。

② 雙掌推出與右足落地上下相合，整齊一致。

(五)右截勢

1.動作過程

左足向前進半步，重心微前移，左足跟抬起，重心在

兩足之間；同時，右手握拳，向下拉回，再向前、向上鑽出，至身前左前方時，內旋變掌，由左前方向前、向右畫弧做刁捋狀，拉至右乳側屈臂，手心向下。同時，左手握拳，肘上起，由左前方向右掩肘橫截，至身體中線偏右一些，左拳外旋，小指向上，高與鼻齊，左肘高與胸齊，左肘部夾角約 100°；身形微向右轉，擰腰坐身沉肩墜肘。頭微上頂，目視左拳前方（圖1-20）。

圖 1-20

2.動作要點

① 此為拗步右截，兩手動作要同時，發力用腰勁。

② 截勢時，要蓄腰含胸，前臂橫截時，拳要握緊。

③ 滾手與截勢兩個動作要合二為一，動作要連貫、要快。

（六）上步滾手

1.動作過程

左足向前上一大步，右足跟進半步，大部分重量在右足；同時，左拳內旋變掌，沉肘向前伸臂推出，左臂微屈，左掌高與胸齊。右手一起用力向前推出，右手在左手腕後，掌心向前，兩掌同時用力，左手在前，右手在後，

兩肘內合；含胸長腰，鬆肩墜肘，頭向上頂，目視前方，以呼氣助發力（圖1-21）。

以下練習同前。左右互換，次數不限，視場地大小而定，視自己體力而定。

圖1-21

2.動作要點

① 右足進步要大、要遠，與雙手合力前推要上下相齊，協調一致，手到腳到。

② 右足進半步與右截動作要一致。

③ 截勢與滾手動作中間不停，連貫協調，一氣呵成，應視為是一個完整的動作。

（七）截字功轉身（練至上步滾手動作時做轉身，如左足、左手在前時）

1.動作過程

① 左足向右足尖前扣步，重心移向左足，向右轉身約200°，面對來時方向。右足提起至左足內側不落地；同時，兩掌掌心向外，在身前交叉，向上、向左、向右各自畫弧，收回至兩腰側，掌心向前，掌指向下；頭向上頂，目視前方（圖1-22）。

② 右足向右斜前方上一步，左足跟進半步；同時，雙掌自兩腰側向前、向下推出，掌高與小腹齊，兩掌相距約

圖 1-22　　　　　　　　　圖 1-23

一拳，兩掌心向前，掌指向下，兩臂微屈，兩肘相合；身微下坐，目視前方，頭向上頂（圖 1-23）。

2.動作要點

轉身動作是虎托，與虎托同。

以下動作再接退步左截、進步滾手，動作同前。回身勢左右相同，只是左右動作互換而已。

（八）截字功收勢

練至原起勢位置時，打出左劈拳，然後再按左三體勢收勢動作進行。

四、截字功的勁力

1. 截字功的主要技法是刁手掩肘而截，進步滾壓而推放。退步要靈，進步上步要快。截肘身形微轉，一手刁

捋，一手横截。掩肘横截是用前臂尺骨側，撐腰順肩，沉肘旋腕，撐挫而截。注意要發揮前後兩肘的沉勁，要快速而短促，剛猛而沉墜之力發於瞬間。

2. 上步旋壓滾手向前推放，上步要遠，身形要沖，滾手是前手內旋扣捋裏壓，而後手向前合力送放。前手動作要先含胸、沉肘、屈腰，用身勁裏壓，兩肘要向內合，兩手同時向前發放。發力時，要長腰伸臂送肩，用步法向前催動，身體向前沖，向前擁撞。縮身而起，長身而落，上步要快，進手要疾，發力而呼氣，頭向上頂，意念向前遠送。

3. 以上講的是單臂截，還有一種練法是雙截。雙截與虎形中的虎截相似。截字功中還有上截、下截、左截、右截等。這些都是截法的變化而已，萬變不離其宗。只不過不同的方向、不同的位置、不同的角度對截法的運用不同罷了。

五、截字功的技擊含義及用法

1. 截勢的用法主要是「截退敵手也」。是顧法，是防守技法。滾手是雙手向前推撞，發放敵人。

2. 拳諺中有「直用截，橫用別」之說。也就是對方用直拳向我打來時，可用截法。如對方用橫掄的拳法向我打來時，可用別法。也就是卡住其根節，不讓其發力。

3. 在運用截法時，一定要掌握時機和注意火候。是在對方拳已發出而未至之時，不能過早，也不能過晚。過早對方易變而抽回，使截法落空，過晚已被對方擊中。要恰到好處，使對方的直拳進入我的防衛圈內而用截法。

4. 另外，用截法時要「遠截中節近截梢」。中節是對

方的肘部，梢是指對方的手腕和前臂。截是防守，是手段，進攻才是目的。截之後，緊跟滾手、上步進身，前手一截就向前推撞，雙手同時用力，用爆發力以傷敵，發長勁致敵跌出丈外。

5. 運用時，可視當時情形靈活變化，技從心生，法從手出。真正能達到臨敵的實用，必須經過刻苦的練習和反覆的實踐。

六、截字功歌訣

截法意在敵肘手，單雙進退隨意走。

遠找中節近截梢，打人全憑後手有。

第三節　裹字功

一、概　述

拳譜云：「裹，圍裹也。裹敵手，使其失效用也。身旋力柔，有以柔克剛之妙。」說文解字對裹字的解釋為：「裹，纏也，繞也。束縛纏繞而裹之。其字從衣，猶從巾也。引申之，凡所有的包物者，亦謂之裹。」從字面分析，裹有包和纏的含義。

但有的拳譜和拳師把八字功裡的「裹」字寫成「果」。雖然音同，但在意義上差別很大。在古漢語中確實存在「裹」「果」不分的現象。「果」字有果實、果斷、堅決、果然之義，與武術技法中相去甚遠。所以，從武術的動作和技法來分析，還是「裹」字正確。它所代表和講述的是一種動作的技法。

二、裹字功內容

裹字功是由左右雙裹和上步雙撞掌所組成，主要突出了「裹」的技法。它有單裹、雙裹、進步裹、退步裹。裹是一種從外向裡裹纏圈繞的手法，正好補十二形中的鼉形動作之不足。鼉形是從裡向外撥。這樣互為補充，以豐富完善形意拳的技法。

三、裹字功練法

(一) 左三體勢

同前（見圖 1-1），略。

(二) 上步虎托

同前（見圖 1-2），略。

(三) 左右雙裹手(接上勢，右足在前，左足在後)

1. 動作過程

① 身形微向前移，左足向後退一步，重心後移至左足，右足隨之後撤至左足內側不落地，兩膝相靠，左腿獨立，膝微屈站穩；同時，左手自腹前向左、向前、向上伸出，掌心向右，掌指向上，自前向右平行畫弧至右肩前；右手在右腰側；身形微向左移。目視前方（圖 1-24）。

② 右足向斜前方上一步，左足跟進至右足內側不落地，重心移向右足，兩膝相靠，右腿獨立，膝微屈站穩；同時，右掌向右、向前、向上伸出，掌心向左，掌指向

圖 1–24　　　　　　　　圖 1–25

上，自前向左平行畫弧至左肩前；此時兩前臂交叉抱於胸前，左手在內，右手在外，距胸約 20 公分，兩掌心均向內；沉肩墜肘，含胸拔背，目視前方（圖 1–25）。

2.動作要點

①左足退步與左手向右裹，上下動作要同時。
②右足上步與右手向左裹，手腳動作要協調一致。
③左右裹手注意兩手要側身而擺，動作要柔順，要連貫不停。

（四）上步雙撞掌

1.動作過程

左足向正前方上一大步，右足跟進半步，大部分重量在右足；同時，雙掌在胸前內移翻轉至掌心向外，拇指向

圖 1-26 圖 1-27

下，隨左足向前上步，由後向前伸臂推出，兩臂微屈撐圓，兩掌指相對，掌心向外，掌高與肩齊；肩向前送，頭向上頂，目視前方（圖1-26）。

2.動作要點

① 兩掌向前推撞與左足上步落地要整齊一致。

② 兩掌向前推撞之前，要內旋翻轉，撞出要雙臂撐圓。

③ 雙裹手與上步雙撞掌，兩個動作合起來為裹字功。練習時，兩個動作要緊密連接，中間不停，一氣呵成。

（五）雙裹手

1.動作過程

① 右足向後退半步，重心移向右足，左足後撤至右足

圖 1-28①

圖 1-28②

內側不落地，兩膝相靠，右腿獨立微屈站穩；同時，右手先向下落，再向前、向左平行畫弧至左肩前，掌心向左，掌指向上，右手至左肩側時掌心向內。左手隨之下落至左腰側；此時身形微向右移，向右微側身，目視前方（圖1-27）。

　②左足向斜前方上一大步，右足跟進至左足內側不落地，兩腿相靠，左膝微屈獨立站穩；同時，左掌向前、向上伸出，自前向右平行畫弧至右肩前，掌心向右，掌指向上。重心移向左足，身微向左側身。兩前臂交叉抱於胸前約20公分，右手在內，左手在外，兩掌心均向內；含胸緊背，目視前方（圖1-28①②）。

2.動作要點

同前，惟左右互換。

（六）上步雙撞掌

1.動作過程

右足向前方上一大步，左足跟進半步，大部分重量在左足；同時，雙掌在胸前內旋翻轉至掌心向外，拇指向下，隨左足向前上步，雙掌用力向前伸臂推出，兩臂微屈撐圓，兩掌指相對，掌心向前，高與肩齊；肩向前送，頭向上頂，目視兩掌前方（圖1-29）。

圖1-29

以下練習，左右重複相同，次數自定。

2.動作要點

同前，惟左右互換。

（七）回身勢（回身動作是以虎托轉身，如練至右足在前雙撞掌動作時）

1.動作過程

① 右足向左足尖前扣步，向左轉身180°，面對來時方向。重心移向右足，左足提起至右足內側不落地，兩膝相靠，右腿微屈獨立站穩；同時，兩前臂在身前交叉，兩掌心向外，左臂在內，右臂在外，兩掌在身前向上、向左右畫一圓弧收於兩腰側，掌心向前，掌指向下；頭向上頂，

形意拳械精解（下）

圖 1-30①

圖 1-30②

目視前方（圖 1-30①②）。

　　② 左足向左斜前方上一大步，右足跟進半步，大部分重量在右足；同時，雙掌向前下托出，掌心向前，掌指向下，兩掌相距一拳，高與腹齊；目視前方（圖 1-31）。

　　回身動作左右相同，惟左右互換。

圖 1-31

2.動作要點

　　① 扣步轉身與雙掌畫弧動作要上下協調一致。扣步幅度要大，轉身要快。

　　② 上步落地與雙掌托出要整齊一致，手腳齊到。

（八）收 勢

演練至原出勢位置後即行收勢。

1.動作過程

左步虎托時收勢的動作過程是：

① 左足撤回至右足內側；右手握拳拉回至腹，左手在身前翻轉向下蓋壓，掌心向下，左前臂彎曲，高與肩齊。右拳經心窩向前、向上鑽出，小指上翻，高與鼻齊；同時，左掌蓋壓，拉回至小腹抓握成拳；頭向上頂，目視前方（圖1-32）。

圖 1-32

② 左足向前上一步，右足不動，成左三體勢步型；同時，左拳經心窩順右肘部向前鑽，兩拳相交時，同時變掌，左掌向前劈出，掌指高與肩齊，右掌拉回至

圖 1-33

小腹，掌心向下，頭向上頂，目視前方（圖1-33）。

右步虎托時收勢的動作過程是：

① 右足向後撤一步，至左足內側，右足落地站穩，重

形意拳械精解（下）

圖 1-34①

圖 1-34②

心後移至右足。同時，左足微離地，兩膝併攏；左手在身前翻轉蓋壓，掌心向下，左前臂彎曲，高與肩齊；右手拉回至腹成拳，再經心窩向前、向上鑽出，小指上翻，高與鼻齊；同時，左手蓋壓拉回至腹成拳；頭向上頂，目視前方（圖 1-34①②）。

圖 1-35

② 左足向前上一步，右足不動，兩腿成三體勢步型；同時，兩手如同劈拳，左手劈出，右手拉回至腹；頭向上頂，目視前方（圖 1-35）。

以下收勢動作，按三體勢的收勢進行，動作同前。

2.動作要點

①左足撤步或右足撤步與右拳上鑽和左手蓋壓，三者動作要整齊一致。注意身體重心後移至右足。

②左足進步與左手劈出要上下整齊，注意進步不要過大，右足不跟步，精神要飽滿。

四、裹字功的勁力

1. 雙裹手的動作實際上就是兩手由外向裡畫弧裹帶。動作時，手要先向前去，由前向異側、向後畫弧。裹手不但有向內撥的勁，而且還有向後帶的勁，同時還暗含著由外向裡的橫撥勁。

2. 演練時，注意身法的柔化，身形隨步法的前進、後退而移動。左右前進時，身形向左右的移動。注意要用頭部向前領，左手向右裹時，頭部微向左移，右手向左裹時，頭部微向右移，頭向左右前領暗含閃意。兩手、兩臂動作要協調擰轉，一左一右，一前一後，一上一下，同時配合身法協調進行，手向前去，身微向後。手向左去，身微向右。手向後帶，身微向前。這樣，手法和身法的配合，既符合運動力學，也能體現出動作的內勁。

3. 向內裹手時，要用腰肩帶肘，以肘帶手，兩手要擰轉，注意含胸緊背。兩臂在胸前交叉相抱時，兩肘內掩，內含掤勁，腰部微向下坐、微向後凸，以便蓄勁，為下面動作的發勁提前做好準備。

4. 整個動作要柔和，注意身法，兩手要協調動作。遵循「欲左先右，欲前先後」的原則，去找動作的勁法、動作的協調。什麼時候這個原則在動作中表現得充分，運用

得合理，什麼時候這個動作的勁法就找到了。

5. 上步雙撞掌的動作是上一動作的延續，也是上一動作的發力。發勁之前，身形微向下縮，膝部微屈，臀部微向下坐，含胸蓄腰，膝部向前下壓，以利蹬勁。兩掌在胸前交叉，肩要鬆，肘微前撐，有如抱物狀。

6. 發勁時，「前腳沖，後腳蹬」，以步法催動身體向前沖，雙掌翻轉用力伸臂推撞，兩肩膀向裡合肘，以肘催掌，發力呼氣，以頭頂、長腰、送肩、伸臂將雙掌推出。猶如把一重物推出丈外之勢，周身完整如一。

7. 裹字功練習時，裹手以柔化為主，撞掌以剛健為強。

五、裹字功的技擊含義及用法

1. 從動作來看，裹手是防守技法，是從外向裡掩裹，意在找對方的外肘部。配合步法先退後閃，以避開其鋒，順勁由前向另一側裹帶，能抓則抓，抓不住則排開。

2. 如對方右拳向我頭部直拳打來，我速用左手前伸，順其勁向右裹掩，而我頭部微向左閃，步法可退可閃。如對方左直拳向我打來，我速用右手順其勁向左掩裹，頭部微向右閃，步法可向右閃。裹勢之後要迅速上步進攻，防守是手段，進攻是目的。

3. 雙撞掌是攻擊對方胸部，運用時要步催、身擁、掌發。意念要透過敵背後一尺，要打出爆發力，這樣才能收到重創的效果。雙撞掌最理想的運用時機是我雙手從外向裡裹住敵雙手，敵兩手交叉而被我鎖住時，上步雙掌向敵胸前撞打，把敵發出去。但實際上最理想的勢態是最不容易出現、最不容易抓住的。在真正對敵時，並不像所講的

這樣，要打破招勢，靈活運用，要靠自己平時的刻苦練功，經常切磋實踐，總結經驗。只要功夫上身，處處是招，手手制敵，關鍵還在功夫。

六、裹字功歌訣

裹手掩肘技法嚴，順勢進退頭微閃。

以柔克剛身法妙，上步撞掌意推山。

第四節　跨字功

一、概　述

拳譜云：「跨如跨馬之勢，言其形也。實則托胯之勢。」對於「跨」字，說文解字解釋為：「跨，渡也，越也，凡超越皆謂之跨。」從跨的字義上講，跨有邁過之義；還有一腳提起，向前躍進之勢。有的拳譜中把此字寫為「胯」或「挎」。雖然音同，字不同，但內含的意義和用法也就大不相同了。「胯」字是指大腿以上至腰部以下部位為「胯」。「挎」字是指肩掛著、臂勾著、腰裡別著的某些動作為「挎」。由此而看，這三個字所指的部位不同，所描述的動作也不同。在跨字功動作中，身形有跨馬之形的馬步，又有後腳向前跨躍一步的態勢，還有用掌打擊對方腰、胯部位的技法。所以，「跨」字指的是形態。而「胯」字可以理解為打擊胯部和胯打。

由於以前武術的傳授，大部都是口傳身授，再加上地域方言的不同，每個拳師對字理解的角度不同，由此而產生的技法動作也就各異了，這也不足為怪，應順其自然，

各自發展，有利於豐富形意拳的技法。透過對各種版本老拳譜的參照比較，和自己多年來練習的心得體會認為，跨字功中的「跨」字，應以足字旁為好，比較符合前輩創拳之意。

二、跨字功內容

是由退步合肩、上步跨勢、震腳鑽拳、順步崩拳所組成。跨勢練習時，既可上步跨勢，也可退步跨勢。關鍵要細心體會跨勢技法的整勁。

三、跨字功練法

(一)起 勢

左三體勢。

(二)上步虎托

動作同前。

(三)左退步合肩(丁步下插掌)

1.動作過程

①（接上步虎托，右足在前，左足在後）左足向後退一步，右足不動，重心在兩足之間；同時，左掌內旋，以掌心向前，自腹前向上、向前屈臂畫弧，再向下、向後拉至左胯側，掌心向下；右掌內旋，右臂屈肘向上抬起，掌心向上至頭右上方；身微起，目視左掌（圖1-36）。

圖 1-36　　　　　　　　　　圖 1-37

② 重心後移至左足，右足後撤至左足內側，腳掌點地，兩膝相靠，左腿獨立，屈膝下蹲站穩；身形微向下坐；同時，左手自左胯外旋向上、向右肩前掩肘，停於右肩前，掌指向上；右手外旋屈肘，掌指向下，經左肋下插，掌心向後，插至左胯側；身形向左轉，以右肩對前方，目視前方（圖 1-37）。

2.動作要點

① 後足退，前足撤，兩手與足的動作要協調一致，注意右肩要向左內合，前手下插要和身向下縮、左腿屈蹲動作一致。

② 退步、撤步動作要快，重心移動要迅速，蹲身定勢動作要穩，整個動作中間不停。

圖 1-38

圖 1-39

（四）上步左跨勢

1.動作過程

①右腳向正前方上一步，腳尖外掰落地；同時，右手內旋虎口向下，掌心向前，自左胯側向前、向上弧形撩起，至前上方，略高於肩；左手自右肩前下落抽回至左腰側，左掌心向前，掌指向下，左肘貼肋；目視右手（圖1-38）。

②左腳向前上一大步，腳尖微向內；右足跟進少許，右足橫落，身下蹲，兩腿成半馬步型，身向右轉90°；同時，右手上撩，在頭前方時抓握成拳，向後拉回至頭部右上方，拳眼向下；左掌自左腰側向前伸臂推出，肘部微屈，掌心向前，掌指向下，左掌高與胯齊；目視左掌前方（圖1-39）。

2.動作要點

① 上步跨勢的前腳進半步與手的上撩要同時；後腳上步要遠，跟步要疾，與左掌向前推出，右手向後拉回動作要上下一致，整齊如一。

② 注意身形的擰轉，左掌推出要和身體的擰轉同時。左掌推出要在身體的橫平面內，身形要向下蹲成半馬步型。

(五) 震腳右鑽拳

1.動作過程

① 左足向前進半步，重心前移至左足；左掌內旋翻轉扣壓，掌心向下，高與肩平；同時，右拳自頭上方下落，拉回至右腰側，拳心向上；目視左掌（圖1-40）。

圖1-40　　　　　　　圖1-41

② 右足跟進至左足內側落地，震腳落地有聲。同時，左足提起至右足內側不落地；右拳自右腰側向前、向上鑽出，高與鼻齊，小指上翻；左掌向下蓋壓，拉回至腹成拳，拳心向下；頭微上頂，目視右拳前方（圖 1-41）。

2.動作要點

① 右足上步落地震腳與右拳上鑽要整齊合一。注意右足是搓地震腳，而不是跺地震腳。

② 右拳上鑽、左掌拉回與右足震腳要整齊一致。

（六）左順步崩拳

1.動作過程

左足向前進一大步，右足跟進半步，大部分重量在右足；同時，右拳內旋向下扣壓，拉回至腹前，拳心向內；左拳向前打出左崩拳，左臂微屈，左拳高與心窩齊，左肩微向前順，頭向上頂，目視前方（圖 1-42）。

2.動作要點

① 整個動作要連貫一致，一氣呵成。

② 左足進步與左拳打出、右拳扣壓拉回，三者要完整一致。

圖 1-42

（七）右退步合肩

1. 動作過程

① 右足向後退一步，左足不動，重心在兩足之間；兩拳同時變掌，右手經胸前向上、向前，再向下畫弧拉回至右胯側，右掌心向下；左手屈臂向上抬起至頭左上方，左掌心向斜上方，掌指向後；身形微向上起，目隨右掌，右掌至右胯時，目視前方（圖1-43）。

圖1-43

② 重心後移至右足，左足隨之後撤至右足側，腳掌點地，兩腿相靠，右腿屈膝下蹲，身形微坐；同時，右手自右胯向上、向左肩前掩肘上穿，右手外旋，手心向上至左肩前，掌指向上；左手外旋屈肘，掌指向下，經右肋下插，掌心向後，插至右胯側；身形右轉，以左肩對正前方，目視前方（圖1-44）。

圖1-44

2.動作要點

同（三），惟左右互換。

（八）上步右跨勢

1.動作過程

① 左足向正前方進半步，腳尖外掰落地；同時，左手內旋，虎口向下，掌心向前，自右胯側向前、向上弧形撩起至前上方，略高於肩；右手自左肩前下落抽回至右腰側，右掌心向前，掌指向下，右肘貼肋；目視左手（圖1-45）。

圖1-45

② 右足向前上一大步，腳尖微向內扣，左足跟進半步，左足橫落，身下蹲，身向左轉90°，兩腿成半馬步型；同時，左手上撩不停，在頭前方時抓握成拳，向後拉回至頭部左上方，拳眼向下；右掌自右腰側，隨右足上步向前推出，右肘微屈，掌心向前，掌指向下，右掌高與右胯齊；目視右掌前方（圖1-46）。

圖1-46

圖 1-47

圖 1-48

2.動作要點

同（四），惟左右互換。

（九）震腳左鑽拳

1.動作過程

① 左足向前進小半步，重心前移，右足不動；同時，右掌內旋翻轉扣壓，掌心向下；左拳自頭上下落拉回至左腰側，拳心向上。目視右掌（圖 1-47）。

② 左足跟進至右足內側落地，震地有聲，右足提起至左足內側不落地；同時，左拳自左腰側向前、向上鑽出，小指上翻，高與鼻齊；右掌向下蓋壓，拉回至腹成拳，拳心向下；頭微上頂，目視左拳前方（圖 1-48）。

2.動作要點

同前。

（十）右順步崩拳

1.動作過程

右足向前進一大步，左足
跟進半步，大部分重量在左
足；同時，左拳內旋向下扣
壓，拉回至腹前，拳心向內；
右拳向前打出右崩拳，右臂微

圖1-49

屈，拳向前頂，高與心窩齊；右肩微向前順，頭向上頂，
目視右拳前方（圖1-49）。

2.動作要點

同前。
以下左右練習，數量不限，視場地而定。

（十一）回身勢

練至場地盡頭回身，用虎托轉身；如練至右順步崩拳
時：

1.動作過程

① 右足向左足尖前扣步，重心移向右足，左足提起至
右足內側，向左轉身180°，面對來時方向；同時，右拳下
落收回至腹前，雙拳變掌在身前交叉，由下向上各自向左

圖 1-50①

圖 1-50②

右畫弧，掌心向前，兩掌再向下畫弧收於兩腰側，掌心向前，掌指向下；頭微上頂，目視前方（圖 1-50①②）。

② 左足向左斜前方上一步，右足跟進半步；同時，雙掌向前下托出，雙掌心向前，相距一拳，高與腹齊；頭微上頂，目視雙掌前方（圖 1-51）。

回身動作，左右相同，惟左右互換。

圖 1-51

2.動作要點

① 扣步幅度要大，轉身要快，重心要穩。

圖 1–52

圖 1–53

② 雙掌托出與左足落地要整齊一致。

(十二)跨字功收勢

練至原出勢位置方向相同時，即行收勢。

1. 如是左順步崩拳時，動作如下

① 左足向後撤一步至右足內側；同時，左拳屈肘向下翻扣拉回至腹，右拳向前、向上鑽出，高與鼻齊，小指上翻；目視右拳（圖 1–52）。

② 左足向前進一步，右足不動，兩腿成三體勢步型；左手向前劈出，右手拉回至腹，與劈拳相同（圖 1–53）。

2. 如是右順步崩拳時，收勢動作如下

① 右足向後撤一步，至左足內側落地，重心移向右足；同時，右拳變掌，向下、向後拉回至腹成拳，再向

前、向上鑽出，高與鼻齊；目
視右拳（圖1-54）。

②左足向前進一步，右
足不動，兩腿成三體勢步
型；左手向前劈出，右手拉
回至腹，動作與劈拳相同
（見圖1-53）。

以下動作按左劈拳收勢。

3.動作要點

同前。

圖1-54

四、跨字功的勁力

1.跨字功的主要動作是撤步合肩和上步跨勢。撤步合
肩的步法是先退後撤，形意步法的特點是：「退步先退後
腳，逢退必撤，進步先進前腳，逢進必跟。」由於形意姿
勢大部重量在後足，所以後足退步時，重心要先向前移，
用前腿向後的蹬勁、後腿向後的伸勁，臀部要後坐，重心
後移要快，注意收胯合膝。

2.兩手的勁法是：前手向後下插，後手向前內掩上
穿，兩手同時擰旋。前肩要先開後合，肩向內合與前手內
裏下插要含胸緊背，收腹屈腰。此勢微低，以身微下蹲，
蓄力待發，猶如壓緊彈簧。合肩是手向下插，肩向內合而
側身，注意頭頂之勁。發勁時要呼氣，呼氣結束後要馬上
放鬆，在任何發勁後都要放鬆。

3.跨勢的上步要遠，跟步要疾。上步落地要有踩勁，
要有制動力。手法上撩時，前肩盡量向前伸，以肩帶肘，

以肘帶手，手明有刁捋之形，暗含撩打之意。手法向前推托時，要以掌根發勁，肘要內含貼肋，坐腰沉肩，擰腰側身，而手臂伸出。跨勢的發勁是：上步落地的踩勁，轉腰順肩的擰勁，坐腰坐胯、沉肩墜肘的沉勁，前手上撩刁捋向後拉回的撐勁，配合發力以呼氣，這些動作協調配合，完整如一，勁力才飽滿而姿勢均整，以擰腰順肩坐胯為主。

4. 震腳鑽拳動作時，身形重心有一個前後微移的過程，這個過程是更好配合勁力，使之更加圓滿，更加合理，更加充足。以腰身、肩、肘帶動手臂動作。前手翻轉扣壓時，要以肩帶肘、以肘帶手而內旋；後手下落時，要以肘向後、向下帶動前臂使拳下落，隨落隨擰旋。震腳是挫地而不是跺地，這點要注意，以裹胯合膝而帶足。

5. 順步崩拳，注意拳的打出，肘部要緊貼肋，擰腰順肩，鬆肩沉肘。兩手一前一後同時發勁。「出如鋼銼，回如鈎竿」。

五、跨字功的技擊含義及用法

1. 退步合肩從動作來看，是防守技法，是顧法。退步閃格其位，兩肘護胸，兩臂護肋，縮腰含胸，蓄勢待發，暗藏殺機。如進步合肩，則含有肩部撞打之意。一手護頭，一手護襠。兩手、兩臂都有擰裹掩護之意之法。練習時，動作開展，實用時要小巧緊湊。

2. 跨勢的技法是貼身近打，前手上撩刁捋，能刁捋則刁捋，抓不住則撩開。上步要沖進敵襠內，後手發力打擊敵小腹、肋部或胯部。如貼身則用胯打、肩撞。關鍵在於進步進身，進則全進，退則全退。運用時還要看對方的形勢和姿態，要得機得勢，勇字當頭，方可制勝。

3. 震腳鑽拳和順步崩拳，可以視為指上打下的技法組合，要連續運用，中間不停。運用時，虛實互為轉換，鑽拳為虛，崩拳為實。步法可進可退，靈活運用。鑽拳既可防守，也可進攻，而用崩拳連續進攻。

4. 對於技法的運用，不要機械套用某招怎樣破，怎樣打。要抓住時機，創造時機，發揮自己的本能，出奇制勝方為上。只有平時刻苦練習，經常實戰演練，不斷總結經驗和認真學習，才能提高技擊水準。

六、跨字功歌訣

退步合肩要含胸，上下撩托跨步沖。

擰腰沉肩坐胯力，震腳鑽拳緊連崩。

第五節　挑字功

一、概　述

拳譜云：「挑之力在肩與腿，右手挑，右腳猛開，左腿力撐，而肩亦得用力焉。與蛇形相關，而手稍高。」《說文解字》對於挑字解釋為：「挑者，謂之撥動，打動之。」《新華辭典》對挑字的定義為：「① 用長而尖的器物刺破或提起。② 還有撥動、撥弄和引動的意思。在八字功裡，「挑」字功既是一種技法，也是一種勁力。

武術中對挑的定義是：「由下向前上方發力打出的掌法或拳法。手臂保持一定的彎度。」它既是一種防守技法，還是一種進攻的手法。挑與劈這是兩種勁法，互為補充。劈是向前下發勁，挑是向前上發勁。故劈勁要頭頂，

挑勁要坐臀。

二、挑字功內容

挑字功的動作包括：（一）出勢；（二）上步虎托；（三）撤步合肩；（四）進步挑掌；（五）撤步劈掌；（六）進步挑掌；（七）上步鷹捉；（八）退步合肩。

三、挑字功練法

（一）出　勢

成左三體勢，動作同展勢。

（二）上步虎托

同前。

（三）撤步合肩

動作過程與跨字功的退步合肩相同。

（四）進步挑掌

1.動作過程

（接撤步合肩動作）右足向前進一大步，左足跟進半步，大部分重量在後足，成三體勢步型；同時，右手自左胯部轉至小腹前，以右肘貼肋，以掌指向上，掌心向前，自腹前向前、向上挑打，手臂微屈，掌指高與鼻齊，以掌根為力點；同時，左手內旋，以手心向下，由前向下、向後拉回至小腹處，掌心向下；臀部微向下坐，目視右掌前

圖 1-55　　　　　　　　　　圖 1-56

方（圖 1-55）。

2.動作要點

① 右足進步落地與右掌上挑和左掌拉回，要上下相齊，整齊如一。

② 右掌挑打時，肘要貼肋，要鬆肩墜肘，右掌力點在掌心。

（五）撤步劈掌

1.動作過程

右足向後撤半步，撤至左足前，腳掌點地，左足不動，重心微微後移；同時，左掌順右臂上向前、向下劈落；右掌由前向下、向後拉回至腹；左掌劈出高與胸齊，左肩向前順；身微向前俯，頭向上頂，目視左掌（圖 1-56）。

2.動作要點

① 右足撤步與右掌拉回
和左掌向前劈，動作要整齊一
致。

② 左掌向前劈時，要順
右臂向前搓打，要收腹含胸，
擰腰順肩。

（六）進步挑掌

圖 1-57

1.動作過程

右足向前進一大步，左足跟進半步；同時，右掌自右
胯側向前、向上猛力挑打，掌指向上，掌心向前，右臂微
屈，右掌指高與鼻齊；左手由前拉回至腹；臀部微向下
坐，頭向上頂，目視右掌前方（圖1-57）。

2.動作要點

（四）（五）（六）這三個動作要連貫不停，一掌比
一掌力大。注意腰身和兩肩要隨兩掌的發力而左右轉換。

（七）上步鷹捉

1.動作過程

① 右足先向後撤回少許，再向前進半步，左足跟進至
右足內側不落地；同時，右手抓握拉回至小腹，經心窩向
上、向前鑽出，右拳小指上翻，高與頭齊；左拳隨之貼在

圖 1–58　　　　　　　　圖 1–59

右臂肘部，左拳心向上，左肘在心窩處，雙肘合抱；目視右拳前方（圖 1–58）。

②　左足向前上一大步，右足跟進半步，成前四後六三體勢步型；同時，左拳順右臂上向前、向上鑽，至兩拳相交時，雙拳內旋變掌，掌心向前，由上向前、向下劈落，右掌拉回至腹，左掌劈出高與腰齊，左臂微屈，掌心向下；頭部豎項上頂，目視左掌前方。兩掌指尖微扣，猶如鷹爪（圖 1–59）。

2. 動作要點

①　右足進步與右拳鑽出要相合，注意右足先撤再進步。

②　左足上步與雙掌下劈要合一，注意頭頂和掌的高度。動作中間要不停，一氣呵成。

（八）退步合肩

1.動作過程

右足向後退一步，重心後
移至右足，左足隨之向後撤至
右足內側，以腳掌點地，兩膝
相靠，右腿獨立，屈膝下蹲；
同時，左掌外旋翻轉，掌心向
上，屈臂向上、向面前掩肘畫

圖 1-60

弧至右肩前，左手以掌指向下經右肋下插，掌心向內，左
掌下插至右胯側；同時，右手向上、向左肩前掩肘，右掌
外旋至掌心朝上，停於左肩前；身形右轉，左肩向右合，
以左肩對正前方，收腹含胸，頭微上頂，目視右手前方
（圖 1-60）。

2.動作要點

同前，惟左右互換。

以下動作（九）進步左挑掌、（十）撤步右劈、（十
一）進步左挑、（十二）上步右鷹捉，這四個動作與
（四）（五）（六）（七）相同，惟左右互換，要點也相
同。如此左右重複練習，練拳次數多少，視場地大小和體
力而定。

（十三）回身勢

回身動作用轉身虎托，前腳扣步而回身，再上步打出
虎托，然後再按前面動作重複練習。

（十四）收勢

練至原出勢位置後，成左三體勢即行收勢，動作同前。

四、挑字功的勁力

1. 挑字功（一）（二）（三）的動作勁力與跨字功前三動相同。

2. 進步挑掌進步要大，跟步要快，右掌向前上挑之前，右上臂緊貼肋部，右肘在腰腹之間，使上臂與前臂之間的夾角約100°，屈腰沉肩，用腰腹往上拱，沉肩墜肘，鬆肩前送，伸臂向前挑打。前手的上挑和後手的拉回，要在身體的矢狀面上完成。後手拉回要撞擊小腹，以氣沉丹田，發力呼氣。以長腰催肩，以沉肩送肘，以墜肘催手，向前上方發勁挑出。在發勁的瞬間，要注意臀部微向下坐。

3. 撒步劈掌是向前下方發勁打出。前手抓握拉回要用力向下、向後拉拽，前後兩手用力相等，後手要貼前臂摩擦向前挫打推按。頭向前頂，收腹含胸。掌劈出要沉肩墜肘，擰腰順肩，兩肩擰轉前劈。注意前劈時，肘部要內掩，身形向前微傾而產生向下的壓勁。

4. 上步鷹捉進半步拳上鑽時，要兩拳同時上鑽，一前一後，要長（zhǎng）腰長（cháng）身，兩肘合抱胸前，要含胸合肩緊背。上步劈落打出鷹捉時，要收腹屈腰，雙肘用力向下帶，身形隨步落而有向前頂壓之意。定勢時，頭部要有向上頂的勁，兩腿要有夾剪之力。周身要完整如一，要顯出鷹形的神態和氣魄。

五、挑字功的技擊含義及用法

1. 挑字功的技法核心就是挑掌，顧名思義就是「自下向前、向上發掌為挑掌」。挑掌的用意在於重創敵人，在於把人發放出去。由於挑掌是向前上方發勁，如打中對方胸部則容易 使其拔根而放出去。

2. 從挑掌的運動過程來看，無論是後掌的挑出，還是前手的撤回，都在身體的矢狀面上做圓弧運動。按運動力學規律講：「各個環節的重心在運動中，距身體總重心的運動軌跡越近越有利。」這是從力學的角度來講。從武術技擊的角度看，它是護中打中。護住自己的中心位置，打擊對方的中心，步法上有踏中、搶中之意。挑掌的打擊部位是對方胸腹的正中，打擊的目的是把對方發出、打倒或重創。

3. 挑字功中有連三掌：進步挑掌、撤步劈掌、進步挑掌。運用時要連續進攻，一手比一手快，一手比一手力大。拳諺講：「發頭手，打二手，全憑後手來得快。」可以採用先虛後實，虛實結合的招術。而另一手的防架、攔截、刁捋、虛晃、引誘等，都是為後一掌服務的。在運用時沒有一定之規，視當時情形隨意而為。

4. 挑掌運用時，還要注意側身進攻。這樣既有利於我受敵擊打面積的減小，又由於我的側身、順肩、伸臂，有利於加大攻擊距離，加大打擊力量。拳譜中講：「手不空出，意不空回。」挑掌打出後回手時，手要含有刁捋、抓拿、格壓之意，以防對方乘機而入。鷹捉的用法，參閱十二形鷹形中的用法。總之，挑掌的運用要因時、因勢靈活運用，不要拘泥於死法。

六、挑字功歌訣

挑掌去意敵胸膛，坐臀長腰臂伸長。
上挑下劈連環進，護中打中是主張。

第六節　頂字功

一、概　述

老拳譜云：「頂之力在頭，故此勢以立頸垂肩為要訣。掩手崩拳所以換勢者，故並及之。」「頂」字有以頭承載、支撐、承擔的含義。還有相逆，對面相迎的意思。在形意拳打法中有頭打之說：「頭打落意隨足走，起而未起占中央，腳踏中門搶他位，就是神手也難防。」頂字在武術技法中還有肘頂、膝頂之技。因此，在頂字功裡不但有頭頂，而且還應該含有肘和膝的頂法。在傳統老拳譜中只有頭頂、平推和掩手崩拳。

本書在保留老拳譜頭頂的技法上，又增加了膝頂和肘頂的技法，以豐富、完善頂字功的內容。

二、頂字功內容

頂字功的內容包括：（一）進步掩肘；（二）上步頭頂；（三）捋手膝撞；（四）進步頂肘；（五）捋手崩拳。既可串連左右練習，也可單練頭、膝、肘的頂法。

三、頂字功練法

（一）出　勢

自左三體勢起，動作同前。

（二）上步虎托

動作同前。

（三）進步掩肘

圖 1-61①

1.動作過程

右足向前進半步，左足提起跟進至右足內側不落地；兩腿併攏，重心移向右足，右腿獨立站穩；同時，雙手由虎托勢起，右手自腹前屈肘上鑽，與頭齊時，再向左掩肘裹臂下落至左肋側，右掌握拳，拳心向裡；同時，左手自腹前屈肘上鑽，與頭齊時，再向右掩肘裹臂下落至右肋側，左掌握

圖 1-61②

拳，拳心向裡，兩前臂在胸前交叉，右臂在內，左臂在外；含胸緊背，頭微上頂，目視前方（圖 1-61①②③）。

圖 1-61③

圖 1-62

2.動作要點

① 右足進步與雙拳由外向內掩肘，動作要協調，兩手掩肘動作要快。

② 左右掩肘時，要以腰帶肩，以肩帶肘，以肘帶臂而掩，動作要連貫不停。

（四）上步頭頂

1.動作過程

左足向前上一大步，右足跟進半步，大部分重量在左足；同時，雙手握拳，兩前臂交叉向前、向下推壓，高與小腹齊；重心前移，身向前傾，下頦內收，收腹含胸，以頭的前額向前頂撞，雙肩向下鬆沉，叩齒豎項，目視前方（圖 1-62）。

2.動作要點

① 左足上步落地與頭部向前頂撞要同時，步到和頭撞擊要協同一致。

② 進步雙掩肘與上步頭頂動作要連貫，中間不停。

（五）将手膝撞

1.動作過程

圖1-63

① 左足向左斜前進半步，重心前移，右足跟抬起，右腿彎曲；同時，雙拳變掌，由下向左斜前方伸出，兩掌指向前，左手在前，手心向右，右手在左肘前，內旋，拇指向下，掌心向右，雙掌高與胸齊，意在抓将；目視左手前方（圖1-63）。

② 身體重心移至左足，左腿獨立，膝部微屈，身形微向前傾；同時，右腿屈膝，由後向前頂撞，膝高與胸齊；同時，雙掌抓将成拳，由左前向右、向後拉，左拳拉至胸前，拳心向上；右拳拉至身右後側，拳心向下；目視左拳，左腿獨立站穩（圖1-64）。

圖1-64

2.動作要點

① 前腳向斜前方進步與兩手向前伸要同時；雙手抓捋向後拉拽與右膝向前頂撞要動作一致，同時用力。注意左腿微屈，足趾抓地站穩。

② 身形要向左斜前閃躲，整個動作要協調一致，周身用力要均衡。

（六）上步右頂肘

1.動作過程

右腳向正前方上一大步，左足跟進半步；同時，右臂肘部先收回於右肋部，隨右足上步，右肘向前、向上頂肘，右臂屈，右拳在右肩上，拳心向內，右肘尖略高過肩；左手扶於右肘後，左肘在心窩；重心偏於右足，目視正前方（圖1–65）。

2.動作要點

① 上步頂肘時，前腳上步與右肘頂出，要上下動作一致。注意重心微前移。

② 右足上步要遠，左足跟步要快，此勢身形微低。

圖1–65

（七）挒手崩拳

1.動作過程

① 重心後移，右足向後撤半步至左足前，腳掌點地，左足不動；同時，右掌向前伸臂、蓋壓抓挒拉回至右腰側成拳；左手順右臂向前劈出，掌指向上，掌心向前，高與胸齊；左肩前順，身微前傾，臀部微向上起，目視左手前方（圖1-66）。

圖1-66

② 右足向前進一大步，左足跟進半步，大部分重量在左足；同時，右手握拳，向前打出右崩拳，拳眼向上，拳面微向前頂，高與心窩齊；左手拉回至腹成拳，拳心向內；頭向上頂，目視右拳前方（圖1-67）。

2.動作要點

圖1-67

① 右手有向前蓋壓抓挒的動作，右手挒回與左手向前推搓，動作要一致。

② 進步右崩拳動作要快，進步要遠，打拳要速。

③ 挒手崩拳的右腳撤步，與左掌向前劈落要同時；進

步與崩拳要手腳齊到。

（八）上步左劈拳

1.動作過程

圖1-68

① 右足先向後撤少許，右拳拉回至腹；右足向前進半步，左足跟進至右足內側不落地；同時，右拳經心窩向上、向前鑽出，高與鼻齊，小指上翻；頭向上頂，目視前方（圖1-68）。

② 左足向前上一大步，右足跟進半步；同時，左拳經心窩順右肘向前鑽出，兩拳相交時，內旋變掌，左掌向前、向下劈出，高與胸齊；右掌拉回至腹；頭向上頂，目視前方（圖1-69）。

圖1-69

以下動作再接做左進步雙掩肘、上步頭頂、捋手膝撞、上步左頂肘、捋手崩拳，動作同前，惟左右互換練習。

2.動作要點

同前。

(九)回身勢

頂字功回身以劈拳轉身動作回身。無論打出左劈拳還是右劈拳，前手拉回，前腳扣步轉身，面對來時方向，再進步鑽拳，上步劈掌。與劈拳轉身相同。

(十)收 勢

練至原出勢位置後，打出左劈拳，即行收勢，按劈拳收勢順序進行。動作與劈拳收勢相同。

四、頂字功的勁力

1. 進步雙掩肘，雙手裏臂掩肘，前臂要有裏勁、黏勁，前臂要旋轉，用腰和肩帶動兩臂運動，要走圓弧形。右手向前伸，向左掩肘時，右肩微向前順。左手向前伸，向右掩肘時，左肩微前順。注意含胸，掩肘要嚴，動作要順。腰要放鬆，注意身法。

2. 上步頭頂，雙臂交叉向前下插時，肩要向下鬆沉，兩臂要有向前下方的撐勁。頭向前頂撞時，要含胸緊背，躬腰收腹，用腰發力，帶動脊柱，節節貫穿。下頦內收，脖項肌肉全部收緊，牙齒緊叩咬住，以頭部正面的額部向前頂撞，配合發力呼氣。注意身體重心要前移。

3. 捋手膝撞，膝撞有兩種方法，一種是由下向上、向前提膝而撞；一種是抬膝由後向前的橫擊膝撞，兩種練習均可。膝撞發勁時，上身要向斜前傾約 50°，要收腹含胸，

與雙手向後拉拽形成一對力偶，膝向前頂，手向後拉拽，前後用力要相等，要以腰為軸心。上下左右，同時發勁。

4. 上步頂肘發勁時，步子要向前沖，身形向前撞，肘要貼肋向前、向上沖頂。肩要向前順，腰有向上的挺勁，臀部有微向下坐之意。注意重心前移，身形要向前欺一些。發勁時，內外合一，完整一致。

5. 捋手崩拳，是由撤步蓋劈和上步崩拳組成的。步法是先撤後進，撤為小撤，進為大進，逢進必跟。手法上含有兩個刁捋拉回，先是右手，後是左手。練習時，兩個動作要連貫不停。發勁時，要注意擰腰順肩，撤步蓋劈時，頭上頂，身微起；上步崩拳時，身形微落，意念向前。

6. 形意拳動作的勁力，只有在練習中去體會，在符合形意拳各部要領的基礎上練習，在發勁時，一定要在符合力學原理中去體會、去研究。在拳勢的間架結構中，一定要符合身體結構，各部舒適的原則。既有利於內，又有利於外。當然，最主要的還應當符合技擊的原則，離開技擊的原則就不是武術了。武術的本質屬性是技擊性。

五、頂字功的技擊含義及用法

頂字功的主要技術內容即頭頂、膝頂、肘頂。突出了頭、膝、肘的三處打法，這三頂技法都是近距離的打法。拳諺講：「遠發手足，近用膝肘。」形意拳講究七拳、十四處打法。七拳中頭部為一拳。頂字功即強調了頭部的練習和運用。

1. 頭打在運用時，關鍵是以兩手打開對方的防護，「腳踏中門搶他位」，貼近其身，隨前腳落地的同時蹬後腳，以頭部撞擊對方的面部、胸部等。一定要出奇制勝，

不可濫用。注意我的雙手要盡量控制住對方的雙手，或嚴密保護好自己的頭部，以防其擊我頭部。雙手裹掩，步法可退可進。上步頭打如親嘴，要敢於進身。不貼身，無以致用。

2. 挎手膝撞的用法是對方向我直沖打來，我斜上步閃格其位，雙手抓挎其臂，順勁向後引帶，同時提膝猛力撞擊其胸、腹部。運用時，要注意閃身讓開，上步提膝，雙手能抓則抓，抓不住，擋開亦可，要疾進硬攻，快速靠近對方，方可奏效。

3. 上步頂肘，實則是肘法中的挑肘打法。運用時要敢於近身，用肘打要尋找時機，在得機得勢時，沖進對方身內，關鍵在於步法，在於勇氣。要敢於插進對方襠內，也就是搶占中門，內中含有身撞之意。由於肘擊較短，故有「節短勢險」之虞，要注意防護自己的頭部，還要注意「長短互用，以長救短，以短制長」。

4. 挎手崩拳的用法，可以作為肘部打法的「以長救短」之技，也可以單獨運用。主要是防中打中，吃拳還拳，快速進攻。撤步蓋劈既是防守，也是驚上取下的招術，又是第二手的蓄力，進步崩拳擊敵心胸，意在敵身後一尺。

由於頂字功中的三頂，是以貼身靠打、整體近戰的技法，必須「勇」字當頭，樹立敢打必勝的信念，要從氣勢上壓倒敵人，否則只是紙上談兵。

拳術的用法，要掌握技擊原則，練習拳術的勁法，不要津津樂道於某拳破某招，要充分發揮自己的本能，隨機應變，見景生情，隨心所欲。

六、頂字功歌訣

頂技三法頭膝肘，全憑步法往裡走。

節短勢險護己身，貼身打法強中手。

第七節　雲字功

一、概　述

拳譜云：「說文，雲，從雨，像雲回轉形。今所用者，即借其回轉之說也。其兩掌與左右捋，皆如行雲之飄焉。」《新華字典》中對雲的解釋是：「由水滴、冰晶聚集形成的在空中懸浮的物體。還含有往來周旋飄忽不定之意。」在太極拳中有雲手，在器械練習中有雲劍、雲棍、雲槍之說。但雲字功是形容兩手在頭前盤旋，做封架、撥帶、刁捋之勢，以防護嚴密。雖是顧法，但如運用得當，也能取得一定的效果。雲勢要和拗步鑽打結合起來運用，這樣顧中有打，打中有顧，顧打結合。

此功法練習時，應體現出身手靈活，步法快捷敏速，像行雲流水一樣連綿不斷。

二、雲字功內容

雲字功動作內容包括左雲勢、拗步鑽打、右雲勢、拗步鑽打。雲勢有大雲勢和小雲勢之別。大雲勢是兩手運動幅度較大，動作舒展，一手在頭上盤旋，另一手在身前繞圓。小雲勢是兩手在面前做一小圓，運動幅度較小，動作緊湊。雲勢單獨練習時，步法可進可退。結合鑽打時，一

定要上步。

三、雲字功練法

（一）出 勢

左三體勢起勢，動作同前。

（二）上步虎托

動作同前。

圖 1-70

（三）上步左雲勢

1. 動作過程

①（接右上步虎托）右足向正前方進一小步，左足隨即向前上一步，重心在兩足之間，兩腿微屈；同時，左手內旋，屈臂自下向上抬肘，前臂橫架過頂，左掌心向上，在頭部右上方；右手掌心向上，經心窩向左前方伸出，右肘在心窩前，掌指高與鼻齊；含胸緊背，目視右手（圖 1-70）。

②左足不動，右足向前上一步，右足微外掰，大部分重量在左足；同時，左掌在頭上向後、向左畫弧至身體左側，再向前、向上托起，手臂微屈，掌心向上，高與肩齊，在身體正前中線位置；同時，右手自左前方向右前方畫弧，至右前方時，右臂屈肘，掌心向上，向面前畫弧繞圓，至左前方時，右掌內旋，掌心向外，拇指向下，虎口張開，右掌在頭部右側方；目視左手前方（圖 1-71）。

圖 1-71　　　　　　　　圖 1-72

2.動作要點

①上步左雲勢兩足左右上步要快，步幅要小。注意右足上步要微橫落，重心微低，移動要平穩。

②兩掌的繞圓畫弧要同時進行。一手在頭上，一手在身前，兩手做相逆方向的旋繞，至身前方時，左手上托與右手抓捋後帶要同時，與右足上步要上下相齊。

③手腳動作要連貫，整個動作要一氣呵成。

（四）拗步右鑽拳

1.動作過程

左足向前上一大步，右足跟進半步，大部重量在左足；同時，左手內旋翻扣，掌心向下，向下、向左、向後屈臂抓捋成拳，畫弧擺至頭部左側方，拳心向外，拳眼向

下，左肘略高過肩；同時，右拳自頭右側微向後引，下落至右腰側，右拳外旋使拳心向上，右拳向前、向上鑽打，小指上翻，高與鼻齊，頭向上頂，目視右拳前方（圖1-72）。

2.動作要點

左足上步與右拳鑽打要手腳齊到。拳打出要有定點，周身均整，整齊如一。

圖1-73

（五）上步右雲勢

1.動作過程

① 左足向前進一小步，右足隨即向前上一步，重心在兩足之間稍偏後一些，兩腿微屈；同時，右拳變掌，右掌內旋，前臂向上抬肘，橫臂上架過頂，右掌在頭上左側，掌心向上；左拳同時變掌外旋，掌心向上，經心窩向右斜前方伸出，左肘在心窩前，掌指高與鼻齊；含胸緊背，目視左手（圖1-73）。

② 右足不動，左足向前上一步，左足落地腳尖外擺，大部分重量在右足，兩腿微屈；同時，右掌在頭上向後、向右畫弧，至身體右側下落與胸齊，右臂微屈，掌心向上，右掌再向前，向上托起，掌心向上高與肩平，在身體前方中線位置；同時，左手掌心向上，自右前方向左前方

畫弧，畫弧時以左肘為圓心，至左前方時，左臂屈肘，以掌心在後而內旋，掌心向外，拇指向下，虎口張開。左掌向下、向左、向後捋帶，拉回至頭部左側方，掌心向外，掌指向前；目視右手（圖1-74）。

2.動作要點

① 雲勢動作中分解為①②練習中間不停，兩手的盤旋繚繞，要配合身法同時進行，動作時腰部放鬆，身形微縮，動作要連貫不停，手腳相合。

② 兩手繞弧，要有封架刁捋和沉抖摟掛的技法和意念。

（六）拗步左鑽打

1.動作過程

右足向前上一大步，左足跟進半步，大部分重量在左足；同時，右掌內旋翻扣，掌心向下，向下、向右、向後摟帶抓握成拳，拉回至右肩前上方，拳心向外，拳眼向下，右臂屈肘；同時，左拳自頭左側微向後引，下落至左腰側，左拳外旋使拳心向上，左拳再向前、向上鑽打，左拳小指上翻，高與鼻齊，頭向上頂；目視左拳前方（圖1-75）。

以下動作同前，左右練習不止，練習數量多少，視場地大小和個人體力而定。

2.動作要點

在鑽打之前，要注意拳和臂的擰轉、右足上步與右手的摟帶和左拳的鑽打，三者要上下左右一齊到，要有爆發力。

圖 1-74　　　　　　　　　圖 1-75

（七）回身勢

回身勢以拗步鑽打，下接轉身虎托，轉身後再按前面動作重複練習。如拗步左鑽打時，則右足扣步回身，左足進步虎托。如拗步右鑽打時，則左足扣步回身，右足進步虎托。

（八）收　勢

雲字功動作至原起勢方向時：

① 如是拗步左鑽打時，則右足後撤一步，與左足併攏，落地站穩；同時，左拳橫臂翻扣蓋壓，右拳下落收回至左腰側，右拳向上鑽出，高與鼻齊；左拳拉回至腹；目視右拳（圖 1-76）。

② 如是拗步右鑽打時，左足向後撤一步至右足內側；同時，右拳向右、向下畫弧，再向前、向上鑽出；左拳變

圖 1-76

圖 1-77

掌向左、向上畫弧，再向右、向下蓋壓拉回至腹；目視右拳（圖 1-77）。

③ 左足進一步，右足不動，成三體勢步型，左掌向前劈出，右拳拉回變掌至腹，成左三體勢。再按左三體勢的收勢動作進行。

四、雲字功的勁力

1. 從雲勢的動作來看，是兩手在面前各自畫弧繞圓，這個圓是不規則的橢圓。以左雲勢為例分析動作勁法，左手內旋橫前臂向上抬起，左肩向外開。右手向前伸時，右肩內合，用腰身帶動兩臂，手領、腰催、肩隨，要含胸蓄腰，腰要鬆活。右手在前繞圓時，右肩前順，左手在前繞圓時，左肩前順，左手要有向上托的勁，右手要有向後領帶的勁，以腰間發勁，配合步法協調動作，左右相同。

2. 拗步鑽打時，身形要先向後帶，這就是「欲前先

後」的身法，也就是蓄力。如右拳向前鑽打時，右肩部要向右裏帶，向下沉壓，右上臂緊貼肋部，靠腰催肩、肩催肘，以拳的擰轉，向身體中線前上打出，這樣打出的鑽拳才勁力雄厚，勢猛而完整。注意上臂和前臂之間的夾角在120°左右為宜，不要過屈，也不要太直，「屈則不遠，過直少力」。另外，左手的翻扣下壓，向下、向左摟帶，注意左臂要鬆沉，不要用僵勁，發揮以腰帶動肩，以肩、肘帶動手臂，要有沉勁、冷勁、抖擻勁。右拳的鑽打和左手的摟帶，兩手要同時動作，以腰勁為主，一起完成。

3. 雲勢時要含胸緊背，收腹縮腰，身形微低。鑽打時，腰要先含而後向上挺，向前拱，臀部要向下微沉，配合呼吸，發力呼氣，氣沉丹田，以增大鑽拳的整勁。

五、雲字功的技擊含義及用法

1. 左右雲勢的前手抬肘上架是為防護頭部，後手向前手腋下前伸，是為防護自己的胸部和肋部，緊背含胸，後肩向內合，這樣有利於自己的上部和中部防守嚴密。

2. 後手畫弧有向外撥的含義，兩手一前一後，同時向側後領帶，意在将帶對方手臂。運用時，步法可進可退，以退為佳，要和手法協調配合。進步運用時，兩手在身前連續快速繞轉畫圓，既防護自己，又擾亂對方雙眼，為下一步進招創造時機。

3. 拗步鑽打的用法是前手向下，蓋壓刁挒敵臂或拳，以腰勁向側方抖帶，而後手握拳向敵胸部及下頦猛力向前上鑽打，關鍵是步法要勇於向敵身內沖去。鑽拳是近身打法，不能近身，鑽拳不能發揮應有的威力。

4. 談法不是法，沒有功夫有法也空。技法全憑自己在

實踐中多體會，多磨練，多總結經驗，學習別人的長處，才能逐步有所提高。在實際運用中，不要拘泥於死法，要根據實際情況，充分發揮自己的本能，靈活運用。

六、雲字功歌訣

雲勢兩手繞身前，架撥挌帶神意聯。

摟手鑽打腰肩勁，快步進身拳上鑽。

第八節　領字功

一、概　述

拳譜云：「領，受也。順勢而領取也。」領字有帶引之意，還有引導、接受、取得之說。領字功是因動作中有左右領勢而得名。領勢是對方以拳或掌向我中上部打來時，我用雙手進行防護並迅速抓挌，順勢領帶，引至身外。從領、帶、引的技法來看，它是順對方的勁路稍加一些力，使其偏離目標，也就是「引進落空」，達到人背我順的目的，而後則可隨意施技進行攻擊，領勢還有主動抓挌敵臂，用力向左右領帶，使敵身散亂，使其技術不得發揮的作用。

有的拳譜中講：「領，蛇形拳也。」從領勢的技法結構和動作路線來看，它和蛇形動作技法相去甚遠，十二形拳中，蛇形的主要技法是撩、挑、擺。領勢是「順勢而領取也」。所以，說領字功是「蛇形拳也」是不確切的，也可能有的領字功與蛇形相似，故有此說，但領字功絕不是蛇形拳。

二、領字功內容

包括左領勢、左順步炮拳、回身虎托、轉身三拳、進步左崩拳、右領勢、右順步炮拳、回身虎托、轉身三掌、進步右崩拳。領勢可以單練，有進步領、退步領、順步領、拗步領等。單練以求一勢之精，一招之熟。

圖 1-78

三、領字功練法

（一）起 勢

自左三體勢起。

（二）上步虎托

動作同前。

（三）上步左領勢（右足在前，左足在後）

1.動作過程

① 右足向前進半步，左足跟進提起至右足內側不落地，兩腿併攏，右腿微屈獨立站穩；同時，兩掌腕部交叉，左掌在外，掌心向內；右掌在內，掌心向外，兩掌向前、向上推架，至頭前上方，高與鼻齊；含胸緊背，兩肘下垂。目視兩手前方（圖 1-78）。

②左足向前上一大
步，右足跟進半步，身體重
心在兩足之間稍偏後一些，
成四六步型；同時，兩掌腕
部相絞，右手外旋，左手內
旋，雙手向前右方繞一小
弧，至雙掌心向前方時，雙
手抓握成拳，自右前方向
下、向左後方拉拽領帶。左
拳擺至身後，拳心向下，右
拳拉至左腋下，拳心向上；

圖1-79

頭向上頂，目視前方（圖1-79）。

2.動作要點

①右足進步與雙拳交叉上架，上下動作要一致，身形
向下坐。

②左足上步落地與雙手向左後領帶動作要整齊。注意
兩手的擰旋抓捋和畫弧繞一小圓。

（四）左順步炮拳

1.動作過程

左足向前進一步，右足跟進半步，大部分重量在右
足；同時，右拳拳心向內，向上鑽，至頭部左額角處，左
拳屈肘收回至胸前，隨左足進步，左拳向前打出左炮拳，
高與胸齊，左肩前順，右拳內旋擰轉，至右額角處，右肘
下垂；頭向上頂，目視右拳前方（圖1-80）。

圖 1-80　　　　　　　　　　圖 1-81

2.動作要點

① 左足進步與左拳打出動作要手腳相齊。

② 注意擰腰順肩。注意右肘的下垂和右拳的內旋。

(五)回身虎托

1.動作過程

① 左足向右足尖前扣步，右轉身 180°，重心移至左足，面對來時方向，右足撤至左足前；同時，左拳收回至胸前，右拳下落，自右腋下向身後插，拳眼向下，右臂微屈，右拳高與胸齊；目視右拳（圖 1-81）。

② 右足向前進半步，左足提起跟進，至右足內側不落地；同時，左拳順右臂下前穿，至兩拳相交時變掌，兩掌交叉向上、向左右畫弧，下落收於兩腰側，兩掌心向前，

圖 1-82①

圖 1-82②

掌指向下；頭向上頂，目視前方（圖 1-82①②）。

③ 左足向前上一步，右足跟進半步，大部分重量在右足；雙掌向前、向下推出，掌心向前，高與小腹齊，兩掌相距一拳，兩臂微屈；含胸緊背，坐臀沉肩，目視兩掌前方（圖 1-83）。

2. 動作要點

圖 1-83

① 前腳扣步與拳向後插要協調一致。轉身上步與兩掌畫圓收於腰間要整齊一致。

② 兩掌向前下推出與上步落地要完整一致。

| 圖 1-84 | 圖 1-85 |

(六)轉身三掌

1.動作過程

① 左足向右足前扣步，右轉身 180°，面對來時方向，重心移至左足，轉身後右足向前進半步，左足不動；同時，右掌內旋，拇指向下，小指向上，自後向下經身左側向上、向前、向下掄劈，以小指一側為力點，右臂微屈，高與胸齊；目視右掌（圖 1-84）。

② 左足向前上一步，右足不動；同時，左手屈臂提起，由後向上、向前、向下揮臂掄劈，高與胸齊，左臂微屈；右掌拉回至體右側；目視左掌（圖 1-85）。

③ 重心後移，右足不動，左足向後撤半步至右足前，腳掌點地；同時，右掌自體右側向上、向前掄劈蓋掌，掌心向下，高與胸齊；左掌拉回至左腰側抓握成拳；右肩前

順，身形微向上起，目視右掌（圖1-86）。

2.動作要點

① 扣步轉身，幅度要大，兩腳成丁字形，反手掄劈與轉身上步要相合。

② 左足上步與左手掄劈要一致，右手向前蓋劈與左足後撤要上下相齊。

③ 連環三掌，反劈、正劈、蓋劈在練習時，動作要連貫不停，一氣呵成。

圖 1-86

（七）順步左崩拳

1.動作過程

左足向前進一步，右足跟進半步；同時，右掌抓握成拳拉回至腹，拳心向內；左拳自左腰側向前打出左崩拳，左臂微屈，拳高與胸齊；頭向上頂，目視左拳前方（圖1-87）。

圖 1-87

2.動作要點

① 左拳向前打出與左足上步要手腳齊到。

② 轉身三掌與進步左崩拳，中間不停，連貫練習，一

氣呵成。

（八）右領勢

1.動作過程

① 左足向前進半步，右
足跟進至左足內側不落地，左
腿微屈站穩；同時，右拳向左
臂下前穿，兩拳同時變掌，兩
掌腕部交叉，左手在上，右手
在下，兩掌心均向上，兩手向
前、向上鑽架，至頭前上方，
高與鼻齊；含胸緊背，目視兩
拳前方（圖1-88）。

② 右足向前上一大步，
左足跟進半步；同時，兩掌腕
部相交，左手外旋，右手內
旋，至兩手心向前方時，兩手
同時抓握成拳。自左前方向
下、向右後方拉拽領帶，右拳
至身後，拳心向下，左拳拉至
右腋下，拳心向上；頭向上
頂，目視前方（圖1-89）。

2.動作要點

同左領勢。

圖1-88

圖1-89

(九) 左順步炮拳

1. 動作過程

圖 1-90

右足向前進一步，左足跟進半步；同時，左拳掩肘上鑽，拳心向內，至頭部右額角處；右拳屈肘收回至胸前，隨右足進步，右拳向前打出右炮拳，拳眼朝上，高與胸齊。右肩前順；左拳內旋擰轉至左額角處，左肘下垂；頭向上頂，目視右拳前方（圖 1-90）。

以下動作同前，惟左右互換。

2. 動作要點

同前。

(十) 轉身虎托；(十一) 轉身三掌；(十二) 右順步崩拳

由於領字功是左右回環連續轉身，在原地練習，故沒有回身勢。

(十三) 收 勢

練至原地起勢位置收勢。

形意拳械精解（下）

1. 如是左順步崩拳時，收勢動作如下

① 兩足不動，左拳扣壓拉回至腹（圖 1-91）。

② 右足向左足併攏，兩拳變掌，向身兩側平舉，掌心向上，高與肩平，目視右掌（圖 1-92①②）。

③ 兩腿不動，兩掌屈肘，向面前合攏，兩掌心向下，兩掌指相對，高與肩平（圖 1-93）。

④ 兩掌下按，兩腿伸直站起，兩手垂於體兩側，成立正姿勢。收勢畢（圖 1-94）。

圖 1-91

圖 1-92①

圖 1-92②

圖 1-93

圖 1-94

2.如是右順步崩拳時，收勢動作如下

① 右足向後退一步，左足後退至右足後，全腳掌著地，重心後移至兩腿之間，右腳微外撇，兩腿成交叉形；同時，右拳拉回至腹，左拳向前打出左崩拳，高與胸齊；頭向上頂，目視左拳。此為退步左崩拳（圖1-95①②）。

② 左足上步，右足不動，成三體勢步型；同時，左拳扣壓拉回至腹，頭向上頂，目視前方（圖1-96）。以下動作與圖1-92、93、94相同。

圖 1-95①

圖 1-95②　　　　　　　　圖 1-96

四、領字功的勁力

1. 左右領勢，兩手十字交叉向前上推架，要含胸緊背，兩臂要有掤勁，要有撐勁。兩手抓挌擰旋向側後領拽之前，注意兩手有欲後先前，欲左先右。欲向側後領拽，應先向前引而走一小弧形，這樣以體會身勁，以利蓄勁。

2. 腰要鬆活而富有彈力，用腰身催動兩手運動，以身勁帶之。領拽時，要用腰帶肩，肩帶肘，肘帶手。向左領時，右肩在前，向右領時，左肩在前，肩有向前靠撞之意，擰腰順肩，身向前擁。

3. 前腳落地要有踩勁，尤要注意頭向上頂，意念前沖。向側後領拽之手，要有向後的挌勁和向下的沉勁。

4. 順步炮拳打出時，肘部要緊貼肋，向身體中線打，擰腰順肩伸臂而發勁，拳上鑽時，要掩肘上鑽，注意發勁呼氣，內外如一。

5. 轉身三掌的扣步、轉身、掄臂反劈時，肩要鬆活，以肩帶肘，以肘帶手。掄劈向下，要有沉勁。手臂掄轉時，先使手臂保持一定屈度，再以肘彎曲向前走，至前上方時再伸臂加力、加速。這就是合理地運用角速度和線速度的問題。角速度是為轉動快，線速度是為獲得較大的力。這三掌的反劈、正劈和蓋掌是腰催兩肩而動，肩催兩肘而轉，掌帶肘而伸，把勁力貫注到掌的著力位置。注意掌要劈向身體的中線。

6. 回身虎托，注意拳向腋下後插時，要抬肘、合肩、旋轉擰臂後穿，周身完整不懈。

7. 每個拳勢和招法要想打出整勁，首先應該把動作的路線、運動的軌跡了解清楚，對每個姿勢的定型，手腳的配置和姿勢的高矮都要弄明白。

另外，還要把發力的順序，勁力源於何處？發至何處？手腳怎樣配合？身法怎樣運用？以及呼吸與發勁的配合等都要搞清楚，在明白了動作的運動路線和動作規格之後，就是刻苦的練習階段。

拳諺云：「熟能生巧，巧能生精。」在苦練的過程中，還要學習和鑽研動作是否符合力學原則？是否符合力學規律？是否符合人體的結構？當然，最重要的還應當符合攻防的技擊原則。同時，在練習的過程中，自我感覺還要舒服、順暢、神清、意爽。

五、領字功的技擊含義及用法

1. 領勢的雙手交叉向上推架，一是防護對方向我中上部打來的直拳。二是為雙手抓挌做準備。上步向側後領捯的技擊含義是我雙手抓挌敵臂用力向我側後領帶，有衣抓

衣，無衣抓肉。最佳的情況是：我雙手抓住敵右臂後，向我右後領拽；如抓住敵左臂，則向我左側後方領帶。這樣，可以有效地防止對方另一手向我進攻。

但在實戰中，哪會有最佳的時機等待我們，只有我們去創造機會，抓住時機，才能利用最佳。

單用領勢時，可以退步而領，也可以和順步炮拳作為一個散手組合連貫起來運用。

2. 轉身三掌是返身顧後的招法。連環三掌動作要快，與順步崩拳成一散手組合。如我身後有敵來襲，或我返身打擊身後之敵，扣步翻身向後反手劈掌，既是防守動作，又是進攻招術。緊接第二手向前劈擊敵頭部，連環第三手再蓋劈敵臉部，再緊跟進步崩拳，向敵心窩重擊，使對方招架不及而敗落。

3. 任何招勢和技法在運用時，都不是一成不變的。有時可能與以前練過的招勢面目皆非，但只要勁法打出，能夠根據敵我雙方的態勢，臨機應變，抓住破綻，隨意發招，以制敵取勝。技擊散打總的原則是：「制人而不制於人。」

4. 戚繼光《拳經·捷要篇》講：「既得藝，必試敵，切不可以勝負為愧為奇，當思何以勝之，何以敗之，勉而久試。怯敵還是藝淺，善戰必定藝精。古云：藝高人膽大。信不誣也。」請學者細心領悟。

六、領字功歌訣

雙手抓拽側身領，暗藏肩撞炮拳攻。
轉身顧後連三掌，得機得勢進步崩。

第九節 八字功連環拳

八字功連環拳是在八字功單練的基礎上，串連而成的一個套路。在民間傳統形意拳中流傳較廣，深受廣大群眾喜愛。在套路中，它包括展、截、裹、跨、挑、頂、雲、領，每一字中最主要的技法和最有代表性的動作。為了動作的連接和順和勁力的轉換暢達，又增加了一些其他的動作技法。這樣，使這套八字功連環拳特點更加明顯，技法更加突出，內容更加豐富。練習這套八字功連環拳，可以學到和補充五行拳和十二形拳之外的身體各部位，各方位，各角度，不同的勁法、招勢和用法，以豐富和完善形意拳的技法，以提高自身的技擊自衛能力。

學練這套八字功連環拳，最好是學完並掌握八字功每一字的技法動作之後再學習它，這樣能較快地掌握。當然，有一定基礎，形意拳套路練得很好的人，直接學八字功連環拳也可以，但要下一定的工夫，才能練好。

一、八字功連環拳動作順序名稱

（一）起 勢
（二）進步右崩拳
（三）上步虎托
（四）上步右展勢
（五）上步掄劈橫斬
（六）進步左雙截
（七）上步右雙截
（八）順水推舟

（九）搖身雙裹
（十）上步雙撞掌
（十一）撤步合肩勢
（十二）上步左跨勢
（十三）上步左劈拳
（十四）上步右鷹捉
（十五）回身蛇纏身
（十六）上步右挑拳

二、八字功連環拳練法

（一）起　勢

1.動作過程

① 立正姿勢，面對練拳方向成 45°、90°或面正對練拳方向均可（圖 1-97）。

② 兩手自體兩側向上平起，手心向上，兩臂自然微屈，高與肩平；目視右手（圖 1-98）。

③ 兩臂屈肘，兩掌在面前合攏，兩掌指相對，掌心向下，兩掌向下按至腹前；同時，兩膝併攏，屈膝下蹲；頭向上頂，下頦內收，轉頭目視左前方。即練拳方向（圖 1-99）。

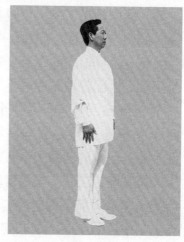

圖 1-97

圖 1-98

圖 1-99

④ 兩手在腹前抓握成拳，翻轉使拳心向上，兩肘貼肋。右拳向上經心窩向前鑽出，小指上翻，高與鼻齊；身左轉，面向練拳方向；目視右拳，頭向上頂（圖 1-100）。

⑤ 左足向前進一步，右足不動，大部分重量在右足，成前三後七三體勢步型；同時，左拳向上經心窩向右肘部，順右前臂向前鑽，拳心向上，與右拳相交時，兩拳變掌

圖 1-100

內旋，左掌向前下劈出，右臂微屈，腕微塌，掌指高與肩齊。右手拉回至腹，掌心向下；頭向上頂，下頦內收，目視左掌前方（圖 1-101）。

圖 1-101

圖 1-102

2. 動作要點

① 兩拳下按與屈膝下蹲要協調一致。

② 左拳劈出與左足進步要整齊一致。

③ 整個起勢要精神飽滿，動作要連綿不斷。

（二）進步右崩拳

1. 動作過程

左足向前進半步，右足跟進至左足後，重心落於右足；同時，左手抓握成拳拉回至腹，拳心向內；右拳提起，自心窩向前直線打出右崩拳，高與胸齊。肘部微屈，拳眼向上；右肩前順，頭向上頂，下頦內收，目視右拳（圖 1-102）。

圖 1-103①

圖 1-103②

2.動作要點

右拳打出與右足跟步要整齊一致。右足跟步要挫地發聲，發力與呼氣相配合。

（三）上步虎托

1.動作過程

① 左足向前進半步，右足跟進不落地至左足內側；同時，兩拳變掌內旋，左手前伸至右手下，兩拳交叉向上，各自向左右畫弧分開，掌心向前。向下落至腰側，掌指向下，兩肘貼肋；頭向上頂，目視前方（圖 1-103①②）。

③ 右足向右斜前方上一步，左足跟進半步，大部分重量在左足；同時，兩掌自腰間向前、向下推出，掌心高與腹齊，兩掌相距 10 公分，掌指向下，掌心向前；頭向上

圖1-104　　　　　　　　圖1-105

頂，沉肩合肘，目視兩掌前方（圖1-104）。

2.動作要點

① 兩掌畫弧與左足進步相一致。

② 兩掌托出與右足上步要整齊如一，手腳齊到。

（四）上步右展勢

1.動作過程

① 右足向前進半步；同時，左掌自下向左、向上、向前畫弧，向下橫掌蓋壓，掌心向下，左臂彎曲成圓，高與胸齊；右手抓握成拳，拉回至腹；目視左手（圖1-105）。

② 重心前移，左足向前上一步，腳尖外擺；同時，右手握拳，自下經心窩在左手內側向前、向上鑽出，高與鼻

圖 1-106

圖 1-107

齊；左手下壓與腰齊；目視前方（圖1-106）。

③右足向前上一大步，落地腳尖微扣，左足跟進半步，橫腳落地，兩腿下蹲，大部分重量在左足；同時，左拳橫臂向上架起至頭上方；右拳屈肘向後，翻扣內旋，拳眼向下，拳心向後，自右腋下向前用力打出，拳高與胸齊，右肘微屈；左拳向後拉回至頭部左前方，左肘向後撐；身形左轉，撐腰順肩，頭向上頂，目視右拳前方。兩腿成半馬步型（圖1-107）。

2.動作要點

①整個動作要連貫不停，一氣呵成。

②右拳栽打與右足落地要手腳齊到，整齊如一。右拳發勁要撐腰順肩，側身栽打。左拳後拉，肘向後撐。身形微向左偏，右腳要有踩勁。注意腰、肩、肘要節節貫通，配合呼氣發力。

圖1-108

圖1-109

（五）上步掄劈橫斬

1.動作過程

① 身形微起，右足後撤半步，再向前進半步；同時，左掌下落至左腰側；右拳下落，經身前向後、向上、再向前、向下掄劈成立掌，高與胸齊；目視右掌（圖1-108）。

② 左足向前上步至右足內側點地；身形右轉180°，右足原地擰轉；同時，左掌外旋，掌心向內，左臂屈肘，隨右轉身由左向前、向右畫弧橫格，掌指高與鼻齊，擺至右肩前方，掌心向下；右掌在左腋下；目視左前方（圖1-109）。

③ 左足向前上一大步，右足跟進半步；同時，左掌向前揮臂橫斬，掌心向下，左臂微屈；右掌向後撐出，臂微

屈撐圓；左掌高與頸齊，右掌
高與肩平，兩掌心均向下；目
視左掌（圖1–110）。

2.動作要點

① 右掌掄劈與右足相
合，肩要鬆，臂要活，以腰帶
肩，以肩帶臂，要有沉勁。

② 左手橫格裏帶要用腰
勁，要含胸合肩。

③ 左手橫斬與左足上步
和右臂後撐要整齊一致。兩臂
要撐圓，要開胸實腹，發力呼
氣。

圖1–110

④ 整個動作要連貫不
停，一氣呵成。

（六）進步左雙截

1.動作過程

① 左足後撤半步，右足
不動，重心後移至右足；同
時，左手下落拉回至身前抓握
成拳，經心窩向上鑽起，至右

圖1–111

肩前方，拳心向裏，左肘掩心窩；右手握拳，外旋屈肘收
回在右肩前，拳眼向後，高與頭齊；目視前方（圖1–
111）。

②左足向左斜前方進一大步，右足跟進半步；同時，雙拳向前、向左屈肘橫截，擰腰，右肩前順；右拳外旋拳心向內，高與嘴平；左拳內旋，拳心向外，高與肩平；右臂掩肘在身前，頭向上頂，下頦內收，目視前方（圖1-112）。

圖1-112

2.動作要點

①左足撤步與左拳上鑽要一致，注意身形微向右轉腰，微向下坐身，以蓄勁待發。

②左足進步與雙拳、前臂向左橫截，動作要整齊一致。擰腰順肩，旋臂沉肘，以腰為力源，以前臂、拳、肘為力點。注意腰要鬆活。

（七）上步右雙截

1.動作過程

①左足向前進半步，右

圖1-113

足跟進不落地；同時，雙拳微伸，向前下落；右拳屈肘上鑽，經心窩向上至左肩前，拳心向裡；左拳向後、向上畫弧，屈肘外旋至左肩左側，拳高與耳齊，身微左轉，目視

右前方（圖1-113）。

②右足向右斜前方上一大步，左足跟進半步，大部分重量在左足；同時，雙拳向前、向右屈肘橫截，擰腰左肩前順；左拳外旋，拳心向內，高與嘴齊；右拳內旋，拳心向外，高與肩平，左臂掩肘在身前，右肘下垂；頭向上頂，下頦內收，目視左拳前方（圖1-114）。

圖1-114

2.動作要點

①整個動作要連貫，中間不停，一氣呵成。

②注意要用腰帶動兩肩，以兩肩催動兩肘。身法動作的前後移動及左右轉動，一定要遵循「欲前先後，欲左先右」的原則。

（八）順水推舟

1.動作過程

①左足向後退半步，右足隨之向後撤半步，大部分重量在左足；同時，雙拳變掌，右手前伸，左掌內旋，雙掌心向下；右手在前，左手在後，兩掌同時自右前方向左、向下、向後将帶，左手拉至左腰側，右手将至腹前；收腹含胸，腰微左轉，頭向上頂，目視前方（圖1-115）。

②右足向正前方進一大步，左足跟進半步，大部分重

圖 1-115　　　　　　　　圖 1-116

量在左足；同時，兩掌用力向前伸臂推出，掌心向前，右
掌在前，高與胸齊，左掌在右肘前；頭向上頂，下頦內
收，目視前方（圖 1-116）。

2.動作要點

　　① 左足退步，右足撤步，動作要快要靈，右足進步要
大要遠，跟步要快。

　　② 兩手的蓋壓捋帶要走一弧形，與重心後移相一致。
兩掌向前推送與右足進步要整齊如一。發勁時，兩肘要向
內合，要沉肩沉肘，長腰伸臂，配合發力而呼氣。

（九）搖身雙裏

1.動作過程

　　① 右足向右斜前方進半步，左足跟進至右足內側不落

圖 1-117　　　　　　　　　圖 1-118

地；同時，右手成立掌，掌心向左，先向右前方伸出，再
向左畫弧擺至左肩前，頭部向右領，左手回至腹前；目視
右掌（圖 1-117）。

　　② 左足向左前方上一步，右足提起至左足內側不落
地；同時，左手向左前擺起成立掌，掌心向右，由左前方
向前、向右畫弧擺至右肩前，掌心向內；頭與身形向左
領，目視左手（圖 1-118）。

2. 動作要點

　　① 兩手畫弧擺動與兩足斜形上步要協調一致，以腰帶
肩，以肩帶手，以手畫弧而裹。

　　② 整個動作要柔和而連貫，注意身形左右閃避與左右
手配合要一致，手向左裹而身向右閃，手向右裹而頭向左
閃，體現出搖身的動作。

（十）上步雙撞掌

1.動作過程

右足向正前方上一大步，左足跟進半步，大部分重量在左足；同時，雙掌在胸前內旋，掌心向外，掌指相對，雙掌向前用力撞打，高與胸齊，兩臂伸直，微屈撐圓；緊背含胸，發力呼氣，氣沉丹田，頭向上頂，目視前方（圖1-119）。

圖1-119

2.動作要點

① 雙掌撞打與右足上步要整齊如一，手腳齊至。
② 含胸緊背力催身前，發力吐氣雙臂撐圓。

（十一）撤步合肩勢

1.動作過程

左足向後退半步，右足隨撤至左足內側點地，重心移向左足，身左轉，以右肩正對前方，左腿屈膝，身形略蹲；同時，右手經胸前向下、向左胯下插，右掌外旋，掌心向內；左手先後拉下落至左腰側，再向上、向前、向右肩前裹穿，掌心向內，兩肘在胸前；收腹含胸。縮身而蹲，目視右肩前方（圖1-120）。

圖 1-120

圖 1-121

2.動作要點

右手下插、左手前裹與撤步蹲身動作要協調完整，縮身而蹲，含胸拔背，蓄勢待發。

（十二）上步左跨勢

1.動作過程

① 右足向正前方進一步，腳尖外擺，左足不動，重心在兩足之間；同時，右手內旋，掌心向前，虎口向下，由左胯處向前、向上撩起，高與頭齊時抓握成拳；目視右手；左掌下落至左腰側，掌心向前，掌指向下（圖 1-121）。

② 左足向前上一大步，右足跟進腳橫落，兩腿成半馬步形；同時，左掌向前伸臂推出，掌心向前，掌指向下，

圖 1-122

圖 1-123

高與胯齊，左肘微屈；右拳向上、向後拉回至頭右側上方，拳眼向下；身左轉，目視左掌前方（圖 1-122）。

2. 動作要點

① 右足進步與右手上撩抓握動作要一致。

② 左足跨步與左手托胯要相合。注意擰腰沉肩。上下兩手的配合要整齊一致。

（十三）上步左劈拳

1. 動作過程

① 左足向前微進少許，重心前移至兩足之間；同時，左手內旋翻轉，橫前臂向前、向下蓋壓，掌心向下，高與胸齊；右掌下落至右腰側；目視左手前方（圖 1-123）。

② 右足向前上一步，腳尖微向外擺；同時，左手握拳

圖 1-124　　　　　　　圖 1-125

拉回至腹；右拳經心窩向前、向上鑽出，小指上翻，高與
鼻齊；目視右拳前方（圖 1-124）。

　　③ 左足向前上一步，右足跟進半步，兩腿成三體勢步
形；同時，左拳變掌，順右臂向前打出左劈掌，右手拉回
至腹，左掌高與肩齊；頭向上頂，下頦內收，目視左掌前
方（圖 1-125）。

2.動作要點

　　整個動作要連貫不停，一氣呵成。動作時，要手足相
合，上下相隨。左掌劈出與左足上步要整齊一致。

（十四）上步右鷹捉

1.動作過程

　　① 左足先撤少許，再向前進半步，右足跟進至左足內

圖 1-126　　　　　　　　圖 1-127

側；同時，左掌抓握成拳拉回至腹，再經心窩向前、向上鑽出，左拳小指上翻，高與鼻齊；右拳在左肘部，拳心向上；頭向上頂，目視左拳（圖 1-126）。

　　② 右足向前上一大步，左足跟進半步，重心在兩足之間微偏後；同時，右拳順左臂向上鑽，高與頭齊；雙拳內旋變掌，向前、向下劈落，右掌高與腰齊，左掌拉回至腹前，兩掌心均向下；挺腰，頭向上頂，目視右掌（圖 1-127）。

2.動作要點

　　① 右順步鷹捉掌形可以為鷹爪掌，也可以為普通形意掌形。

　　② 右掌向下劈落與右足落地要上下整齊一致。發勁時，兩肘要有沉勁，頭有向上頂勁，臀有向下坐勁，兩腿有夾剪之力。

(十五)回身蛇纏身

1.動作過程

① 兩足原地擰轉，身立起左轉 180°，面對來時方向；同時，左手內旋，抬肘向上、向後、向下劈落至左胯側，左臂微屈；右掌上舉至頭頂右上方，右臂微屈，右掌虎口向前，掌心向上；目隨左掌（圖1-128）。

圖1-128

② 身形下蹲，兩足成左前右後歇步勢；同時，右掌自頭上隨身下蹲，向前、向下旋擰下插，掌心向內，插至左胯外側；左掌向右裏，向上穿至右肩前，掌心向內；右足跟抬起，左足尖外擺，兩腿交叉疊緊坐穩。目視左手前方（圖1-129）。

2.動作要點

① 兩手向上掄臂畫弧時，身形要向上起。

圖1-129

② 右手下插與擰身下蹲成歇步動作要整齊一致。整個動作要連貫不停，一氣呵成。

（十六）上步右挑掌

1. 動作過程

左足向前進半步，右足向前上一大步，左足跟進半步；同時，左掌向前、向下拉回至腹，掌心向下；右掌自腹前以掌指向上，掌心向前，用力向前、向上打出，高與胸齊，右臂微屈；鬆肩沉肘，頭向上頂，目視右掌（圖1-130）。

圖1-130

2. 動作要點

右掌挑打與右足上步要整齊一致。右掌打出之前，注意右肘要緊貼右肋，要沉肩沉肘。發勁時，要坐胯、長腰、鬆肩、沉肘而上挑。

（十七）撤步左劈拳

1. 動作過程

左足不動，重心後移，右足向後撤半步至左足前；同時，右手向下蓋抒拉回至腹，左掌順右臂向前、向下劈出，左肩前順，左掌高與胸齊；頭向上頂，目視左手前方（圖1-131）。

圖1-131

2.動作要點

兩掌動作要相合，一出一回要同時，與右足後撤要一致。注意左肩前順，要收腹含胸而身微前探。

(十八)進步右挑掌

1.動作過程

右足向前進一大步，左足跟進半步，大部分重量在左

圖1–132

足；同時，右掌自腹前向前、向上打出，掌心向前，掌指向上，肘部微屈，掌高與肩齊；左掌拉回至腹；頭向上頂，下頦內收，目視右手前方（圖1–132）。

2.動作要點

① 動作要點及勁力與前相同。

② 十六、十七、十八三個動作要連貫不停，注意挑掌發力方向是前上方。

(十九)退步掩肘

1.動作過程

① 左足向後退半步，重心後移，右足隨之後撤半步；同時，右手握拳，屈肘內旋，右前臂向左掩肘，拳高與鼻齊；肘低於肩；身向左轉，左拳在腹前不動；目視右拳前

方（圖 1–133）。

②右足向後退一步，重
心後移，左足向後撤半步至右
足前；同時，右拳向左、向下
掩肘至左腰側，拳心向內；左
拳向前、向上擺，屈臂自左向
右掩肘畫弧；身形右轉；左拳
向下落至右腰側，拳心向裡，
兩臂在身前交叉，左臂在內，
右臂在外；含胸緊背，目視前
方（圖 1–134）。

圖 1–133

2. 動作要點

①右掩肘與左退步、左
掩肘與右退步，動作要上下相
合一致。

②左右掩肘，兩手動作
要連貫不停，步退而身轉。側
身而掩肘，注意腰要活，肩要
沉。

（二十）進步頭頂

1. 動作過程

圖 1–134

左足向前進一步，右足跟進半步，重心前移，成前六
後四步形；同時，雙拳交叉向身前下撐，兩拳高與腹齊，
拳心向下，兩拳腕部交叉；頭部向前頂撞，身形前欺，下

頦內收，以額頭為力點，頭部與身形微前傾，頸部肌肉收緊，叩齒牙咬緊，目視前方（圖1-135）。

2.動作要點

①雙拳下撐前插與頭部向前頂、左足上步要手、腳、頭齊到。

②注意重心前移，意在頭打，要收腹含胸，要認真體會「頭打落意隨足走，起而未起占中央，腳踏中門搶他位，就是神手也難防」的內在含義。

圖1-135

（二十一）捋手膝撞

1.動作過程

左足向左前方進半步，重心移向左足，身形向左移，左腿獨立微屈，右腿屈膝抬起，由後向前、向上提膝頂撞，高與腰平；同時，雙拳變掌向左

圖1-136

前方伸出，左手在前，掌心向右，右手在左肘部，虎口張開，拇指向下，兩手高與肩平；隨右膝前頂，雙手抓捋向右後側捋帶成拳，左拳在身前，左肘在心窩；右拳拉至右

肩後側，拳心向下。左拳心向上；頭向前領，目視左拳前方（圖 1-136）。

2.動作要點

右膝前撞與雙手向右後捋帶，要上下同時用力，要收腹提膝和擰腰後捋，注意身形要向左前斜領。

（二十二）上步頂肘

1.動作過程

右腳向前上一大步，左足跟進半步，重心前移，兩足成前六後四步形；同時，右肘下落收回於右肋，右臂屈肘，右拳在右肩前，隨右足向前落地，右肘向前、向上頂出，右掌在右耳側，右肘高與肩平；左手扶於右肘後，右肩前順；頭向上頂，目視正前方（圖 1-137）。

2.動作要點

右足上步要遠、要大，落地要有踩勁。左足跟步要快，注意右肘前頂，重心要前移。

（二十三）捋手崩拳

1.動作過程

① 左足不動，右足向後撤半步，重心後移；同時，右拳向前伸臂變掌，向下蓋捋拉

圖 1-137

回至右腰側，抓握成拳；左掌順右臂向前下劈出，左肩前順，左掌高與胸齊；收腹含胸，目視左手前方（圖1-138）。

② 右足向前進一大步，左足跟進半步，大部分重量在左足；同時，右拳向前打出右崩拳，高與胸齊；左手拉回至腹部；頭向上頂，下頦內收，目視右拳前方（圖1-139）。

圖1-138

2.動作要點

① 右手蓋挓、左手前劈與右足撤步要一致。

② 右拳崩出與右足進步要整齊如一。

（二十四）雲勢挓帶

1.動作過程

① 右足向前進半步，左足跟進至右足內側不落地；同時，兩拳變掌，右掌內旋，屈

圖1-139

臂抬肘上架過頂，右上臂貼於耳側，右掌在頭上，向後、向右、向前繞一圓弧，至身體右前方，掌心向上；左掌手心向上，經胸前向右腋下、向前、向左畫弧繞圓，左手至

左方時屈肘經面前,再繞至右
前方;此時,右手在右前方,
手心向上;左手在右肘部,手
心向前,拇指向下,虎口張
開;目視右手前方(圖1-
140)。

圖1-140

② 左足向前上一步,腳
尖外擺,重心在兩足之間,兩
腿彎曲;同時,雙手向下、向
前、向上托帶,兩掌心均向斜
上方,前掌高與鼻齊,臂微
屈,左手在頭部左上方,掌心
向外;擰腰,右肩前順,目視
右手前方(圖1-141)。

2.動作要點

① 右手在頭上雲繞,左
手在身前畫弧,兩手要同時做
相反運動,動作要協調。

② 左足上步與兩手向上
托、向左捋帶,要用腰勁,動
作要一致。

圖1-141

(二十五)拗步左鑽打

1.動作過程

右足向前上一步,左足跟進半步;同時,右手內旋翻

扣，掌心向下，右手向下屈
腕，向右上裏帶，右臂彎曲，
右拳在頭部右前方；左手下落
至左腰側握拳，左拳貼肋向
前、向上鑽打，高與鼻齊，小
指上翻；下頦內收，頭向上
頂，目視前方（圖1-142）。

2.動作要點

① 左拳鑽打與右足上步
要整齊如一。

② 右腕刁扣和向右裏帶
要用腰肩的抖勁和肩肘的沉勁，發勁之前腰、肩、肘要放
鬆。左拳鑽打要掩肘貼肋，用腰的催勁。

（二十六）左領勢

1.動作過程

① 右足向前進半步，左足跟進不落地；同時，右拳向
左拳內交叉，兩腕相交成十字，兩拳變掌，右掌心向前，
左掌心向上；雙掌向前、向上，再向右繞一弧形，至右前
上方時，右手外旋，左手內旋，兩掌心向左斜方，右手前
伸，高與鼻齊，左手在右肘部，右手伸至右斜前方；目視
右手前方（圖1-143）。

② 左足向前上一大步，右足跟進半步；同時，雙手握
拳，自右斜前上方向左後下方下捋領帶，左拳拉至身後，
拳心向下；右拳在左肋前，拳心向上；頭向上頂，目視左

圖 1-143

圖 1-144

拳（圖 1-144）。

2.動作要點

① 左足上步與雙手向後領帶動作要整齊一致。雙手向下，頭向上頂，雙手向後領，右肩向前頂，要上下前後用力均衡。

② 雙手繞弧抓捋是一擒拿手法，意在抓捋敵臂向左下領帶。

（二十七）上步左炮拳

1.動作過程

右足向前上一大步，左足跟進半步；同時，右拳向前、向上鑽出；左掌收回腰側向前打出炮拳，左拳高與心窩齊，左肩前順；右拳在右額角處，拳眼向內，右肘下

垂；頭向上頂，目視左拳前方
（圖1-145）。

2.動作要點

左拳打出與右足上步要整
齊一致。要擰腰順肩發力。

（二十八）回身虎托

1.動作過程

① 右足向左足尖前扣
步，左轉身，左足抬起在右足
內側不落地；同時，雙拳在身前交叉變掌，內旋，掌心向
外，兩掌各自向上、向左右畫弧，下落收於兩腰側，兩掌
心向前，兩掌指向下，兩肘夾肋；頭向上頂，目視前方

圖1-145

圖1-146①

圖1-146②

（圖1-146①②）。

②　左足向前上一大步，右足跟進半步，大部分重量在右足；同時，兩掌自腰向前、向下用力托出，兩掌高與腹齊，相距一掌；頭向上頂，臀部向下微坐，目視兩掌前方（圖1-147）。

圖1-147

2.動作要點

①　扣步幅度要大，轉身要快，動作要敏捷。

②　兩掌托出與左足上步要整齊一致。發勁時，注意坐胯、送肩、沉肘、夾肋。發力呼氣。

（二十九）推窗望月

1.動作過程

①　左足向後撤至右腳前點地，大部分重量在右足；同時，左手掌心向上；右手內旋，掌心向右，小指向上；兩

圖1-148

掌自腹前向前、向上、再向後畫弧，右手下落至右腰側，掌指向上；左手向後下落至右肩下，掌心向下；目視左掌，身形微右轉（圖1-148）。

②左足向前進一步，身體重心下坐，兩腿屈膝下坐，成半馬步型；同時，左掌掌心向前，拇指向下，自右肩下向前、向上橫臂架撐，左臂撐圓，左掌高與頭齊；右掌掌指向上，掌心向前，用力向前推出，高與胸齊，右掌推至左肋前；下頦內收，頭向上頂，目視前方（圖 1–149）。

圖 1–149

2. 動作要點

①撤步與兩掌動作要協調一致。進步與雙手撐打要一致。

②兩掌畫弧要圓，勁力要圓。注意身法與兩掌的配合，勁力要協調。定勢時，腰身有微向上翻之意。

（三十）收 勢

1. 動作過程

圖 1–150

①左足後撤至右足前，腳尖點地；同時，右掌抓握成拳，拉回至腹不停，再經心窩向前、向上鑽出，小指上翻，高與鼻齊；左掌抓握成拳，向下扣壓拉回至腹；目視右拳（圖 1–150）。

圖 1-151

圖 1-152

②　左足向前進一步，右足微跟，兩腿成三體勢步型；同時，左拳劈出變掌；右拳變掌拉回至腹；頭向上頂，目視左掌前方（圖 1-151）。

③　兩足不動；左右掌抓握成拳，拉回至腹前；頭向上頂，目視前方（圖 1-152）。

④　重心前移，右足向左足併攏，兩腿彎曲；同

圖 1-153①

時，兩拳變掌，向體兩側由下向上平舉，掌心向上，與肩平時屈肘，兩掌向面前合攏，掌心向下，掌指相對；目視前方（圖 1-153①②③）。

圖 1-153②

圖 1-153③

⑤ 兩掌向下按至腹前；同時，兩腿伸直站立，兩足成立正姿勢；兩掌下垂於體兩側；目視前方，收勢完畢（圖1-154）。

2.動作要點

① 兩腿併攏與兩掌擺起合攏動作要協調一致。

② 兩掌下按與兩腿起立要上下相齊。

③ 整個收勢動作要連貫不停，要穩健，精神要飽滿，氣勢要威嚴。

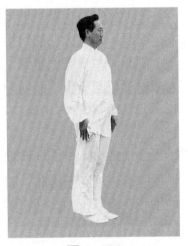

圖 1-154

第二章　形意五行刀法

　　形意五行刀法是形意拳的前輩們綜合各家刀術技法，從中提煉、歸納、實踐、總結，以五行拳劈、鑽、崩、炮、橫為基礎，以五行拳的步法、身法和勁法，結合刀的運動方法，以金、木、水、火、土五行為方法論而總結出來的。

　　它的特點是方法簡捷，勁力突出，勇猛快捷，技擊實用性強。在運用和練習的過程中，五形刀法沒有花法，沒有多餘動作，以簡捷實用為原則。注重功力，注重身勁，以刀法和身法合一的整勁為原則。氣勢勇猛，進退快速敏捷，動迅靜定，完整如一，充分體現了形意拳體系的風格和特點。

　　形意五行刀法的名稱也是按五行拳劈、崩、鑽、炮、橫而命名的，稱為劈刀、崩刀、鑽刀、炮刀、橫刀。每一行刀的技法中都圍繞著一個主要進攻的技法，配合其他多種技法組合而成。如劈刀中含有左右掛劈、上下格劈、纏頭劈、裹腦劈。劈是刀的靈魂，是主要技法，其他技法為劈創造條件。其他各行刀法都是如此。

　　形意五行刀法，目前在社會上流傳較少，由於其實戰性非常強，各家都秘而不傳，社會上流傳較多的是五行連環刀。由於地域和師承的不同，各家的連環刀動作有所不同，風格各異。這套五行刀法是本人根據形意拳老譜，參照各家連環刀法，向諸多前輩老師請教學習，結合自己多

年的練習經驗和心得體會，重新編寫而成的。它保留了傳統五行刀法中的主要精華和技法，並對其中的一些動作進行刪減和修改，使之更加突出形意刀術動作簡捷、實用性強的風格和特點。

學練五行刀法，應在形意五行拳和連環拳打下堅實基礎之後，再進行學練為好。應在學拳的基礎上再學器械。如果拳的基礎沒打好，暫不要學器械。

形意拳譜講：「萬法出於三體。」三體勢是形意拳的萬法之源，要多進行站樁練習。在樁法中體會要領、勁力、意念、精神。在形意的各種器械中也是如此，要對各種器械的預備勢進行持器械的站樁練習。這一點也是非常重要的，久練自能體悟。

由於形意五行刀法非常注重身勁和整勁，所以，對於手握刀柄的把法，也是要求比較嚴格，比較注重的。只有握持把法正確，才能更好地發勁，更好地靈活運用。在練習的過程中，要根據動作的不同，而經常靈活地變換把法，或鉗把、或刁把、或滿把等。劈刀用滿把，崩刀用螺把，鑽刀用擰腕螺把，炮刀、橫刀用滿把緊握。運刀過程要靈活，發勁要緊握。同時，左手要配合右手的發勁，五行刀法中，左手扶於右腕部較多，以補充右手腕力的不足。在實用中，左手也可握把以助發勁。

總之，形意的器械都是身勁的延長，要把全身的整勁貫注到器械的技法之中。

第一節　五行刀預備勢（持刀勢）

持刀勢的定勢要和三體勢站樁一樣，要按要領、規格

圖 2-1

圖 2-2

多站，要進行姿勢定型的練習。在站樁的過程中細心體會兩手的感覺，體會刀在身前的位置，注意身形和刀的合順，注意勁力的暢達，只有多站才能體會。

1. 動作過程

① 立正抱刀

兩腿成立正姿勢，面向練習方向成 45°；右手垂於體右側，左手握住刀盤，刀尖朝上，刀背貼於右臂上，刀刃朝前；頭向上頂，目視前方（圖 2-1）。

② 頭頂交刀

兩手自體兩側同時向上抬起，至頭頂前上方，右手抓握刀柄；左手鬆開，左手扶於右腕部；目視左前方（圖 2-2）。

③ 右足向後退一步，重心後移，兩足、兩腿成左前右後的三體勢步型，重心分布成前三後七或前四後六；同

時，雙手自頭上方向前、向下劈落，刀刃向前，刀尖斜指前上方，高與鼻齊；右手握刀柄，拉至小腹前約一前臂，雙臂微屈，雙肘內合，鬆肩沉肘，使刀在身體中線位置上；含胸拔背，頭向上頂，目視刀尖前方（圖2-3）。

圖 2-3

2. 動作要點

① 形意刀預備勢的動作過程，可以作為任何一行刀法和套路的出勢動作。與形意拳的左三體勢一樣，所有刀法的出勢動作都相同。具體操作時，可以面對練習方向正出勢，也可面對練習方向90°出勢，也可面對練習方向45°出勢，這三種方法都可以，完全依照自己的喜好而定。

② 兩臂上舉時，臂部不要完全伸直，要保持自然微屈狀態。交刀時，右手握刀柄要用鉗把，也就是用拇指、食指、中指為主，無名指和小指鬆握，這樣使刀尖下垂，使刀背自左肩經背轉至右肩，在運轉過程中刀背貼身，刀尖向下。手腕要靈，把要活。

③ 右足退步，重心後移與刀向前劈落動作要一致。刀劈落時，不要發力，氣勢要飽滿，精神要貫注。成定勢時，注意三尖要相照，使腳尖、鼻尖、刀尖上下相照，在同一個矢狀面上（即身體中線），達到防守嚴密。

第二節 劈 刀

一、概 述

五行刀法中劈刀最能體現刀的技法特點。從刀的形制來看，劈法是它的靈魂。拳諺中有「刀劈劍刺，槍扎棍打」之說。所以，劈刀在練習過程中要有猛虎的威風，勢不可擋的氣勢。

劈刀是一種自上、向前、向下劈落的技法。運用劈刀的技法時，必須首先創造出適合發揮劈刀技法的態勢，即刀在上方，這樣有利於發揮劈勁。

二、劈刀內容

劈刀從步法上分有左步劈刀、右步劈刀、進步劈刀、退步劈刀；從技法上分有左右掛劈、上下格劈、掄劈、纏頭劈、裹腦劈等，總之是以劈為核心。在學習和練習時，我們要「先學其常，後精其變」。

三、劈刀練法

(一)右步劈刀

1.動作過程（自五行刀法預備勢開始）

① 左撤步右提帶刀

重心後移，左足向後撤半步至右足前，左腳尖點地，右足不動，大部分重量在右足；同時，右手握刀柄內旋，

圖2-4　　　　　　　　　　　　　圖2-5

自腹前向右上方提起至頭前右側方，右臂屈肘抬起。左手扶於右腕部，左肘在胸前，刀刃旋轉向上，刀尖向前下方與胸齊；含胸縮身微右轉，目視刀尖前方（圖2-4）。

②左進步推刺

左足向前進一步，重心前移；同時，左手扶右腕，雙手向前推送，刀刃朝前，刀尖向前下，刀尖高在胸腹之間，兩臂向前伸，臂微屈；目視刀尖（圖2-5）。

③右上步纏頭劈刀

右足向前上一大步，左足跟進半步，成右前左後三體勢步型；同時，左手扶於右腕，右手鬆握刀柄向頭頂上方提起，刀尖向下，刃朝外，使刀背過左肩貼後背，繞至右肩上，再伸臂向前、向下用力劈出，右手再向後拉至腹前；左手扶於右腕，刀尖高與肩齊，頭向上頂，目視刀尖前方（圖2-6）。

2.動作要點

① 前足後撤與右手刀的內旋和外旋向上提帶，動作要協調一致。

② 前足進步與刀的向前推刺動作要整齊一致。

③ 後足向前上步要快、要遠，落地要穩，與刀的劈落要整齊一致。

④ 劈刀是一個完整的動作，練習時，要一氣呵成，銜接要快。

圖 2-6

（二）左步劈刀

1.動作過程

① **右撤步左提帶刀**

右足向後撤半步，重心後移，左足不動；同時，左手扶於右腕，右手持刀，自腹前內旋，使刀刃朝外，向上、向頭部左前方提起，刀尖斜指向前下方，高與胸齊，右肘部在胸前，左肘抬起；目視刀尖前方（圖2-7）。

圖 2-7

② **右進步推刺**

右足向前進半步，重心前移，左足跟進至右足內側不

圖 2-8　　　　　　　　圖 2-9

落地；同時，右手螺把握刀柄，以刀刃朝上，刀尖向前下，雙手向前伸臂推刺，左手扶於右腕，刀尖高在胸、腹之間；目視刀尖前方（圖 2-8）。

③ **左上步裹腦劈刀**

左足向前上一大步，右足跟進半步，成左三體勢步型；同時，右手刁把握刀柄，向上、向右、向頭上抬起，刀尖向下，刃朝外，刀背過右肩貼後背，繞至左肩上，此時右手螺把自頭頂上方向前、向下伸臂劈出，再向後拉至小腹前，刀尖高與胸齊，刃朝下，左手始終扶於右腕部；頭向上頂，目視刀尖前方（圖 2-9）。

劈刀左右練習，視場地大小次數不定。

2.動作要點

與右步劈刀相同，惟左右互換。

圖2-10　　　　　　　　　　圖2-11

（三）劈刀轉身

1. 動作過程（練至左足在前，右足在後的左步劈刀，欲轉身時）

① 左扣步轉身捧刀

左足向前進半步落地扣步，重心前移至左足，身右轉180°，面對來時方向，右足跟進至左足後，腳尖點地；同時，左手扶於右腕部，右手持刀，自腹前向上推起至胸前右上方，刀尖向上、向後畫弧，刀刃朝上，刀背至右肩上，隨轉身刀尖指向來時方向；身形微下蹲，目視刀尖前方（圖2-10）。

② 右進步推刺

右足向前進半步，左足跟進；同時，左手扶於右腕，雙手伸臂向前下方推刺，刀刃朝上，刀尖高在胸、腹之

間；目視刀尖前方，雙臂微屈（圖 2-11）。

③ *左上步裹腦劈刀*

動作同前，惟方向相反。

劈刀轉身動作如是右步劈刀欲轉身時，則右足扣步，左轉身 180°，做右扣步轉身捧刀勢，動作左右相同，惟左右互換而已。

2.動作要點

① 整個轉身動作要連貫一致，動作不停。扣步與轉身動作要快，注意刀尖要先向上，隨轉身向後走一弧形。動作要柔和，刀法要裹身嚴密，此時要含胸收腹，身形微縮。

② 轉身後，進步與刀的推刺動作要一致，上步與刀的劈落與前同。

（四）劈刀收勢

（劈刀練習至起勢位置時，收勢動作如下）

1.動作過程

① *回身橫斬刀*

如左步劈刀時，右足向後撤少許，重心後移至右足，左足不動，左足尖微扣；同時，右手持刀，向右、向後平斬橫掄，刀刃向右，高與胸齊；左手成掌，向左伸臂撐開，掌心向外，兩臂微屈，身向右轉，兩臂撐圓，目視刀尖。如是右步劈刀時，則右足向後退一步，重心移向右足，右手刀向右、向後平斬橫掄，刀刃向右，高與胸齊。動作同前（圖 2-12）。

圖 2-12

② 裹腦交刀

兩足不動，身體重心移向左足；同時，右手持刀外
旋，使手心向上朝後，右手鬆握刀柄，自右向上抬起過頭
頂，向左畫弧，使刀背自右肩
外側，貼背繞至左肩處，做刀
的裹腦動作；右手刀柄向左手
處前伸，把刀柄交於左手心
中；此時，身形向左轉，目視
左手（圖 2-13）。

③ 左抱刀亮掌

重心後移至右足，右腿伸
直站立，左腿向右足併攏成立
正姿勢；同時，左手心向上，
以拇指和無名指、小指抓握刀
盤護手，以食指和中指抓握刀

圖 2-13

圖 2-14

圖 2-15

柄；右手交刀後成掌，向下、向右，再向上擺至頭頂上方，掌心向上；左手抱刀使刀背貼於左臂上，左手自左向上、向右，再向下擺動畫弧至左胯側停住；目隨右手，至右手亮掌時，向左甩頭，目視左前方（圖 2-14）。

④ 立正抱刀

兩足不動；左手抱刀垂於體左側，刀刃朝前，刀尖向上；右手自頭頂上方向右下擺，至體右側成立正姿勢；目視前方，頭向上頂（圖 2-15）。

2.動作要點

① 回身橫斬刀兩手要同時動作，一左一右互相撐圓，併步與亮掌動作要整齊一致。

② 裹腦交刀注意右手握刀的把法要靈活，刀背要貼身，裹腦要嚴，注意身體重心左右移動。

③ 整個收勢動作，動作要協調，精神要貫注，氣勢要

威嚴。

四、劈刀的勁力

1. 撤步向上提帶時，刀尖要向下走一個弧形，用腰身之勁帶動兩臂，身形微向下縮沉，縮身而起，而手上提刀把，用刀護住己身。

2. 進步推刀，步隨刀走，刀向前推送時，雙手同時用力，探身伸臂。既有向前推刺的勁和意念，又含有格擋撥轉的技法，這只是動作過程中的暗含。

3. 上步劈刀要發揮全身整勁。定勢時刀要有定點、要穩定，刀身不得搖晃。

4. 劈刀不但要充分體現有向前、向下劈落的勁力，而且，還要有向後拉的動作，不光是劈、砍、跺，要有刺的勁，此時頭向上頂身微上長，這是精華所在，也是形意刀最顯著的特點。

5. 進步向前推刺時，要含胸緊背，雙臂要合住勁，進刀要準、要穩；右手持刀上提至頭頂上方時，要直腰挺胸；上步劈落時，要收腹含胸，雙手自上向下劈時，頭要用力向上頂；雙手向後拉至腹前時，身有向前之意。發力時，要力達刀身中前段，要發揮腰身之勁，體現長身而落的身法，要把全身的整勁體現在刀的身上，刀是身勁的延長。

6. 劈刀的把法：在劈刀的動作過程中，應根據刀的運轉情況而隨時變化把法。撤步提帶時，右手內外旋轉用螺把。在頭頂做纏裹動作時，右手內外旋轉用螺把。在頭頂做纏裹動作時，右手用刁把握刀；向前下劈落時，頭向上頂，手向後刺時，用坐腕滿把。

五、劈刀教學訓練法

1. 在學習形意拳器械時，必須先有五行拳的基礎，再學器械為好。因形意拳系統中的各種器械，都是以五行拳的步法、身法、勁法為基礎的。如果練出來的器械體現不出形意拳的步法、身法、勁法，體現不出形意拳的風格和特點，那就不是形意的器械。

2. 劈刀在教學時，教練和老師首先應以完整的動作，按正常的速度向學生進行示範演練，使學員們直觀地看到動作的全貌，有一個感性認識和初始印象。然後，再把整個動作的攻防特徵或勁力變化進行動作分解。

3. 劈刀初學時，按分解動作逐個進行。要把動作放慢，突出動作的重點，先掌握動作的大概，在慢練的過程中，以體會動作路線的正確。不但要注意刀尖、刀柄所處的位置，所走的運動軌跡，還要注意刀刃的朝向以及把法的變化。同時，還要把身形、兩臂、肘、肩協調配合起來。

4. 動作掌握之後，在慢練的基礎上，要逐步加快動作速度，注意體會勁力，注意技術方法。達到正常速度之後，要多次重複練習，重複練習是熟練掌握技法，增加功力的必由之路。動作熟練之後，要加快速度練習，在快速的動作中，使動作不走形，技術不變樣，以形成快速的動作節律，這才是技擊的要求和動作的目的。練習中要快慢結合，以快為主，慢練中以找動作的細節，快練中找勁力出功夫。

5. 為了更好地使動作規範化，還要對一些動作的姿勢進行站樁定型。比如劈刀動作中的撤步提帶，進步推刺和

劈刀的定勢進行站樁的練習，以形成正確的姿勢定型，這樣能保證在快速的練習中姿勢不變形。

6. 在技術熟練掌握、姿勢定型後，在加強功力的練習中，要採用假想敵的練習法，就像老拳譜中所講的：「操演面前似有人。」要假想面前有一敵人與之搏鬥，以培養技擊意識，增強敵情觀念。以這樣的意識練功，出功夫更快。

六、劈刀容易出現的毛病及糾正方法

1. 撤步提帶刀動作時，刀身偏離身體中線，有過於偏左或偏右的現象。

糾正：注意刀尖畫弧要小，左手扶於右腕，要先使刀尖自上向下畫弧，然後再撤步提帶，始終使刀身前段處於身體中線。

2. 撤步提帶時，刀尖畫弧過大。

糾正：造成原因是腕部不活，把法過死。動作時，要注意右手腕的內外旋轉，要先旋轉伸臂，再隨之抬肘而提帶。

3. 上步劈刀時，刀身不穩，左右擺動。

糾正：注意刀向前下劈時的速度，要先慢後快，雙臂要先伸向前，再下劈。收腹、頭頂、向後拉時，要滿把握緊，兩手要有合力，兩肘要貼肋，以防止刀身不穩，先從慢動作中找勁，再逐步加快速度。

4. 做纏頭、裹腦動作時，刀身沒有貼背，刀法不嚴。

糾正：產生此種毛病的原因是，右手握刀把過緊、手腕不活所致。動作時，右手要刁把，手腕要活，使刀尖向下，刀背貼背過肩。此動作要多練習，多體會，慢慢找到

感覺。

七、劈刀的技擊含義及用法

從劈刀的動作結構來分析它的技擊含義，劈刀是由三個分解動作所組成，即撤步提帶、進步推刺、上步劈刺。

1. 撤步提帶既是防守的姿態，也是防守的技法。假設敵人持刀、劍向我胸部刺來，或持槍向我胸部扎來時，我速向後退半步，前腳隨之向後撤半步。同時，我右手旋轉使刀尖向下畫弧，刀刃朝前，刀尖朝前下方，以刀身防開敵械，順敵械前扎之勢，撤步上提後帶，使敵械偏離目標而落空。

2. 進步推刺的技法是既含有向敵進攻意圖，又有格擋排開敵械的作用。我刀刃朝前進步推刺，是順敵械削其手，逼敵擲手扔械。也可用刀尖前刺其腹，逼敵退守。注意要使自己的刀始終在正前方的中線位置，要守中護中。

3. 上步劈刺的動作，刀身有左右纏頭裹腦的技法。作用是保護自己的頭部、胸部，動作要快，防護要準確，上步要快、要遠，要逼近敵身。刀向前、向下劈時，要狠、要有力。

4. 由於刀屬短器械，利於近戰，所以在氣勢上要勇，在步法上要快，動作要敏捷，要有敢打必勝的信念，要有勇往直前壓倒一切敵人的氣概。劈刀著重體現了自上向前、向下的劈勁，這是攻敵的主要技法，是向敵人的頭部、肩部、胸部連肩帶胸猛劈，把全身的整勁貫注刀身，其勢不可擋。劈刀時，可雙手抓握刀把，雙臂用力以增加力量。在雙手向下劈砍的同時，還有向後拉、向下拽的勁力。使刀刃的運動路線加長，以體現劈刀中刺的技法，以

增大殺傷力。劈刀時，以發力呼氣，配合發聲，以聲助威，要體現出劈刀勢如猛虎下山的氣勢。

八、劈刀歌訣

劈刀氣勢猛如虎，遇敵不慌氣宜鼓。
纏頭裹腦沖進去，劈刺頭頂收腰腹。

第三節　鑽　刀

一、概　述

鑽刀是以五行拳中鑽拳而命名的一種刀法。在形意拳中各種器械基本上都是以五行拳和十二形拳的名稱而相應命名。這是形意拳的要求和特點。

鑽的字義有三：①用尖的物體在另一物體上轉動，造成窟窿。②穿過，進入之意。③鑽研。從拳術講，自下向前、向上擰轉發出的拳為鑽拳，符合「鑽」字的含義。鑽刀技法也如此。

鑽刀在民間傳統練法中，有一種是以刀刃朝前，刀尖向右，刀身橫平，自下向前、向上推出，相當於推刀的技法。雖然手和刀把的運動路線與鑽拳相似，但是重要的是我們手中握著一把刀，要突出刀的技法，所以此種技法叫鑽刀不符合鑽義。還有一種練法是：雙手持刀，以刀身前半部先左右畫弧撥開，再上步以刀刃向下、向前上扎出。意在攻擊頭部，此為鑽刀叫法也不妥，它只是一種向前、向上的扎法，沒有旋轉，也不符合鑽義，與崩刀相似。所以，鑽刀應該有刀的旋轉，向前或向下旋轉扎出為鑽刀。

旋向前上扎出為上鑽刀，旋轉向前下扎出為下鑽刀。

二、鑽刀內容

右步下鑽刀、左步上鑽刀、鑽刀轉身及收勢。

三、鑽刀練法

(一)右步下鑽刀

1.動作過程（自形意刀預備勢起）

① 左進步提帶刀

左足向前進半步，右足跟進至左足內側不落地，兩膝併攏，左腿微屈下蹲；同時，右手握刀把，左手扶於右腕部，以刀尖自前上向左、向下，逆時針繞一半圓弧，右手內旋，右肘部向上抬起，右肘高與耳齊，右臂彎曲，右手以小指一側內旋朝上，刀隨之翻轉刃朝前，刀尖向斜前正方，高在胸腹之間；身形微向右轉；左手始終扶於右腕；目視刀尖前方（圖2-16）。

② 右上步反手下扎刀

右足向前上一大步，左足跟進半步，大部分重量在左足；同時，右手持刀，向前伸臂反手扎出，刀刃朝上，刀尖高與腹齊，右肩前順；左手成掌，向上、向左擺於頭頂左上

圖2-16

形意拳械精解（下）

方；右腕部高與胸齊，使刀身斜指前下方；目視刀尖前方（圖2-17）。

2.動作要點

① 左足進步與刀身向下格、向後帶，動作要上下一致。

② 右足上步落地與反手下扎刀動作要整齊一致，手到腳到。

③ 右步下鑽刀雖然是由兩個動作組成的，實際是一個完整的動作，練習時中間不要停，要一氣呵成。

（二）左步上鑽刀

1.動作過程

① 右進步裏帶

右足向前進半步，左足跟進至右足內側不落地；同時，左手扶於右腕部，右手持刀，刀刃朝上，刀尖向前，自前下方向左、向上繞弧，再向右、向後帶，右臂彎曲，右肘向上，身右轉；右手後帶至右肩側時，下落至右腰側，在下落過程中，右手持刀外旋，刀身旋轉至右手心向上，刀刃朝上，刀尖在前，高與胸齊；目視刀尖前方（圖2-18①②）。

圖 2-18①　　　　　　圖 2-18②

形意拳械精解（下）

② 左上步反手上扎刀

　　左足向前上一大步，右足跟進半步，大部分重量在右足；同時，左手成掌，自右腕部經胸前向前、向上撩掌，撐架於頭頂上方，掌心向上；右手持刀，自右腰側經胸前，以刀尖向前，刀刃朝上，伸臂擰轉，弧形向前扎出，手心朝上，右手刀把高與胸齊，刀尖高與鼻齊；擰腰，肩前順，頭向上頂，目視刀尖前方（圖 2-19）。

　　以下動作接右步下鑽刀，動作同前。左右練習，次數多少視場地大小而定。

圖 2-19

2.動作要點

① 右足進步與右手刀向後裏帶上下要一致。

② 左足上步與刀擰旋向前扎出要上下相齊，整齊如一。

③ 整個動作要連貫不停，一氣呵成。

(三) 鑽刀轉身

1.動作過程

① 左足向前上一步，扣足落地，右足不動；左手自頭上下落扶於右手腕部，向後翻身，面對來時方向；同時，右手持刀，向上、向後掄劈，左手扶於右腕，兩手同時用力；此時右足擺直，微向前進步少許，重心微向右足前移。刀向下劈落高與腰平，目視刀尖前方（圖 2-20）。

② 撤步提帶

重心後移至左足，右足向後撤半步，至左足前方；同時，右手刀向前劈落不停，隨即向後帶、向上提，腕部內旋使小指向上，刀刃朝前，右肘上抬至右肩上方，右臂彎曲，左手扶於右腕，刀尖向前下方，高在胸、腹之間，刀柄高與鼻齊；身微右

圖 2-20

轉，左肘在胸前，目視刀尖前方（圖2-21）。

③右進步反手下扎刀

右足向前進一步，左足跟進半步；同時，右手持刀，向前伸臂反手扎出，刀刃朝上，刀尖高與腹齊。右肩前順；左手成掌，向上、向左撐於頭頂左上方；右手刀把高與胸齊，使刀身斜向前下方；目視刀尖前方（圖2-22）。

圖2-21

如是左步鑽刀轉身時，左足扣步，左手扶於右腕，右手持刀內旋，使刀刃朝上，然後做翻身劈刀動作，動作同前。

2.動作要點

① 鑽刀轉身動作扣步要大，翻身要快，劈刀要有力，以腰帶肩，以肩帶肘，以肘帶手、帶刀。右臂不要伸直，雙手用力，翻身而劈。

圖2-22

② 翻身回劈與撤步提帶，兩個動作銜接要緊，中間不停，注意重心的移動要快、要穩。回劈時重心移向右足，

撤步時移向左足。

③ 撤步提帶動作完成之後，應馬上接右進步反手下扎刀，這是一個完整的動作。練習時要注意，上一個動作勁力的結束，應是下一個動作勁力的開始。這是一個原則，練習時一定要注意動作勁力的合順與合理。

(四) 鑽刀收勢

圖 2-23①

1. 動作過程

如練至右步下鑽刀時：

① 右退步左掄劈刀

接右步反手下扎刀動作。左手向前扶於右腕部；右手持刀，使刀尖向前、向下、向左畫弧掄起，經過身體左側，刀把向上提起至頭前上方；隨之重心後移至左足，右足向後退一步，落地站穩，重心繼續後移，大部分重量至右足，兩腿成左前、右後三體勢步型；同

圖 2-23②

時，右手掄刀向前、向下劈落，刀尖高與胸齊；左手扶於右腕，雙手拉至腹前；頭上頂，目視刀尖前方（圖 2-23①②）。

②回身右斬刀、③裹腦交刀、④抱刀亮掌、⑤立正抱刀

這幾個動作與劈刀收勢完全相同，請參閱劈刀收勢動作。

如練至左步反手上扎刀時：

① 撤步右掄劈刀

右足向後退半步，左足隨之向後撤半步，兩腿仍成左前、右後三體式步型；同時，左手向前落，扶於右腕部；右手運刀，使刀尖向下、向後，經身右側再向上掄起，向前、向下劈落，刀尖高與胸齊，雙手拉至腹前；頭向上頂，目視

圖 2-24①

圖 2-24②

圖 2-24③

刀尖前方（圖2-24①②③）。

②以下動作與劈刀收勢相同。

2.動作要領

①收勢動作有左右掄劈的技法，左右手運刀掄劈要經過身體兩側，右手腕部要活。刀尖向下畫弧時，身形要隨之微轉，以腰身帶動兩臂，右手微向上提。刀尖向後運行時，右手微向前送、向前伸，借助刀的慣性，向前、向下劈落，刀尖走一大圓弧，右手走一小圓弧。要仔細體會手的感覺。

②刀的劈落與右足的退步要相合，各部的要求與勁力和劈刀相同。

四、鑽刀的勁力

1.右步下鑽刀：既可上步也可退步，刀身下格時，右手腕要先內旋，然後再向後提帶，下格用右腕部勁力，向後提帶用腰身帶右臂，動作要協調和順。

2.上步反手下扎刀時，要向前上步撐腰，右肩前順，右肩鬆沉，伸臂而扎。左掌配合發勁而後撐，身形微向下坐，以加大向前下扎刀的力量。

3.右進步裹帶動作時，要注意身法，以腰身帶臂運肘帶刀，右手持刀要先向後帶，再撐轉而裹，用腰肩之勁，先開而後合，轉腰、沉肩而蓄勁。

4.扎刀是刀刃朝下，反扎刀即刀刃朝上，鑽刀是反手向前下扎刀和撐旋向前上扎刀。刀扎出時要送肩，右肩前順，左掌上撐，以配合發勁。撐旋上扎刀時，右肘在胸前，以腰肩向前送勁。注意右臂彎曲，不要伸直。

5. 鑽刀格擋畫弧時，運勁在手腕部。向上提帶擰裹，用肩肘之勁，向前反手下扎或上扎運勁在腰肩。周身要完整不懈。

五、鑽刀容易出現的毛病及糾正方法

1. 右步反手下扎刀時，刀尖方向掌握不準，過於向下，向前不夠。

糾正：產生此毛病的原因，主要是右手腕部沒有挺直或腕力量不夠，應加強腕部的力量練習。練習時，也可用拇指在下推刀把。另外注意刀尖所指向的高度與膝平齊。

2. 右進步下格帶刀時，刀尖畫弧過大。

糾正：刀尖向下畫弧時，要伸臂、擰腕、內旋上提，注意手腕和把法要靈活，刀尖畫弧不超過直徑 30 公分。

3. 右步鑽刀時，兩個分解動作中間停留時間過長，銜接不緊。

糾正：首先應強調右步鑽刀是一個完整的動作，雖有分動作，這是為教學方便，應該一氣呵成，中間不停。

4. 右進步裹帶刀動作，只是胳膊用勁，身法不協調。

糾正：身法與兩臂運刀的勁力，應用心體悟「欲前先後，欲左先右」的身法用勁原則。在練習中細心琢磨，慢慢體會，熟能生巧。

5. 鑽刀時，右手腕部擰旋翻轉不夠。發勁時，身勁不足，只是胳膊用勁。

糾正：不論是向前下鑽刀，還是向前上鑽刀，必須有擰旋翻轉的動作；刀隨鑽出而隨之擰旋，如果沒有擰旋就不能稱鑽刀了。鑽刀的發勁，要體現擰腰順肩而伸臂。還要注意左手的配合，以助發勁。刀在發勁時，左手要與之

同時反向發勁，以求力的均衡。

六、鑽刀教學訓練法

鑽刀與劈刀相同，先分解，後完整。先慢練，後加快。為使動作規範，姿勢準確，還要對每個姿勢進行站樁定勢練習。在練習的過程中，要不斷地對動作過程，對動作姿勢進行修正，發現錯誤或毛病，要及時糾正，發現得越早，糾正得越及時，效果越好。

在教學訓練時，老師不但要教會學生動作，講清要領。而且，還要及時糾正錯誤的動作。在學生基本熟練掌握動作後，老師要進一步對動作的細節進行講解，比如身法、勁力和細小的動作，指出動作的關鍵。在指導學生重複練習中，要加強呼吸與動作的配合，要把武術的技擊意識貫注到每個動作中去。只有經過多次、反覆、長時間的練習，才能熟練掌握，才能定型。

七、鑽刀的用法及技擊含義

1. 從左步鑽刀和右步鑽刀的不同動作結構來看，它是兩種不同的攻擊方法。右步鑽刀是反手下扎刀，主要是以敵人的膝部、腹部作為主要進攻目標。左步鑽刀是拗步擰旋上扎刀，主要是以敵人的頭部、胸部作為主要攻擊目標。

2. 右步鑽刀的第一個動作即左進步下格帶刀，它是一種防守的動作。「格」是一種技法，刀尖朝下，刀刃朝外，向左右擺動格擋為格刀。「帶」是刀尖朝前，刀刃朝外，由前向側、向後抽回。向左後側抽回為左帶刀，向右後側抽回為右帶刀。力點由刀身根部隨向後帶逐漸前移。

帶刀是一種防守性的刀法。此動作既有下格，又有後帶，是兩種技法的結合。刀尖在身前逆時針繞一半圓弧，是把敵人向我胸、腹部扎來、刺來的刀劍或槍棍等向右下格開，使敵械偏離我身。向後帶是順敵前來之勢，用我的刀身黏住、貼住敵械順勢後帶。在我後帶的過程中，也是為下一動作做蓄勁的準備。在步法的實際運用中，可進步，也可退步，步法要快，快退快進，進退結合。

3. 右上步反手下扎刀，用法是上步而反手向前下扎敵的前膝、腹部、腿部等。順敵械而進，見縫就鑽，見孔就入。單手靈活，雙手力厚。關鍵是順勢而進，步法要快，不要滿足一擊，如一擊不中，速翻手而劈，劈擊敵頭或身，連續進攻，招法不斷。「學有定勢，用無定法」。全憑自己見機而行，隨機應變。

4. 左步上鑽刀，是用刀背向上格開敵械，順勢向後黏帶，再擰旋向前扎敵頭部的技法。向上磕開用腕部勁，向後黏帶用腰身的勁，向前扎出要有擰腰順肩的送勁。練法中的進步裹帶，刀尖繞弧是防守，是在尋找敵械。向後帶向下裹壓，是意在黏住敵械，不讓敵械逃脫。順敵械抽回後撤之際，順勢擰旋扎出。快速向敵頭部、胸部扎去，用「蛇纏身」「蛇吐信」來形容鑽刀的用法。

5. 鑽刀轉身的用法和技擊含義是我身後有人來襲擊時，扣步回身用劈刀，回劈伸臂要遠要勇，人到則劈人，械到則劈械。既是攻法，又是防法，緊跟上步反手下扎。回身劈刀之後撤步要快，提帶防下要準、要快，上步下扎要疾、要狠。

6. 鑽刀在練習時，刀所走的路線，刀尖所畫的圓弧，以及手握刀柄的運動軌跡，要適當大一些，但熟練之後和

實際運用時，這些圈和圓弧要小。常講：「大動不如小動，大圈不如小圈。」突出快疾，「拳無不破，惟快不破」，也就是超近繞遠的問題。小圈路線短而超近，速度快、刀快、手法快、身法快，必須建立在步法快的基礎上，步法是關鍵。能否近身，全憑步法來得快，全憑步法往裡沖。意念要勇，氣勢要猛。

八、鑽刀歌訣

鑽刀如蛇見縫鑽，動作敏捷勢勢連。

絞帶上提下刺膝，進步上鑽找鼻尖。

第四節　崩　刀

一、概　述

五行刀法中的崩刀，也是按五行拳中崩拳而命名的一種刀法。在形意拳的崩刀技法中，是一種向前扎、向前刺的技法。中國武術刀術技法中：「刀尖向前直刺，力達刀尖，臂與刀成一直線，身、臂、刀貫通一體的刀法叫扎刀。」

但形意刀法中的扎刀就叫崩刀，是以崩拳的步法、身法和勁法運用在刀法上，所以，崩刀和崩拳相配。但《武術競賽規則》中規定：「崩刀是沉腕，刀尖猛向上崩，力達刀尖，其用力在腕部，有上崩、斜崩和平崩之分。」雖然名同而實卻不同，技法也不相同。在形意拳中，向前的扎刀叫崩刀，這是它固有的名稱。

二、崩刀內容

崩刀的練法，從步法上分有左步崩刀、右步崩刀、退步崩刀；從技法分有左上掛崩刀、右上掛崩刀、左右黏帶崩刀和劈壓崩刀；還有單手崩刀和雙手崩刀之分。

三、崩刀練法

（一）崩刀練法一

【右步崩刀】

1.動作過程（自五行刀預備勢起）

① *左進步右帶刀*

左足前進一步，右足跟進至左足內側不落地；同時，右手持刀，左手扶於右腕部，右手自下向上抬起，高與肩平，使刀尖前伸，刀身成水平，右手內旋，使刀刃旋向右上方，右臂由前向後拉帶，右臂彎曲，身微右轉，至右肩側時，右手外旋下落至右胸、腰之間；目視刀尖前方（圖2-25）。

② *右上步扎刀*

右足向前上一大步，左足跟進大半步，落至右足後側，大部分重量在左足，兩腿微屈，左膝在右膝後側；同時，左手扶於右腕部；右手自右腰側以刀尖向前，刀刃朝下，用力伸臂向前扎出，刀把高與胸齊，刀尖指向前方，高與肩齊，右臂微屈，力達刀尖；頭向上頂；右肩微前順，目視刀尖前方（圖2-26）。

圖 2-25　　　　　　　　　圖 2-26

2.動作要點

① 左足進步與完成向右帶刀，上下動作要一致。

② 左進步右帶刀和右上步扎刀這兩個動作是一個完整的右步崩刀，動作要連貫不停，快速穩定，一氣呵成。

③ 右足的上步落地與刀的向前扎出，要上下相齊，動作一致，手腳齊到。

【左步崩刀】

1.動作過程

① 右進步左帶刀

右足向前進半步，左足提起跟進至右足內側不落地；同時，右手由前向左後側拉帶並外旋，使刀刃向左上方，右臂屈肘至左肩前上方，刀身縱平，刀尖指向前方；左手扶於右腕部隨之屈肘；腰身微左轉，腰微屈，胸要含，目

圖2-27   圖2-28

視刀尖前方（圖2-27）。

　　② 左上步前扎刀

　　左足向前上一大步，右足跟進至左足後側，大部分重量在右足；同時，右手向左帶刀之後，右腕內旋下落至左胸前，使刀刃朝下，刀尖朝前，高與胸齊；左手與右手合握刀把，隨右足上步，雙手向前猛力扎出；雙臂微屈，鬆肩沉肘，雙手高與胸齊，目視刀尖前方（圖2-28）。

2.動作要點

　　① 右足進步與刀向左帶要上下相合，動作一致，身形要穩，不要起伏過大。向左帶刀腰微左轉，右肩向左合，右肘向內掩，右手外旋，動作要柔和用身勁。

　　② 刀向前扎出與左足上步落地要完整如一。向前扎刀要用腰勁，兩手合握刀把以求力大，發力要猛、要狠，要力達刀尖。發力呼氣。

（二）崩刀練法二

【右步崩刀】

1.動作過程（自形意刀預備勢起）

① 左進步上掛刀

左足向前進半步，右足提起跟進至左足內側不落地；同時，右手持刀沉腕，滿把握緊，使刀尖向上，刀身豎起，刀刃朝前，用刀背向後磕掛，右手收臂回掛至右腰胸之間，刀背至肩前；左手扶於右腕；目視前方（圖2-29）。

② 右上步前扎刀

右足向前上一大步，左足跟進至右足後側，大部分重量在左足；同時，右手持刀，上提至胸前成螺把，刀尖前落，指向正前方；左手扶於右腕，雙手同時用力向前伸臂扎出，兩臂微屈，刀尖高與胸齊，力達刀尖；右肩微前順，目視刀尖前方（圖2-30）。

圖2-29　　　　　　　　圖2-30

【左步崩刀】

1.動作過程

① 右進步上掛刀

右足進半步，左足提起跟至右足內側不落地；同時，右手持刀，坐腕下沉收臂至身前，使刀身豎直向後掛，刀尖朝上，刀刃朝前，刀背至右肩前；左手扶於右腕；目視前方，含胸收腰，兩腿彎曲微下蹲（圖2-31）。

圖 2-31

② 右上步前扎刀

左足向前上一大步，右足跟進至左足後側，大部分重量在右足；同時，右手握刀，上提至胸前成螺把，刀尖前落指向正前方；左手扶於右腕，雙手同時用力向前伸臂扎出，兩臂微屈，刀尖高與胸齊，力達刀尖；頭向上頂，目視刀尖前方（圖2-32）。

圖 2-32

2.動作要點

① 前足進步與刀向上、向回掛，上下動作要一致。

② 後足上步與刀的前扎動作，要整齊合一完整不懈。

③ 左步崩刀和右步崩刀各是一個完整的動作。每個動作練習時中間不要停頓，要連續動作，一氣呵成。

（三）崩刀轉身

如左步崩刀時，左足扣步右轉身。如右步崩刀時，則左足向前上步落地扣步，右轉身。

1. 動作過程（以右步崩刀為例）

① 左扣步轉身橫斬

左足向前上一步，扣步落地，向右轉身，面對來時方向；右手持刀，拉回至左腰側，右手內旋，使刀刃朝外，隨右轉身右手向左、向右平行橫斬，刀身高與胸齊；橫斬至身右側後方停住，左掌向左上方撐開，掌心向左；目視來時方向（圖 2-33①②）。

圖 2-33①

圖 2-33②

圖 2-34

圖 2-35

② 右腳橫蹬

右腿提膝抬起，腳尖外掰，橫腳向前、向上蹬出，高與肩齊，左腿微屈站穩；目視前方（圖 2-34）。

③ 歇步劈刀

右足橫腳向前、向下落地，腳尖向外，左腿跟進屈蹲，大部分重量在左足，左足跟抬起，向右擰身，兩腿成歇步姿勢；同時，右手外旋向上提起，使刀柄至頭頂右上方，刀尖下垂，刃朝外，刀背自右肩外貼背運至左肩上；此時，左手至頭上扶於右腕或抓握刀柄，雙手用力向前、向下劈落，刀尖朝前，刀刃朝下，高與膝齊；目視刀尖前方，力點在刀身前段（圖 2-35）。

以下動作再接左步崩刀，動作同前。

2.動作要點

① 崩刀的轉身動作與崩拳相同，也叫狸貓倒上樹。動

作雖有先後，但要一氣貫通，中間不停。

②扣步轉身橫斬，左足扣步幅度要大，要扣在右足尖前外側。轉身橫斬，要先把刀拉回至身左側，利用轉身掄臂橫斬，這樣力大而勢猛。注意左腿要站穩，左手配合向左撐開。

③右腳橫蹬力在腳後跟，注意右胯微收，膝部要伸直，左腿要站穩。

（四）崩刀收勢

如左步崩刀時，右足向後退半步，回身橫斬。

如右步崩刀時，右足向後退一步，回身橫斬。收勢動作與劈刀的收勢動作相同。

四、崩刀的勁力

1. 練法一由前向後帶刀時，注意動作要柔和，以腰帶肩，以肩帶肘，以肘帶手。手向上抬起時，身形要含胸拔背收腹，重心微向下，身法要有「欲前先後」的微動。手外旋向下裹壓時，身形微長。

2. 右帶刀時，要注意把法，先是滿把握刀柄，向上起向後帶刀時，要用螺把，右手外旋向下裹壓時，要用壓把。

3. 刀向上磕，向後掛時，要含胸沉肩坐腰。右手緊握刀把滿把向下坐腕，左手扶於右腕以補右腕力的不足，也可雙手抓握刀把，一齊用力。

4. 向前扎刀時，注意刀身要水平，刀尖要始終指向前方。要含胸緊背，鬆肩墜肘，擰腰順肩而發力，發勁時要呼氣。要力達刀尖，注意刀身不能晃動，要直線扎出。上步要快、要遠，前腳要沖，後腳要蹬。扎刀要送肩伸臂，

用兩臂的合力，配合呼氣發勁，氣沉丹田，勁力要猛，氣勢要勇。

5. 歇步劈刀右足前落要有踩勁，劈刀時既有向前下的劈勁，還有向後的刺勁，要利用擰腰、收腹、頭頂的身勁。踩落劈刀要快而穩，身右擰兩腿夾實，勢低而勁順，勁整而意足。

五、崩刀容易出現的毛病及糾正方法

1. 崩刀的左步扎刀和右步扎刀，在用力向前扎出時，刀身搖晃，力點不準。

糾正：刀身晃動和力點不準是手腕過鬆，握把不緊，注意左手要緊貼右腕，以助腕力不足。兩肩鬆沉，兩肘部要向內合，以刀尖向前領，前臂要隨，以腰催肩，肩催肘而發力，先慢後快，在最後的落點上發身勁。注意發力點要準確。

2. 進步左右帶刀動作時，右手向左或向右的橫向距離過大，超過兩肩有半臂之遠，這是不正確的。

糾正：帶刀是刀尖向前，刀刃朝外，由前向側後抽回。向左後側為左帶刀，向右後側為右帶刀。帶刀動作時，要注意是由前向後抽回，只抽到左右兩肩側，刀尖要始終朝前。

3. 做上掛前扎刀時，前扎動作不明顯，有些像劈刀的動作。

糾正：產生此種現象的原因關鍵是在扎刀之前沒有先使刀尖下落，指向前方，然後再伸臂前扎。而是刀尖一邊向前落，一邊伸臂扎出。有這種現象要及時指出，及時糾正。前扎刀時，右手先貼身上提至胸，再伸臂扎出。要使

刀尖和刀把在一條直線上前進。

4. 在崩刀練習中，向前上步和刀扎出沒有做到整齊合一，這種現象較多。

糾正：反覆講解要領，多次練習。先步幅小一些，動作慢一些，細心體會，逐步加快加大。

六、崩刀教學訓練法

在崩刀的練法中有帶刀前扎和掛刀前扎，這是從技法上分。從扎刀發勁與步法的配合來看，有上步落地而扎刀，還有一種向前扎刀發勁與後足跟步同時，與打後腳崩拳一樣。

在教學時如果學員較多，先完整演練一遍動作，再把動作分解，講解動作過程，使學員基本了解和掌握動作。然後老師喊口令集體練習。左進步右帶刀動作為 1，右上步扎刀為 2，這樣前進練習。轉身動作是 1、2、3 的口令。開始時，先使學員粗略掌握動作，以後再逐步講解細小動作，加強勁力身法和呼吸的配合。還要經常採取觀摩法，讓練得較好，學得較快的學員進行表演。在學員練習的過程中，老師要及時糾正錯誤的動作，鼓勵和表揚表現好的學員，激發學員們刻苦練武的熱情。

崩刀的練習要突出向前的扎刀，要方法準確，步法快速，勁力完整，氣勢勇猛，身如游龍。注意身法、勁力的欲前先後原則的運用。

七、崩刀的技擊含義和用法

1. 從崩刀技法的組成來看，它是一種後發制人的招術。它的技法核心是向前猛力扎刀，目標是敵之胸、腹等

要害部位。相當於崩拳向前沖擊一樣。

2. 進步帶刀和進步上掛刀是假設敵持刀、劍向我胸部扎刺時，我速用刀由前向後黏帶其械，使其偏離我身。如敵持棍向我頭部劈來或持槍向我胸部扎來時，我速用刀的前段，由前向上、向後掛，使其棍或槍偏離目標，這是帶刀和上掛刀的技擊含義和用法。

3. 上步扎刀是緊接前面動作而進攻的技法。帶刀和掛是防守，防守要嚴密，要膽大心細，臨敵不慌，扎刀要穩、準、狠。只要我用刀帶開或掛開敵刀劍，就速上步順勢扎刀。只要我用刀帶開或掛開敵槍棍時，就速上步順杆削其手臂，扎其胸、腹。

4. 在步法的運用上，前腳可先退再進，也可先閃再進，靈活運用。以短制長，關鍵在於進步近身，步法快速敏捷，要敢字當頭，要有敢打必勝的精神。

雖然崩刀的主要技法是直線向前扎敵胸腹，還要時刻注意對手的變化，如果我扎刀不中或對方防開，應隨機變招，靈活運用。

當然，臨敵時一些戰術的運用，「能而視之不能」「發頭手，打二手」，使用欺詐詭騙的技法，則另當別論。總之，技術不但精熟，而且精神意識還需要加強培養、修練，提高技擊意識。

八、崩刀歌訣

崩刀身法似游龍，左右掛帶護我中。
刀進身進全憑步，黏順其械扎其胸。

第五節　炮　刀

一、概　述

炮刀是以五行拳中的炮拳命名的一種刀法。在形意拳中炮刀是左右斜向撩刀的技法。「撩刀是刀刃朝上，由下向前上為撩，力達刀刃前段。正撩前臂外旋，手心朝上，刀沿身體右側貼身弧形撩出；反撩前臂內旋，刀沿身體左側撩出」。

炮刀和劈刀的技法正好相反，劈刀是刃朝下，由上向前下落；炮刀是刃朝上，由下向前上撩。

炮刀在傳統練法中只有撩法，為了更好地體現刀法進攻的意識和技法，本人在傳統的基礎上增加了上步斜砍，這樣使炮刀的技法更接近和符合實用的原則。

二、炮刀內容

（一）左步炮刀：①右退步右帶刀；②左進步正撩刀；③右上步斜劈刀。

（二）右步炮刀：①左退步左帶刀；②右進步反撩刀；③左上步斜劈刀。

三、炮刀練法

(一)左步炮刀(自五行刀預備勢起)

1.動作過程

① 右退步右帶刀

右足向後退半步，左足隨之向後撤一步，重心後移，大部分重量在右足，右腿彎曲，左足撤至右足前點地；同時，右手持刀，左手扶於右腕部，右手自腹前內旋，手心向外，刀旋轉使刃向斜上方，右手隨步法後退而向上、向右後帶刀，至頭部右後側方，手高與眉齊，刀刃朝上，刀身平，刀尖指向前方；身微右轉，屈腰含胸，目視刀尖前方（圖2-36）。

② 左進步撩刀

左足向左斜前方進一大步，右足跟進半步，大部分重量在右足；同時，左手扶於右腕，右手持刀把，自頭右側向後、向下，經體右側畫弧引帶，腰微右轉；運刀不停，右手刀再向左斜前方撩出，右手外旋使手心朝外，刀刃朝上，刀尖指向左斜前方。右臂微屈，高與眉齊，刀尖高與肩齊；左手成掌，向上撩架，手臂微屈，停於頭左上方，掌心

圖 2-36

向上；擰腰右肩微前順，目視
刀走，始終注視刀尖前方（圖
2-37）。

③ 上步斜劈

左足向前進半步，右足經
左足內側向右斜前方上一步。
左足跟進半步，大部分重量在
左足；同時，右手刀撩擊之
後，右手鬆握刀把，使刀尖下
落，以右手為圓心，刀在右臂
外側繞一圓，刀繞至前上方
時，右手微內旋，滿把握柄，
向前、向上伸臂，掄刀向前、
向下斜劈；左手始終扶於右
腕；右手握刀柄，向下、向右
拉回至右腰側。刀刃朝下，刀
尖高與胸齊，指向練習方向正
前方；力達刀身，頭向上頂，
目視刀尖前方（圖 2-38）。

圖 2-37

2. 動作要點

① 炮刀是一個完整的動
作，動作要連貫協調，中間不
停，一氣呵成。

圖 2-38

② 右足退步、左足撤步與右手刀向上撩、向後帶，手
腳動作要上下一致。

③ 左足進步與刀向前撩起，方向要一致，動作要整

齊，步落刀到。

④上步斜劈時，右足上步要經左足向內側。右足在左足內側時，右手刀要畫圓使刀在上。右足上步落地與右手刀的斜劈要完整一致。

（二）右步炮刀

1. 動作過程

① 左退步帶刀

左足向後退半步，右足隨之向後撤半步，重心後移至左足；同時，右手持刀，左手扶於右腕部，雙手自右腰側向上舉起至右前方，高與眉齊；右手外旋至手心向內，刀尖指向右前方，刀刃向上，隨左足退步右臂掩肘，向左後帶刀，右肘在胸前；身微左轉，目視刀尖前方（圖2-39①②）。

圖2-39①　　　　　　　　圖2-39②

② 右進步反撩刀

右足向斜前方進一步，左足跟進半步，大部分重量在左足；同時，右手螺把握刀柄，內旋向左、向下，使刀沿身體左側畫弧；腰身左轉，運刀不停；右手再向右斜前方撩出，右手內旋使手心朝後，刀刃朝上，刀尖指向斜前方，高與肩齊，右臂微屈，右手在右前方，高與眉齊；腰身右轉，右肩前順，目隨刀走，始終注視刀尖（圖 2-40）。

③ 上步斜劈

右足向前進半步，左足經右足內側向左斜前方上一大步，右足跟進半步，大部分重量在右足；同時，右手刀反撩之後，右手鬆握刀把，使刀尖下落畫弧，以右手為圓心，刀在左臂外側繞圓掛起，以刀背向後掛；刀繞至頭上方時，右手滿把握刀柄，左手始終扶於右腕；雙手伸臂掄刀向前、向

圖 2-40

圖 2-41

下斜劈，刀柄向左拉回至左腰側，刀刃朝下，刀尖高與胸齊，斜指正前方，力達刀身；腰微左轉，頭向上頂，目視刀尖前方（圖 2-41）。

2.動作要點

① 雖然炮刀左右動作基本相同，但由於都是右手握刀也有很多不同之處。方法不同，勁力也不相同。

② 左退步帶刀動作時，右手要先向右前送刀，使刀尖向右前。然後再退步、擰腰、合肩、屈臂、掩肘，而後向左後帶刀，用腰身之勁，身械合一。

③ 右足進步與右手反撩刀，上下動作要一致。

④ 上步斜劈：向正下方猛剁為劈，向斜下方猛剁為砍。

(三)炮刀轉身（炮刀左右轉身動作相同，惟左右互換，以右上步斜劈刀爲例）

1.動作過程

① 右扣步回身

左足向右足尖前方，扣足落地，重心前移至右足；右手持刀在右腰側，左手扶於右腕，兩手在右腰側不動；向左轉身，面對來時方向，頭向上頂，目視刀尖前方（圖 2-42）。

② 撤步右帶刀

左足向後撤步至右足內側，腳尖點地；同時，雙手自右腰側向左斜前方伸臂向上撩

圖 2-42

圖 2-43　　　　　　　　圖 2-44

起，刀尖向前，刀刃朝上；左手扶於右腕部，隨左足後撤，刀向後帶至頭部右側方；目視刀尖前方，身微右轉，重心在右足（圖 2-43）。

③ 左進步撩刀

左足向左斜前方上一步，右足跟進半步，大部分重量在右足；同時，左手扶於右腕；右手持刀自頭右側向後、向下繞體右側畫弧引帶；腰微右轉，運刀不停；右手刀自下向左斜前上方撩出，右手外旋，手心朝外，刀刃朝上，刀尖指向左斜前方，右臂微屈，刀把高與眉齊，刀尖高與肩齊；擰腰右肩微前順，目隨刀走，始終注視刀尖前方（圖 2-44）。

④ 右進步斜劈

動作同前，惟方向相反。

如轉身前是左進步斜劈時，則左足扣步回身，右撤步左帶刀，動作同前，惟左右互換。

2.動作要點

① 扣步轉身動作要快。扣步時，腳要向前擺扣，腳尖扣的幅度要大，重心移動要穩。

② 轉身時，刀把在左、右腰側不動，隨身轉動。面對來時方向時，兩手再伸臂向前、向上提起，隨撤步而向後帶刀。注意動作先後次序的配合，動作要靈活敏捷，協調柔和。

③ 以下動作要領同前。

圖 2-45

（四）炮刀收勢

1.動作過程

（1）炮刀練習至原地位置與起勢方向相同時，如是左上步斜劈時，收勢動作如下：

① 左撤步右下掛刀

右足不動，重心後移至右足，左足後撤至右足前，右腿微屈站穩；同時，左手扶於右手腕，右手持刀，自左腰側先伸臂向前，右手外旋使手心朝上；右手鬆握刀把，以右腕為圓心，使刀尖向下、向後沿身右側下掛繞圓；目視刀尖前方（圖 2-45）。

| 圖 2-46 | 圖 2-47 |

② 左進步掄劈

左足向正前方進半步，右足不動，兩足成左三體勢步型；同時，右手刀借慣性向上掄起，向前、向下劈落，姿勢勁力與劈刀同（圖 2-46）。

③ 以下收勢動作與劈刀相同。

（2）如是右上步斜劈時，收勢動作如下：

① 右撤步左掛刀

右足向後撤步至左足內側不落地，重心後移至左足；右手持刀，左手扶於右腕部，雙手自右腰側向前伸臂，右手內旋，使刀刃朝上，以右腕為圓心，使刀尖向下、向後沿身左側下掛繞圓；目視刀尖前方（圖 2-47）。

② 右退步掄劈

重心後移，右足向後退一步，左足不動，大部分重量在右足，兩足成左前右後三體勢步型；同時，右手刀向上掄起，再向前、向下劈落，姿勢要求與劈刀同（圖 2-

圖 2-48

48）。

③ 以下收勢動作與劈刀收勢相同。

2.動作要點

① 撤步與刀下掛動作要一致。掛刀時是以刀背為力點，手腕要活，動作要快，左右掛刀注意刀要貼身。

② 撤刀收勢中的左進步掄劈和右退步掄劈動作，可以不發勁，動作要慢，手腳要相合，精神要飽滿，內勁要充沛，身械協調完整如一。

③ 以下動作按劈刀收勢，要點相同。

四、炮刀的勁力

1. 撤步帶刀要注意右手先內旋，再上提向後帶，以腰帶肩，以肩帶肘，以肘帶手，以手運刀，用身勁。

2. 右手走一小圓，刀走一大圓。右手隨撩隨外旋，螺

把握柄，力達刀身中段。刀隨身走，擰腰順肩用身勁。

3. 形意刀中的劈與砍勁力相同，都含有拉的動作和勁力。刀向上掄起時，要伸臂長腰展腹，刀向下劈時，要沉肘沉肩拉臂，要含胸收腹，頭部要用力上頂。

五、炮刀的呼吸

炮刀在熟練掌握動作，加深功力練習時，要注意動作與呼吸方法的配合，以招法引導呼吸，以呼吸配合招法。這樣能發揮招法的勁力，能更好的體現身的整勁。

1. 左右撤步由前向後帶刀時要吸氣，以蓄勁。

2. 左右進步向斜前上撩刀時，要呼氣，以發力。

3. 上步斜劈動作中，右手刀向下掛、向上掄時要短吸，也就是快速吸氣。上步與刀向下斜劈時，氣要急呼，以氣沉丹田而發勁。

4. 收勢動作緩慢柔和，要長吸緩呼，氣沉丹田，周身完整。

六、炮刀教學訓練法

為使炮刀技法更快掌握，動作更加規範，運行路線更加精確，不但應該採取分解教學法、完整教學法、慢練訓炮法，而且還應對每個分解動作的定勢，進行定勢站樁法訓練，以了解和體會刀尖的高矮、位置、指向，刀刃的朝向，兩手的位置，手握把法的感覺，兩肘部的位置及身形各部的形態。這樣，能不斷強化本體感應，還能建立牢固的動力定型。

學員不要滿足動作的學會，技法的掌握，還要加強重複練習，以增功力，拳諺講：「熟能生巧，巧能生精。」

「拳貴精熟，功在有恆。」在重複練習過程中，還要對每個動作的技擊含義和用法加深理解。在理解的基礎上刻苦練功，帶著敵情練功，能較快地提高技擊意識，出功夫最快，當然，功夫的積累不是一朝一夕，一蹴可幾的，是靠長年累月的勤學苦練，刻苦鑽研而得來的。

七、炮刀容易出現的毛病及糾正方法

1. 退步帶刀動作，右手旋轉幅度不夠，好像拉刀，沒有表現出帶的技法。

糾正：《武術實用大全》帶刀的解釋是：「兵械縱平，由前向後沿體側水平拉回的技法，統稱為帶法。」注意右手內外旋轉，要使刀刃朝斜上方。做帶刀之前，刀先水平前伸，再退步，轉腰，帶刀依次進行，動作要柔和協調，不要用猛力硬勁。

2. 上步撩刀沒有定點，刀身撩擊過高。

糾正：撩刀發力的方向是正前方，也就是撩出的方向，應該是刀向前運行超過自己的身體就發力向前，刀一過肩時，手臂不再上揮，而用肩和腰發勁，注意把要緊握，要控制好肩、肘的位置。

3. 上步斜劈刀，劈出的方向不準，後腳上步未經前腳內側，上步方向不準。

糾正：後腳上步的方向，應是正前方的 45° 斜前方向。刀向下斜砍方向，是前後兩腳畫一直線的垂直方向，也就是斜向指向正前方。後腳上步時，一定要經過前腳內側。這是形意步法中所要求的「磨脛步」。

八、炮刀的技擊含義及用法

1. 從炮刀的整個動作來看,它含有帶、撩、掛、劈的技法。炮刀是這幾個技法連貫有機的組合,相當於掌法中的散手組合,它是前輩總結刀術技法結合形意拳的特點,經過實踐檢驗符合實戰,比較實用,又符合五行拳的特點而組成炮刀的技法。

2. 撤步帶刀是假設敵持械(刀、槍、劍、棍等),向我胸、腹、頭部刺、扎來時,我速向後退步或撤步,以閃格其位,用刀身、刀刃向前迎接敵械,並順勢向後帶,以使敵械偏離目標,能否接住敵械,關鍵是要掌握火候,「不能老,不能嫩」。要在敵械進入我的防衛圈內再動。說時容易,用時難,必須經過不斷的餵招練習,才能逐漸掌握。即使掌握了,遇到功夫深者,也難自保。

3. 上步撩刀是順勢上步,用刀由下向上、向前撩擊敵腹部、胸部,也可順敵械、順杆撩擊敵手腕、前臂以及大腿等部。此技法的關鍵是上步要大、要快。要順勢上步,即順敵進攻之勢而上步,順開敵械而上步。拳諺講:「短見長,捨命忙。」忙就是步法快,捨命就是敢於進步近身,要勇猛,有敢打必勝的精神。

4. 上步掛劈的技擊含義,是假如敵撤得快,向兩側退開,我撩刀落空時,敵見我胸、腹部是空隙而向我胸、腹部扎、刺時,我速用刀趁勢向下掛,以刀尖下落,用刀背掛開敵械,急進步,雙手握刀順勢向上掄起,向敵身連肩帶背發力猛劈。此時可雙手握刀把以加大劈力,正如前輩所言:「單手靈活易變用於平素,雙手沉實力猛用於實戰。」如敵用器械格架阻擋,則猛發全身之整勁,有人劈

人，有械劈械，連人帶械一齊劈落。

5. 炮刀運用時，氣勢要勇猛，有如獵豹，勇往直前，勢不可當。在練習時，也要體現出這種精神和氣魄。

九、炮刀歌訣

炮刀氣勢如獵豹，撤步後帶進步撩。

上步掛劈勢要勇，手腳齊到方爲妙。

第六節　橫　刀

一、概　述

五行刀法中橫刀是一種左右橫斬的技法。它的步法與橫拳相同，走左右之字形。形意器械與有些拳種不同，練拳是練拳的套路，練器械則另有器械套路，一切從頭開始。形意講究「拳械一體」，各種器械都是按五行拳、十二形拳的套路、技法和勁力而用之，只是不同器械有不同的形制特點和不同的使用方法，在運用中發揮不同的性能而已。

橫刀技法含有雲撥和橫斬兩個技法。在雲撥技法中，既有雲刀的運動幅度，刀身不水平，又不像雲刀。既有撥法的揮擊，但幅度又大於撥，它是兩種技法融合，故稱之爲雲撥。斬法是刀刃平行橫砍。

二、橫刀內容

橫刀練法有左步橫刀、右步橫刀、上步橫刀、退步橫刀、轉身橫刀等。

三、橫刀練法

(一)右步橫刀

1.動作過程（自預備勢開始）

① 左進步右雲撥刀

左足向前進半步，右足跟進至左足內側不落地，兩膝併攏，左腿微屈，獨立站穩；同時，右手持刀把，左手扶於右腕，雙手自腹前向前、向上抬起與胸齊，刀尖高與頭齊，雙手距胸大於前臂，右手在身前運刀，使刀尖自前向右、向後畫弧，再向左繞，至左肩前上方，右手腕先外旋再內旋，至左肩時，右手心向下，刃口向前；身微左轉，目視刀尖，眼隨刀動（圖 2-49）。

② 右上步橫斬

右足向右斜前方上一大步，左足跟進半步，大部分重量在左足，成右前左後三體勢步型；同時，右手螺把持刀，手心向下，左手扶於右腕部，自左肩斜前方，刀成水平，向右斜前方橫行斬擊；右臂微屈約 120°，腰微右轉，右臂高與肩平，刀尖指向右斜前方，略高於肩；頭向上頂，目視刀尖（圖 2-50）。

圖 2-49

2.動作要點

① 左足進步與右手雲刀要上下一致，注意刀尖與刀把要繞一錐形圓。

② 右足上步要大，左足跟步要快，與刀橫斬要整齊一致，手腳齊到。

③ 橫刀動作是一個完整的動作，練習時要連貫協調，中間不停。

圖 2-50

(二)左步橫刀

1.動作過程

① 右進步左雲撥刀

右足向前進半步，左足提起跟進至右足內側不落地，兩腿併攏，兩膝相靠，右腿微屈，獨立站穩。同時，右手握刀把，微下落與胸齊，左手扶於右腕，右手運刀使刀尖自右前向左、向後繞圓畫弧，至面前再向右雲撥繞弧，至右肩前方。此時右手旋至手心向上，繞圓雲撥時，刀尖高與頭齊，右手在胸前繞一平行小圈；刀尖繞至右肩前方時，刀尖下落與肩齊，使刀身水平，刃口朝前；目隨刀尖轉動，身先左轉再向右轉，頭向上頂，目視刀尖前方（圖2-51）。

② 左上步左橫斬刀

左足向左斜前方上一大步，右足跟進半步，大部分重

圖 2-51　　　　　　　圖 2-52

量在右足；同時，右手螺把握刀，由右斜前向前、向左斜前方橫行斬擊，右手心朝上，左手扶於右腕；刀刃向左，右臂微屈，右手高與肩齊，刀尖略高於肩，身微左轉，右肩微前順，刀尖指向斜前方與左足方向相同；頭向上頂，目視刀尖前方（圖 2-52）。

2.動作要點

① 右足進步與刀繞圓雲撥，上下要協調一致。

② 上步橫斬要做到步落刀到，整齊一致，身、械完整如一。

（三）橫刀轉身

如練至右步橫刀時，轉身動作如下：

1.動作過程

① 右扣步轉身左雲撥刀

右步向左足前外側扣步，重心移向右足，向左轉身，面對來時方向，左足提起在右足內側不落地；右手握刀柄，手腕內旋，向上提起，刀把高與鼻齊，刀尖向斜前下方，高與腰齊，刀口向外，左手扶於右腕部，刀隨左轉身向左擺；至來時方向時，右手刀把下落胸前，刀尖向上、向左、向後，再向右繞圓雲撥；右手腕要活，要隨刀而外旋，手心向上，螺把握刀，左手始終扶於右腕；刀繞至右肩前方，刃口向前，器隨刀走；注視前方（圖2-53①②）。

② 左足向左斜前方上一大步，右足跟進半步，大部分重量在右足；同時，雙手用力向前、向左橫斬，各部要求與左步橫刀相同。

圖2-53①

圖2-53②

如練至左步橫刀時欲轉身，動作同前，左右互換。

2.動作要點

① 橫刀轉身動作要連貫。快速穩定，中間不停，一氣呵成。

② 前腳向回扣步幅度要大，要扣至後腳尖的外側。這樣有利於轉身，也有利於再上步，後腳蹬地容易發力。

③ 右手刀把上提，刀尖下垂，扣步轉身時，要含胸收腹，身形微蹲，護身要嚴。

（四）橫刀收勢

橫刀收勢與炮刀收勢動作相同，如右步橫刀時：
① 右退步左下掛刀。
② 左進步劈刀。
如左步橫刀時：
① 左撤步右下掛刀。
② 左進步劈刀。
動作過程和要點同前，參閱炮刀收勢。

四、橫刀的勁力

1.前腳進半步與刀做雲撥，上下動作要一致。注意雲撥時，先用刀背向左（右）撥，再畫弧繞圓做雲法。右手腕部要活，隨動作而翻轉做內外旋，刀尖在身前繞一大圓，右手在身前繞一小圓。繞圓時，刀尖在上，刀把在下成一圓錐立體形，發勁時，注意身形以腰帶肩，以肩催肘，以肘帶手，以手運刀，以腰身帶動刀的雲撥。動作要柔和協調，以身勁見長。

2. 左右橫斬刀在發勁之前，要做好「欲左先右，欲右先左」的身法準備，這樣以體現勁力蓄發，更能發揮身勁的力大而勁猛。發勁之前，把要握緊，右臂彎曲，左手助力，配合呼氣，發出整體力。要把全身之勁貫注於刀身，意念在前。

3. 橫刀發勁，不但要有橫向揮動的斬勁，而且，還要突出刺勁，刺勁要用腰轉、臀坐，以增大刀的威力。這也是形意刀法中最突出的特點。

4. 轉身橫斬刀勁力，要充分利用身的旋轉之勁，運刀不停，勁力要節節貫穿，節節遞增，注意橫刀發力的方向、角度要控制好。

五、橫刀容易出現的毛病和糾正方法

1. 前腳進步左右雲撥刀時，右手握把過緊過死，使刀雲撥運轉不順暢。

糾正：左右雲撥刀時，注意把法要活，右手腕部要活，撥時用力，雲時鬆握。

2. 雲撥刀時，有使刀在頭上雲轉的現象。

糾正：這種現象是右手刀把上抬過高造成的，只有雲刀而沒有撥法。

注意：右手刀把在胸前一尺距離，刀尖在上畫大圓，手在胸前做畫小圓，使刀身在身前畫一立體圓錐。這樣以利防護，才符合雲撥技法。

3. 上步橫斬刀有直臂橫掄現象。

糾正：直臂橫掄發揮不出身勁，力量單薄。左右橫斬刀右臂要保持一定的彎度，要體會能發身勁，要體會達到身械合一的最佳角度，在 135°～150°之間為宜。

4. 橫刀由於橫斬力猛，刀的慣性較大，完成時收不住，偏離方向，這種情況較多。

糾正：橫刀時，先是兩臂運刀，快到終點時，兩臂微向回收，用腰身運刀，以發揮刺的勁力。

六、橫刀的呼吸

1. 前腳進步雲撥時，要吸氣以蓄勁。

2. 上步橫斬時，要呼氣以發勁。

3. 扣步轉身時，要屏氣，即不吸不呼，動作要快。

4. 收勢時，動作不要用力，要長吸長呼。

七、橫刀教學訓練法

1. 在初學動作時，按動作分解，一招一勢認真學習，首先看圖，先有一個形象概念。注意步法的前進或後退，是左足還是右足。然後，再看兩手的位置及運動路線，自某處到某點，看明白之後，自己按圖比畫。然後，再進一步看動作的文字說明，能夠把動作基本比畫下來之後，再仔細閱讀動作的要點及勁力。在練習的過程中加深動作的掌握，加深要領、勁法的體會，逐步達到熟練，還要根據自己的體會和理解去逐步完善和提高。這是對於看書學習者而言。

2. 在集體教學和訓練時，先按完整—分解—完整的順序，使學員們掌握動作。集體練習時按口令進行。進步雲撥為 1，上步橫斬為 2，口令的快慢，按學員們掌握動作的熟練程度而定。初練時應慢一些，1、2 之間有一點兒距離，熟練之後 1、2 之間要短，視情況而定，但不能太快，這是形意的特點，要注意勁力的蓄發，但也不能太慢，以

免破壞動作的完整性。

3. 在動作技術掌握之後，自己練習時，要採用三段練習法。第一段，開始練習時，動作宜柔緩，即慢練法，動作速度放慢，認真細心的體會動作的細節，從技法上體會動作的要點，各部的運動軌跡，各部的姿勢和所在的位置，身法和器械勁力的運用等。也就是對每一個動作的細節進行精細的調整階段，這段練習大約需要 10～20 分鐘。第二段：在這段練習時，動作要注重全力，速度要加快，勁力要猛。但動作規格和技術方法不能變樣走形。這段練習是出功夫、長勁力的階段，大約需要 30 分鐘。第三段：練習時，動作要放慢，要注意調氣，要心平氣和，以調氣為主。大約要 10 分鐘。

4. 對中老年的訓練，不要過分提倡發勁的剛猛，要注重技法中意念的培養和動作與呼吸的配合，注重調氣和養神。對少兒的訓練，要多做示範，使之模仿，反覆講解動作過程和要領，加大重複練習的力度。同時，注意增加趣味性，不要使之疲勞。

5. 在自己練功時，為了增大力量和功力，也可採用重刀練習法，加大刀的重量。刀的重量應是自己拿著感覺有點墜手，但還能夠舞動，能夠做出技術動作為合適，不要過沉而影響技術動作的發揮。在使用重刀練習時，動作要先慢一些，但動作的規格和技術要求不能改變，這樣能增加臂部、腕部及全身各部的力量。同時，也能深刻地體會到左手扶於右腕的作用和如何配合用勁。

八、橫刀的技擊含義及用法

1. 橫刀的主要技法是左右橫向的斬擊，也可以說是橫

砍。橫刀的攻擊目標分上、中、下，上為橫斬頭，中為橫斬胸，下為橫斬腰。歌訣中有，橫刀氣勢如怒象之稱，要充分體現出怒象的橫衝直撞，力大無比，無堅不摧的氣勢。在練習時如此，在用法時也應表現出這種氣概。

2. 形意刀預備勢，即三體勢持刀勢，是二人對敵，準備格鬥的姿勢。三體勢步型一站，刀擺在中線，上中下三尖相照，既有利於進攻，又防守看護嚴密。凝神靜氣，氣定神安，處於一級戰備狀態中。

3. 進步雲撥刀：此刀法是撥刀和雲刀的結合，撥刀是撥開敵械，用刀的前段，用刀背向左右橫撥。雲刀是一種運刀的方法，刀身平轉。作用是運轉刀身為下面動作做好發勁準備。雲撥刀是先撥後雲，撥雲結合。假設敵用槍或棍向我頭部、胸部扎來時，只要敵械進入我的防守圈內，也就是進入我刀尖之內，我即用刀前段向右撥，以使敵械失去目標。隨右撥之勁，刀黏住敵械向後引帶，而我借力向前進半步。

4. 上步橫斬刀：此勢是進攻殺敵，也是橫刀的關鍵所在。撥開敵械，雲刀蓄勁。上步沖進去掄刀橫斬，手到腳到，意到氣到，氣到力到，看準敵身猛力發勁，連械帶人一齊橫斬。此技法的關鍵還是上步要快、要遠，正像拳諺所言：「輸在慢上，贏在步上。」橫斬發勁主要靠腰的擰轉和頓挫，先斬而後刺。如果橫刀技法運用得當，又能發揮全身之整勁，我想對手必敗無疑。

5. 橫刀轉身是回身顧後，假設我身後有敵來襲，我即扣步回身，右手刀把上提，用刀身向左纏頭，以護住頭部和身體上部，緊接再上步橫斬刀。「左為纏頭，右為裹腦。」纏裹要嚴密不露，在纏裹的過程中沖進去，奮力橫

斬。

6. 橫刀的用法要靈活運用，不能死搬硬套，要看敵我雙方的勢態，遇強智取，遇弱硬攻。

九、橫刀歌訣

橫刀氣勢如怒象，左右上步橫衝撞。
腰肩帶手刀撥雲，橫斬銼刺找敵項。

第七節　五行連環刀

一、概　述

五行連環刀是在五行刀的基礎上，按照連環拳的基本格式，結合刀術技法的特點，串連組合而成的一個短小精幹的套路。在民間傳統形意拳中流傳最廣，深受廣大群眾的喜愛。

從五行連環刀套路的技法內容來看，它包含了五行刀法的全部內容。另外，還增添了五行刀中沒有的動作，如翻身提膝劈刀、蓋步下掛掄劈、提膝上錯刀及狸貓上樹等技法的內容。這樣，從套路結構來看，短小精幹，內容豐富，結構嚴謹，銜接合理，勁力順達，符合技擊，實用性強，發勁剛猛，氣勢雄壯。演練起來，能充分顯示出形意拳械的規格和特點。

整套動作要節奏分明，每個技法組合要快速整齊，動作嚴謹，手腳合順，勁力上要剛柔相濟，完整飽滿。氣勢上要勇猛雄壯，威嚴如山。

要想練好連環刀，必須先打好五行刀基礎，把每一行

刀法的動作、勁力、用法熟練掌握之後，再學練連環刀就容易多了。形意刀法不同於其他任何刀法，它突出的是身勁、整勁、身械合一。不經過五行刀的練習，要想練好連環刀有一些困難。

二、五行連環刀動作順序名稱

（一）起 勢

（二）右上步劈刀（右步劈刀）

（三）上步上掛前扎刀（崩刀）

（四）撤步反手下扎刀（鑽刀）

（五）上步下掛掄劈刀（劈刀）

（六）提膝上錯刀（鑽刀）

（七）回身藏刀

（八）上步上掛前扎刀（崩刀）

（九）翻身提膝劈刀（劈刀）

（十）上步右撩掄砍（炮刀）

（十一）右上步雲撥橫斬（橫刀）

（十二）左上步雲撥橫斬（橫刀）

（十三）右上步格帶反手下扎刀（鑽刀）

（十四）左上步絞帶上扎刀（鑽刀）

（十五）上步蹬腿歇步劈刀（狸貓上樹）

（十六）上步裏帶扎刀（崩刀）

（十七）回身橫斬蹬腿歇步劈刀（狸貓倒上樹）

（十八）收 勢

三、五行連環刀練法

(一)起 勢

預備勢，即形意刀持刀勢。

1. 動作過程

① 立正抱刀

兩腿成立正姿勢，面向練習方向成 45°站立；右手垂於體右側，左手托住刀盤，刀尖朝上，刀背貼於左臂上，刀刃朝前；頭向上頂，目視前方（圖 2-54）。

② 頭頂交刀

兩手自體兩側同時向上抬起，至頭頂前上方，右手抓握刀柄，左手鬆開成掌，扶於右手腕部；目視左前方（圖 2-55、圖 2-56）。

圖 2-54

圖 2-55

圖 2-56

圖 2-57

③ 退步劈刀

右足向後退一步，重心後移，右腿彎曲，左腿微直，兩腿成左三體勢步型；同時，右手握刀把，自頭上向前、向下劈落，刀刃朝前下，刀尖朝前，高與鼻齊；左手扶於右腕部；右手刀柄拉至小腹前，距離約一前臂，雙臂微屈，雙肘內合，鬆肩沉肘，使刀在身體中心位置上；含胸拔背，頭向上頂，目視刀尖前方（圖 2-57）。

2. 動作要點

① 兩臂上舉時，臂部不要完全伸直，要保持自然微屈狀態，交刀時，要向左半面轉身，右手握刀柄要用鉗把。

② 右足退步，重心後移與刀向前劈落，動作要整齊一致。刀劈落時，不要發力，氣勢要威嚴，精神要貫注。

（二）右上步劈刀（右步劈刀）

1.動作過程

① 撤步提帶

左足向後撤半步，右足不動，重心後移至右足，左足尖點地；同時，右手握刀柄內旋，自腹前向右上方提起，至頭前右側方，右臂屈肘抬起；左手扶於右腕部，左肘在胸前，使刀尖向左、向下畫弧至腹前，再旋轉後提，刀刃朝上，刀尖向前下方與胸齊；含胸收腹，身微右轉，目視刀尖前方（圖2-58）。

② 進步推送

左足向前進一步，重心前移，右足不動。同時，左手扶右腕，右手握刀柄，以刀刃朝前，刀尖向前下，兩臂向前伸，兩手向前推送，刀尖高於胸腹之間，兩臂微屈；目

圖 2-58

圖 2-59

圖 2-60　　　　　　　　　圖 2-61

視刀尖前方（圖 2-59）。

　　③ *右上步纏頭劈刀*

　　右足向前上一大步，左足跟進半步，成右前左後三體
勢步型；同時，左手扶於右腕，右手鉗把鬆握刀柄，向頭
頂左上方提起，使刀尖向下，刀刃朝外，使刀背繞過左
肩，貼後背繞至右肩上，兩手伸臂向前、向下用力劈落；
右手向後拉至腹前，左手始終扶於右腕，刀尖高與胸齊；
頭向上頂，目視刀尖前方（圖 2-60、圖 2-61）。

2.動作要點

　　① 左足後撤與右手刀的內旋上提要協調一致。左足進
步與刀的向前推送要步隨刀走。右足向前上步要快、要
遠，與刀的劈落要整齊一致。

　　② 整個劈刀動作要連貫不停，特別是②③之間沒有停
頓，銜接要快，要一氣呵成。劈刀時要有刺勁。

圖 2-62   圖 2-63

（三）上步上掛前扎刀（崩刀）

1.動作過程

① 左上步上掛刀

左足向前上一步，右足跟進至左足內側不落地；同時，右手滿把握刀柄，坐腕背屈，拉回至右腰、胸之間，使刀尖自前向後掛至右肩前，刀刃向前，刀尖向上。左手扶於右腕，兩手略高於腰；目視前方（圖2-62）。

② 右上步前扎刀

右足向正前方上一大步，左足跟進至右足後落地，大部分重量在左足；同時，右手握刀柄，上提至胸前成螺把，刀尖前落指向正前方；左手扶於右腕，雙手用力向前伸臂扎出，兩臂微屈，刀尖高與胸齊，力達刀尖。右肩微前順；目視刀尖前方（圖2-63）。

2. 動作要點

① 左足上步與刀向後掛，動作要上下一致。注意刀背要向右肩前。

② 右足上步與刀的前扎動作，要整齊合一，完整不懈。注意刀身不能搖晃，整個動作要連貫不停，上下一致。

（四）撤步反手下扎刀（鑽刀）

1. 動作過程

① 左退步提帶刀

左足向後退一步，重心後移，大部分重量在左足，右足隨之後撤半步，右足尖點地；同時，右手刀柄內旋，使刀尖向左、向下畫弧擺動，再向上提、向後帶，右肘向上抬起，刀刃朝上，刀尖朝前下，高至胸、腹之間；身形微向右轉，左手扶於右腕；目視刀尖前方（圖2-64）。

② 右進步反手下扎刀

右足向前進一步，左足隨之跟進半步，大部分重量在左足；同時，右手螺把握刀柄，順勢反手向前、向下扎出，刀尖高與胸齊，刀刃朝上，右肩前順；左手成掌向上、向左擺於頭頂左上方，左臂撐圓；目

圖 2-64

視刀尖前方（圖2-65）。

2.動作要點

① 左退步與刀內旋、上提、後帶要協調一致。重心後移而撤右步，抬肘而上提，轉身而後帶。

② 右足上步落地與反手下扎刀，動作要整齊一致，步到刀到。注意擰腰，右肩前順，左掌配合發勁而向後上撐。

圖 2-65

形意拳械精解（下）

（五）上步下掛掄劈刀（劈刀）

1.動作過程

① 左上步左下掛刀

左足向右足前上一步，左腳尖外擺橫落，兩腿彎曲，右足不動，腳跟微抬起，此為蓋步；同時，右手滿把握刀柄，微向上提屈腕，使刀尖由前向下、向左、向後畫弧，使刀背掛，繞身左側再向上起；身微左轉。左掌向右腋下插，目視刀尖（圖2-66）。

圖 2-66

② 上步掄劈

右足向右斜前方上一大步，左足跟進半步，兩腿成三體勢步型微低一些；同時，右手握刀柄內旋，使右手心向外，刀刃向上，右手向上、向前、向下掄刀劈落，刀柄高與腰齊，刀尖高與胸齊；左手向下、向左、向上畫弧擺至頭部左前方；目視刀尖前方（圖2-67）。

圖 2-67

2. 動作要點

① 左足向前蓋步與刀向左下掛，動作要一致。注意身法要向左扭腰合肩。刀向左下掛時，左手要向右腋下插，兩手動作反向對稱。

② 右足上步要快要遠，跟步要迅速，與掄刀前劈要上下前後動作一致。

（六）提膝上錯刀（鑽刀）

1. 動作過程

右足向前進半步，重心前移至右足。左腿屈膝提起，右腿獨立站穩，腿微屈；同時，右手握刀柄，屈臂掩肘，手外旋，手心向上，使刀尖向左、向上、向右畫一半圓弧，刀刃向前，刀尖向右，刀身橫平身前，微向下壓；左手下落扶於右腕；隨左足提膝，右手向前、向上橫刀推

出，刃口向前，刀身橫平高
與鼻齊，右臂微屈；目視刀
前方（圖2-68）。

2.動作要點

左腿提膝與橫刀推錯，
要上下整齊，動作一致。注
意右手屈臂外旋，使刀身橫
平畫弧有格擋之意，收腹含
胸下壓，再向前上推錯，此
是鑽刀的另一種練法。

圖 2-68

（七）回身藏刀

1.動作過程

右足原地擰轉，向左轉
身180°，右腿屈膝下蹲，左
足向前落地，兩腿成左三體
勢步型；同時，右手鉗把握
刀柄，上提過頭，使刀尖向
下，刀身自右肩外貼背過頭
裏至左肩上；左手扶於右腕
部，右手滿把握刀柄，自上
向前、向下劈落，向後拉至

圖 2-69

身右側後方，使刀身貼於右大腿處，刀尖向前；左手成掌
向前推出，左掌高與肩齊；目視左手前方（圖2-69）。

2.動作要點

① 轉身、落步與劈刀後拉動作要協調一致。轉身要快，注意方向角度。

② 回身藏刀也可做成回身劈刀，只是刀劈落向後拉時，拉至腹前，左手扶於右腕，頭向上頂，兩種練法均可。

（八）上步上掛前扎刀（崩刀）

1.動作過程

① 左進步上掛刀

左足向前進一步，右足跟進至左足內側不落地，兩膝靠攏，左腿微屈；同時，右手向前送刀，右手滿把握刀柄，坐腕拉回至右腰腹側，使刀尖自前向上、向後掛至右肩前，刀刃朝前，刀尖向上；左手扶於右腕；目視前方（圖 2-70）。

② 右上步扎刀

右足向前上一大步，左足跟進至右足後側，成崩拳步型；同時，左手扶於右腕；右手刀尖向前，用力向前扎出，刀尖高與胸齊；目視刀尖前方（圖 2-71）。

圖 2-70

圖 2-71　　　　　　　　圖 2-72

2. 動作要點與（二）相同。

（九）翻身提膝劈刀（劈刀）

1. 動作過程

① 扣步翻身

右足向前進半步，扣足落地，重心移至右足，身左轉
180°，面對來時方向；同時，右手刁把外旋上提，使刀刃
朝上；左手掌心向外，經面前向上擺起，至頭頂左上方，
目視左手（圖 2-72）。

② 提膝劈刀

右腿獨立站穩，膝微屈，左腿屈膝抬起；同時，左掌
自上向前、向下畫弧，再向後、向上擺，至頭左上方，掌
心向上，左臂撐圓；右手持刀，自身後向上、向前、向下

掄刀劈落，右手螺把握刀柄，高與腰齊，手臂微屈，刀尖高與胸齊；身微前探，力達刀身前段。目視刀尖前方（圖2-73）。

圖2-73

2.動作要點

① 翻身之前，右足要先扣步，扣步時幅度盡量大一些。

② 翻身、提膝、劈刀這三個動作一氣呵成。注意兩手配合要協調。劈刀發勁時，要擰腰順肩，收腹含胸，身微前探。右手要緊握刀把。

（十）上步右撩掄砍（炮刀）

1.動作過程

① 左上步托帶刀

左足向前橫腳落地，腳尖外擺；右手刀外旋，使刀刃向上，右手上提向左上方橫帶，高與眉齊，刀尖向右前方；左手扶於右腕部；腰微左轉，目視刀尖前方（圖2-74）。

② 右上步反撩刀

右足向右斜前方上一步，

圖2-74

圖 2-75　　　　　　　　　　圖 2-76

左足不動，重心微前移；同時，右手螺把握刀柄，向左、向下、再向前反手撩出，右手內旋，使刀刃向上，刀尖向前；左手扶於右腕；右手略高於頭，右臂微屈，撩刀力達刀身前段；目視刀尖前方（圖 2-75）。

③ 左上步剪腕斜砍

右足不動，重心前移，左足過右足內側向左斜前方上一步，右足跟進半步，重心在兩足之間；同時，左手扶於右腕；右手持刀，以右腕為圓心，使刀尖向下、向左、向後，再向上、向前剪腕繞一立圓；運刀不停，右手滿把伸臂向下掄砍，向後拉回至左腰側前方，刀尖高與胸齊；頭向上頂，目視刀尖前方（圖 2-76、圖 2-77）。

2.動作要點

① 左足向前橫足落地與右手屈臂外旋向上提帶，上下動作整齊一致。向左帶刀時，要轉腰合肩，掩肘帶手而帶

圖 2-77　　　　　　　　　圖 2-78

刀，動作要柔和，兩腿微屈，身形微下坐。

② 右足上步與反手撩刀要手腳齊到。撩刀要貼身，以腰帶肩，以肩帶臂，以臂運刀。

③ 刀做剪腕動作時，右手要繞一小圓，右手腕部要活，向前下掄砍時，要先伸臂長腰，再含胸收腹，沉肩沉肘，向回拉拽，注意頭部要向上頂。

（十一）右上步雲撥橫斬（橫刀）

1.動作過程

① 左進步右雲撥刀

左足向前進半步，右足提起跟進，至左足內側不落地；同時，左掌扶於右腕，雙手自左腰側向前、向上伸臂，使刀尖向前、向右撥，向後雲轉畫弧，再向左繞至左前上方；右手腕先外旋再內旋，至左肩前方時，右手心向

下，刀刃向前；身微左轉，目視刀尖，眼隨刀動（圖 2-78）。

②右上步橫斬

右足向右斜前方上一大步，左足跟進半步，大部分重量在左足；同時，右手螺把握刀柄，自左肩斜前方，刀成水平，向右斜前方揮臂橫斬，右臂微屈約 120°，腰微右轉，右手刀尖略高於肩，刀尖與右腳尖方向相同；目視刀尖前方（圖 2-79）。

2.動作要點

①左足進步與刀做雲撥之法，上下動作要一致；雲撥時，要先撥後雲，手腕要活，刀在身前繞一圓，右手在身前繞一小圓。注意以腰身帶動兩臂而運刀。動作要柔和協調。

②橫刀斬擊時，不但有橫向斬的勁，而且還要有轉腰坐臂的頓錯的剌勁。配合呼氣發揮整體力，把全身之勁貫注於刀身。

（十二）左上步雲撥橫斬（橫刀）

1.動作過程

①右進步左雲撥刀

右足向前進半步，左足跟進至右足內側不落地；同時，左手扶於右腕；右手持刀，微向下落與胸齊，右手在身前向左、向後，再向前繞一小圓弧，使刀尖向右、向前、向左、向後，再向右繞一大圓弧，至右肩前方，此時右手外旋至手心向上，刀尖繞圓，高與頭齊，刀繞至右肩

圖 2-79　　　　　　　　　　圖 2-80

前方時，刀尖下落與肩
齊，刀刃朝前；目隨刀轉
（圖 2-80）。

　　② 左上步橫斬

　　左足向左斜前方上一
大步，右足跟進半步，同
時，右手刀向左斜前方揮
臂橫斬，刀尖與左足尖方
向相同，刀刃向左，高與
鼻齊；目視刀尖前方。左
手扶於右腕，右手心向上
（圖 2-81）。

圖 2-81

2.動作要點

　　與右步橫刀相同，惟左右互換。

(十三)右上步格帶反手下扎刀(鑽刀)

1.動作過程

① 左進步右格帶刀

左足向前進半步，右足跟進至左足內側不落地；同時，右手持刀，左手扶於右腕，右肘微下落，手心向上，先以刀背向右格畫弧，至右前方時，右手內旋屈腕，使刀尖向左、向下畫弧，右肘向上抬起，右臂彎曲，右手向後帶刀，使刀刃朝上，刀尖向前，高與胸齊；目視刀尖前方（圖2-82）。

圖2-82

② 右上步反手扎刀

右足向前上一大步，左足跟進半步；同時，右手以刀刃向上，刀尖向前，伸臂向前反手扎出，右臂微屈，刀尖高與胸齊；左手扶於右腕，也可擺至頭部左側上方；目視刀尖前方（圖2-83）。

圖2-83

2.動作要點

① 左進步與刀向右格擺，再向下右格擺，再向上提帶，刀的動作要連貫不停，動作要快。

② 右足上步與反手前扎刀動作要一致，注意右手握刀把，手腕要伸，也可拇指在下頂住刀護手，以免刀尖下落。兩個動作連接要緊。

(十四)左上步絞帶上扎刀(鑽刀)

1.動作過程

① 右進步絞帶刀

右足向前進半步，左足跟進至右足內側不落地；同時，右手持刀，左手扶於右腕，使刀尖向下、向左、向上，再向右以順時針方向畫弧繞圓絞裹，自前向後抽帶至身右側，下落至右腰側，右手外旋使刀刃朝上，刀尖在前，高與胸齊；左手扶於右腕；目視刀尖前方（圖2-84）。

② 左上步反手上扎刀

左足向前上一大步，右足跟進半步，大部分重量在右足；同時，左手成掌經胸前向前、向上撩掌，擺架於頭頂左上方，掌心向上；右手握刀柄，以刀刃朝上，伸

圖 2-84

臂向前、向上扎出，右手高
與胸齊，刀尖高與鼻齊；擰
腰右肩前順，頭向上頂，目
視刀尖前方（圖2-85）。

圖2-85

2.動作要點

① 右足進步與右手刀
的絞帶，上下一致。注意身
法，以腰身帶臂，以臂運肘
帶刀。刀要先絞裹而後帶。

② 左足上步與反手上
扎刀要步落刀到，手腳齊
到。上扎刀時，要長腰、送肩、伸臂，左手上擺配合發
勁。

（十五）上步蹬腿歇步劈刀（狸貓上樹）

1.動作過程

① 進步剪腕分刀蹬腿

左手下落扶於右腕；右手鉗把握刀柄，使刀尖向下、
向後，經右臂外側，再向上、向前繞一立圓，右手內旋，
使刀刃朝下；左足向前進半步；右手掄刀向下，再向後，
左手成掌向下、向左擺；右腿提膝，橫腳向前蹬出，高與
胸齊，左腿微屈獨立站穩；目視右腳前方（圖2-86、圖2-
87）。

② 歇步劈刀

右腳向前橫落地，左足微跟步，兩腿屈膝下蹲成歇

圖 2-86

圖 2-87

步；同時，右手握刀柄，向上揚起至頭頂上方；左手至頭頂上方扶於右腕部；隨右足向前落地，右手刀向前、向下劈落，右手拉回至腹前，刀身高與腰平；頭向上頂，目視刀尖前方（圖 2-88）。

2.動作要點

① 整個動作要連貫不停，動作要準確，技法要清晰，配合要協調，一氣呵成。

② 右手掄掛繞圓和向下、向右掄劈上提時，右手腕部要活。

③ 右足向前橫落與刀向前劈落動作要整齊，上下齊落，注意擰腰合胯。

圖 2-88

(十六) 上步裏帶扎刀(崩刀)

1.動作過程

① *右進步裏帶*

右足向前進半步，左足跟進至右足內側不落地；同時，右手持刀，先向前伸，再內旋翻轉，刀刃朝上，由前向後拉帶至右肩，右手外旋內裏，使刀刃朝上，刀尖朝前，右手下落至右乳前；左手扶於右腕；身微右轉，目視刀尖前方（圖2-89）。

② *左上步扎刀*

左足向前上一大步，右足跟進至左足後，大部分重量在右足，兩腿成崩拳步型；同時，右手持刀，刀尖向前，刀刃向下，用力向前扎出，刀成水平，高與胸齊，力達刀尖；左手扶於右腕；目視刀尖前方（圖2-90）。

圖2-89 　　　　　圖2-90

2.動作要點

① 右足進半步與右手刀的後帶下裏，動作要柔和。注意右手刀的動作與腰、肩、臂的配合。還要注意右手的擰旋。

② 左足上步落地與刀向前扎出，動作要整齊一致。上步要遠，落地要穩，刀扎出要有力。

（十七）回身橫斬蹬腿歇步劈刀（狸貓倒上樹）

1.動作過程

① 扣步回身橫斬

左足向前上一步，扣步落地，向右轉身，面對來時方向；同時，右手內旋，拉刀至左腰側，使刀刃朝外，右手向右平行橫斬，刀身高與胸齊；左手向左平擺撐開；目平視前方（圖2-91）。

② 右腳橫蹬

右腿屈膝提起，橫腳向前、向上蹬出，高與肩齊，左腿微屈站穩；目視前方（圖2-92）。

③ 歇步劈刀

右足橫腳向前落地，左足跟進屈蹲，兩腿成歇步；同時，右手鉗把握刀，外旋，向上提起至頭頂上方；左手上擺至頭上，扶於右腕；右手用力

圖 2-91

向前、向下揮刀劈落，右手
高與胯齊，刀尖高與腰齊；
目視刀尖前方，頭微向上頂
（圖2-93）。

2.動作要點

① 扣步幅度要大，轉
身與刀向後橫斬要同時。轉
身要快，掄刀橫斬要有勁。

② 其他要點與（十
五）相同。

連環刀以下動作再接
（十六）上步裹帶扎刀，再
接（三）上步上掛前扎刀，
再重複前面動作一遍。至原
地回身後，再做左上步崩
刀，按崩刀收勢動作進行收
勢。

（十八）收 勢

1.動作過程

① 回身橫斬刀

接左上步崩刀時，右足

圖2-92

圖2-93

向後退一步，重心後移至右足，左足不動，左足尖微扣；
同時，右手持刀向右、向後平斬橫掄，刀刃向右，高與胸
齊；左手成掌臂伸開，掌心向外，兩臂微屈；身向右轉，

形意拳械精解（下）

兩臂撐圓，目視刀尖（見圖
2-12）。

② 裹腦交刀

兩足不動，身體重心移
向左足；同時，右手持刀外
旋，使手心向上，右手鬆握
刀柄，右手刀自右向上抬起
過頭頂，向左畫弧，使刀背
自右肩外側，貼背繞至左肩
處，做刀的裹腦動作。右手
刀柄向左手處前伸，把刀柄
交於左手心中；此時，身形
向左轉，目視左手（見圖 2-13）。

圖 2-94

③ 左抱刀亮掌

重心後移至右足，右腿伸直站立，左腿向右足併攏成
立正姿勢；同時，左手心向上，以拇指和無名指、小指抓
握刀盤護手，以食指和中指抓握刀柄；右手交刀後成掌，
向下、向右再向上擺至頭頂上方，掌心向上；左手抱刀，
使刀背貼於左臂上，左手自左向上、向右再向下擺動畫弧
至左胯側停住；目隨右手，至右手亮掌時，向左甩頭，目
視左前方（圖 2-94）。

④ 立正抱刀

兩足不動；左手抱刀垂於體左側，刀刃朝前，刀尖向
上，左手不動；右手自頭頂上方向右下擺，至體右側成立
正姿勢；目視前方，頭向上頂。收勢完畢（圖 2-95）。

2.動作要點

① 回身橫斬刀兩手要同時動作，一左一右互相撐圓，併步與亮掌動作要協調一致。

② 裹腦交刀，注意右手握刀的把法要靈活，刀背要貼身，裹腦要嚴，注意身體重心左右移動。

③ 整個收勢動作，動作要協調，精神要貫注，氣勢要威嚴。

圖 2–95

第三章　形意五行劍法

形意拳五行劍法是形意拳界的前輩們從中華武術各門派眾多劍術技法中刪繁就簡、擇其精華、選其實用、以最能體現形意拳的風格和特點的五種劍法，用形意基礎拳法劈、崩、鑽、炮、橫的名字而命名的劍法。

傳統五行劍法動作古樸，簡約實用，樸實無華，注重功力。它是用形意拳的步法、身法、勁法，按五行拳理論，結合劍的特點而組合創編的五行劍法。五行劍法全部都是單練，每一行劍法均分左右，左右練習互不偏廢。

傳統五行劍法在民間習練者不多，原因有三：一是老師秘而不傳，視為珍寶。二是老師知之甚少。三是學生不愛練，認為太簡單，不漂亮而不愛學。

民間習練較多和流傳較廣的是連環劍，孰不知連環劍是在五行劍的基礎上串連而成的，真正的功夫還是在五行劍之中。

傳統形意五行劍法的名稱為：劈劍、鑽劍、崩劍、炮劍、橫劍。既保留和繼承傳統的名稱，但又對動作技法的名稱，採用目前社會上流行最廣、大家都認可的、經國家權威機構審定、有明確定義的叫法。這樣，既保留了傳統，又能使技術規範統一，便於推廣，便於交流。

如五行劍法中的崩劍，按《武術競賽規則》和《中國武術大辭典》中講，崩劍應該是：「立劍，沉腕使劍尖猛向前上為崩。」而形意的崩劍是：立劍前刺，力達劍尖，

相當於刺劍。在形意劍法中把所有立劍，正手前刺的技法統稱崩劍。炮劍是左右的撩劍，橫劍是左右橫向的平斬。但形意五行劍的技法在步法、身法、勁法以及用法上，和其他拳種劍法又有很大的不同。處處突出了技法的實用性，處處展現了形意拳的風格和特點。

第一節　形意劍預備勢

預備勢，也就是起勢或出勢。各種動作和套路的練習都從預備勢開始。形意劍術的各種練習，都是以三體勢的步型和身型，右手持劍姿勢。與形意拳所有的起勢都是左三體勢一樣。預備勢既是練習的開始，也是準備格鬥的開始，應全神貫注。對預備勢要多練習多體會，適當地進行站樁，以形成正確的形意持劍預備勢，對五行劍法的各種練習大有裨益。

1.動作過程

① 左手反背持劍

兩腳成立正姿勢，頭向上頂，眼平視；左手反握劍柄，使劍身緊貼左臂，左手拇指和無名指、小指扣握劍的護手，左手中指和食指併攏伸直扶於劍柄。兩臂自然伸直，垂於體側，使劍尖向上；右手成劍指，垂於體右側。面向出勢練習方向（圖

圖 3-1

圖 3-2①　　　　　　　　圖 3-2②

3-1）。

② 頭頂交劍

兩手自體兩側上起平舉，至頭頂上方。右手抓握劍柄，左手成劍指；眼平視前方（圖 3-2①②）。

③ 左三體勢劈劍

重心後移，右足向後退一步，大部分重量在右足，兩腿成左三體勢步型；同時，右手握劍柄，左手劍指扶於右腕部，使劍自頭上向前、向下劈落，右臂微屈，鬆肩墜肘，劍成立

圖 3-3

劍，劍尖高與鼻齊。使劍在身中心線上，頭向上頂，右手劍柄下落拉回至小腹前一尺距離；目視劍尖前方，左手劍指扶於右腕（圖3-3）。

2.動作要點

① 左手反背持劍要穩，劍身不得搖晃，要緊貼左臂後側。

② 兩手上舉與右足退步要同時，注意頭頂交劍要準確，右手抓握劍柄。

③ 劍向前下劈落與重心後移和頭向上頂，整個動作要完整一致。神情要貫注，氣勢要飽滿，勁力要沉穩，氣沉丹田，動作不要快，不要發力。

④ 形意劍預備勢分解動作要連貫一致，中間不停。雖然動作不發剛勁，但要表現出有準備格鬥的氣勢和精神。

⑤ 此勢要進行站樁練習，以體會劍身在身前中心的位置，要注意腳尖、鼻尖、劍尖三尖相照。

第二節　劈　劍

一、概　述

形意拳中的各種器械都要求「拳械一體」。正像武術界所講的那樣：「器械是手臂的延長。」不同的器械，有不同的運動特點、不同的技法和不同的使用方法。拳諺中有劍為「短兵之帥」，劍為「百兵之君」，主要是講劍的地位。

劍是兩面有刃，劍尖鋒利，劍屬輕靈的短器械，其本身細薄，兩面都能用，劍身輕利小巧，易於變化，由於劍

的型制決定了它的技法。

劈劍與五行拳中的劈拳勁法相同，同樣要求打出全身的整勁。劈劍是立劍由上向前下為劈，力達劍身。

二、劈劍內容

傳統的劈劍技法包括：掛劈、掄劈、正劈、斜劈；從步法上分有：右步劈劍、左步劈劍、進步劈劍與退步劈劍；還有左右掄劈、左右上下掛劈等。傳統的劈劍主要是左右上掛劈劍和左右下掛掄劈兩種常規練法，其他各種劈法只是步法和組合不同而已。

三、劈劍練法

（一）下掛劈劍（練法一）

1.右步劈劍

（1）動作過程（自形意劍預備勢開始）

① 左進步右下掛劍

左足向前進半步，右足跟進至左足內側不落地，兩膝併攏，左腿微屈站穩；同時，右手握劍把，上起與肩平；左手劍指附於右腕；右手外旋，使劍尖由前向下、向後，經體右側畫弧繞圓向上起，此時，右手微上提與鼻齊；身微右轉，

圖 3-4

目隨劍尖再向前平視
（圖3-4）。

②右上步劈劍

右足向前上一大
步，左足跟進半步，
大部分重量在左足，
成前四後六三體勢步
型；同時，右手滿把
握劍柄，使劍尖由上
向前、向下掄劈，劍
立刃前劈；右手劍柄
拉回至腹前1尺左

圖3-5

右，劍尖高與肩齊；左手劍指扶於右腕，在劈劍時，左手
也抓握劍把，雙手用力劈落；長腰，頭頂，沉肩，沉肘，
目視前方（圖3-5）。

（2）動作要點

①左足進步與劍向右側下掛動作要上下一致。掛劍要
貼身，手腕要活，注意外旋。

②掄劍前劈與右足上步要步到劍到，身械合一，整齊
一致。

③掛劍掄劈是一個完整的動作，中間不停。

2.左步劈劍

（1）動作過程

①右進步左下掛劍

右足向前進半步，左足跟進至右足內側不落地；同
時，右手先上起至面前，內旋使手心向右，拇指向下，使

<table>
<tr><td>圖 3-6</td><td>圖 3-7</td></tr>
</table>

劍尖由前向下、向後，經體左側畫弧下掛，右臂屈肘上抬
與肩平，右手高與胸齊；左手劍指扶於右腕部；身微左
轉，目隨劍尖（圖 3-6）。

②　左上步劈劍

左足向前上一大步，右足跟進半步，大部分重量在右
足，成前四後六步型；同時，右手滿把握劍，向上、向前
伸臂掄劍，向前、向下劈出，右手劍把向下拉回至腹前 30
公分左右，劍尖高與肩齊，雙臂微屈；左手劍指扶於右
腕，也可握劍柄，雙手用力前劈；鬆肩墜肘，氣沉丹田，
頭向上頂，身微上長，目視劍尖前方（圖 3-7）。

以下動作同前，一左一右練習不止，練習數量視場地
大小而定。

（2）動作要點

①　左步劈劍的動作要領和勁力與右步劈劍相同，只是
步法不同和劍的下掛方向不同而已。

②劈劍下落要有定點，落點位置要準確，每次劈出都要乾淨俐落，雙手有控制力，不能因為劍劈落時，用力較大而劍身搖擺不定。

(二)上掛劈劍(練法二)

1.右步劈劍

(1)動作過程(自形意劍預備勢起開始)

① 左進步挑掛劍

左足向前進半步，右足跟進至左足內側不落地；同時，右臂微向前伸，使劍尖先向下落與胸齊，然後右手滿把握劍柄，坐腕、屈臂向右胸前收回，兩上臂緊貼兩肋；左手劍指扶於右腕，也可左手與右手陰陽把握劍柄，右手在上，左手在下，使劍尖由前向上挑起、向後掛，劍尖向

圖 3-8　　　　　　圖 3-9①

上；右手劍柄豎於胸前，右肩微向後移；身形微斜，左腿微屈，目視前方（圖3-8）。

② 右上步劈劍

右足向前上一大步，左足跟進半步，大部分重量在左足；同時，雙手握劍柄，伸臂向前劈出，雙手再向下、向回拉至小

圖 3-9②

腹前 30 公分左右，劍尖高與肩齊；坐臀收腹，長腰頭頂，目視劍尖前方，力達劍身（圖 3-9①②）。

（2）動作要點

① 劍的挑掛與前足進半步，上下動作要同時。向前劈劍與後足向前上步落地，動作要整齊一致，步到劍到，手腳齊到。

② 進步挑掛與上步劈劍雖是兩個動作，但練習時中間不停，是一個完整的動作，整個動作要連貫，要一氣呵成。掛挑要快，劈落要猛。

2. 左步劈劍

（1）動作過程

① 右進步挑掛劍

右足向前進半步，左足跟進至右足內側不落地；同時，雙手握劍柄，雙臂微向前伸，使劍尖先向下落與胸

齊，然後雙手滿把坐腕，屈臂
向左胸前收回，兩上臂緊貼兩
肋，使劍尖由前向上挑起、向
後掛，劍尖向上立刃，豎於左
胸前；左肩微向後移，身形微
斜，右腿微屈，目視前方（圖
3-10）。

② 左上步劈劍

左足向前上一大步，右足
跟進半步，大部分重量在右
足；同時，雙手握劍柄，伸臂
向前劈出，雙手再向下、向後

圖 3-10

拉回至小腹前 30 公分，劍尖高與肩齊，力達劍身；坐臀、
收腹、長腰，頭向上頂，目視劍尖前方（圖 3-11①②）。

形意拳械精解（下）

圖 3-11①

圖 3-11②

以下動作同前，左右練習不止。

（2）動作要點

與右進步劈劍相同，惟左右互換。

（三）劈劍轉身

左右相同，以左步劈劍為例：

1. 動作過程

① 左扣步提劍

圖 3-12

左足扣步，扣至右腳尖前外側，重心移向左足，右足提起收至左足內側；同時，右手握劍柄，內旋向上提起，右手在頭頂上方，劍尖下垂；左手劍指扶於右腕部；目視劍尖前方（圖 3-12）。

② 向右轉身 180°，面對來時方向，右足向前上一步，左足跟進半步，大部分重量在左足，成前四後六三體勢步型；同時，右手自頭上向前掄劈下落，拉回至腹前；左手劍指扶於右腕，劍尖高與肩齊；頭向上頂，目視劍前方，劈劍轉身左右相同，惟動作互換（圖 3-13①

圖 3-13①

圖 3-13②

①②）。

2.動作要點

① 扣步轉身與劍上提動作要協調一致。

② 轉身上步與掄劍劈落動作要整齊一致和快速有力。

（四）劈劍收勢

劈劍左右練習，次數不限，視場地大小和個人體力而定，練至原起勢位置，成左步劈劍時，即行收勢。

1.動作過程

① 右退步抽劍

右足向後退小半步，重心後移至右足，左腿伸直，腳尖微內扣；同時，右手持劍上起，向後抽拉至右肩前，右手心向內，劍成立刃，劍身成水平，高與肩齊；左手隨之

屈臂，左手心向外，拇指向下
抓握劍柄；身右轉 90°，目視
劍尖前方（圖 3–14）。

②併步交劍

左手反手抓握劍柄，以拇
指和無名指、小指扣握劍護
手，以食指、中指伸直貼在劍
柄上，使劍貼住左前臂，左手
自右肩前抓握劍柄，向上、向
左伸臂畫弧下落至體左側；同
時，右手成劍指向下、向左、
再向上擺臂畫弧至頭頂右上
方，右臂撐圓，掌心向上；同
時，左足撤回，向右足併攏，
兩腿蹬直立起；目隨右手，右
手擺至頭頂時，甩頭，眼向左
平視（圖 3–15）。

③左手反背持劍

兩足立正不動；右手向右
擺落至體右側成掌，面轉向正
前方，左手不動，兩足成立正
姿勢，收勢完畢（同圖 3–
1）。

圖 3–14

圖 3–15

2.動作要點

①右手向後抽劍拉帶，劍身要平與右足退步，重心後
移，動作要協調一致。

② 左手抓握劍柄要準確，劍身平貼左前臂，注意要用左手食指伸直下壓劍柄。兩手擺動畫弧要相向同時動作，兩手運轉與左足收回併攏，要上下整齊一致。注意眼神。

③ 收勢動作完畢後，要精神飽滿，氣定神安。

四、劈劍的勁力

1. 右下掛劍時，右手鬆握劍柄，要外旋而活腕，右手劍柄在身前走一小圓，而劍尖走一大圓，以完成掛劍。劍向上掄起時，要微長腰、提肩而帶肘；劍向前劈落時，要雙臂先向前上伸，再向下、向後拉回，注意要收腹、含胸、坐腰。頭頂、鬆肩、沉肘，整體協調配合，以助劈勁。

2. 劈劍不但有向下劈的勁，而且還要有向後刺的勁，是劈刺之勁。這是形意劍顯著的特點之一。這樣加長了劍刃的運行距離，增加了劈劍的威力。

3. 劈劍時，要遵循「固把擊發」和「過中發力」的原則。就是在劈劍發力時，把要握緊，要用滿把。過中發力就是劍掄起畫圓時，超過一半時，借慣性而發力，在掄劍前半圓時，腕要活、把要活。劍向上掄起至頭頂上方時，再向前快速發力下劈。

4. 挑用劍尖，掛用劍身。挑掛是兩個技法的組合，先挑後掛，一氣呵成。挑時，是伸臂坐腕；掛時，是屈臂回收。注意向左挑掛劍時，劍柄要收到左胸前。向右挑掛劍時，劍柄要收到右胸前，要含胸、屈腰、收肩、縮身以蓄力。

5. 劈劍時，注意兩手的動作要有先向上、向前，再向下、向後拉回，要走一個圓弧。向上要長腰，向前要伸

臂，向下要沉肘，向後拉回要收腹，而頭部要努力上頂，這樣來體會身勁。劈劍不但有下劈之勁，而且，還要有向後刺的勁，同時也體現了全身的整勁。

6. 左扣步右轉身時，劍要內旋上提，右扣步轉身時，劍要外旋上提，注意提劍時把要活，內旋用鉗把，外旋用刁把，劍刃不能觸身。

7. 扣步提劍是蓄力，翻身劈劍要發勁，以腰帶肩，以肩帶臂，以臂運劍而劈。右手在頭上走一圓弧，先運手、運把，至前上方時，劍立刃前劈。

五、劈劍教學訓練法

1. 劈劍在教學時，先從形意劍預備勢學起，按動作過程一招一勢，務求正確。首先要把「四法三型」初步講解清楚。四法是手法、步法、身法、劍法。三型是手型、步型、身型。手握劍的把法很重要，正確的運用各種把法，對準確有力地體現劍術技法十分重要。各種把法是技法的組成部分，各種技法的運用與各種把法的配合至關重要。總的原則是把法要活，手腕要靈。

2. 教學時，老師先示範演練，給學生一個初始感性認識，然後按動作分解，一勢一勢進行講解，讓學生跟隨模仿，這樣三四遍過後就能基本掌握了。在掌握分解動作的基礎上，再進行完整教學法，把左步劈劍和右步劈劍各作為一個完整的動作進行練習。

3. 在練習過程中，先採用慢練訓練法，把動作速度放慢，以細心體會手腳的合順，劍的運行路線，把法的靈活運用，身勁的協調配合。嚴格按照動作的規格要求去做，不能隨心所欲。這樣練習 10～20 分鐘後，要進行正常速度

練習。集體練習時，教練要喊口令，這樣能整齊一致，以免互相干擾。劈劍要按1～2的口令進行，2的口令要短促有力。也可進行分組練習，規定時間、定出數量、提出要求。在學生個人練習或分組練習的過程中，老師要對學生的不正確動作及時進行糾正，及時給予指導。在練習時，還可以採用分組的學員互相觀摩，互相糾正的方法，以達到共同的提高。

4. 在全部動作掌握熟練之後，要加強功力的練習，要多次反覆的重複練習，不要滿足於會練，拳諺中講：「拳貴精熟，功在有恆。」「拳藝無止境，苦練出真功。」對任何一種劍法，應當有「活到老，學到老，練到老」，精益求精，不斷進取。持之以恆的艱苦鍛鍊，是提高功力的根本方法。

六、劈劍容易出現的毛病及糾正方法

1. 左進步右下掛劍時，右手握劍把過緊、過死，右手腕不活，致使運劍不靈便，動作不協調。

糾正：首先，應把劍柄的握持方法講清楚、弄明白。再根據不同的技法要求，採取不同的把法。此動作注意右手先外旋、再下掛，掛時用力。運轉時，把要鬆握，以利劍的運轉快速，以利劍運貼身。

2. 劈劍時，由於掄劍前劈用力較大，定勢時劍身不穩，不能身劍合一，劍有時晃動。

糾正：劈劍練習時，劈劍的用力程度要逐漸加大，練習的速度，也要先慢後快，逐漸適應之後再加力。注意劍身前劈到與肩齊時，要向下、向後用力拉，以左、右上臂緊貼肋部，這樣與身保持完整。同時，右手滿把緊握劍柄

以防搖晃。

3. 劈劍的第二種練法左右上掛劈劍，在進步劍向上挑掛時，手握劍柄向上抬起過高，超過肩部以上。使劍夾在身後，這種動作是不正確不規範的。

糾正：挑掛的技法是挑與掛這兩個技法的結合，既有挑，又有掛，先坐腕上挑，再收臂拉回而掛劍，先把劍豎起，再向後拉回。注意兩手放置的位置在胸前，劍刃不得觸身。

七、劈劍的呼吸

1. 進步下掛劍和進步上掛劍時要吸氣。

2. 上步劈劍要呼氣，要氣沉丹田小腹。

3. 在慢動作練習時，呼吸也要隨動作加深、加長；快動作時，要吸長而呼短。

八、劈劍的技擊含義及用法

從劍術技法來說，由於劍屬於短器械，並且劍本身重量輕。細薄尖利，兩面是刃，動作輕便靈活。所以運用起來，應避免與對方的器械進行硬格硬架的招法。故此有「逢堅避刃，遇隙削剛」之說。形意劍要練到「剛而不拙，柔而不弱，力整而靈活，神滿而勢勇」，方為上乘。

1. 劈劍中劈擊的技法是從上向下劈落，這是進攻的主要技法。目標是向敵人的頭部、手臂、身軀劈擊，也可用劈擊的技法對敵方直線進攻而來的器械進行劈落，以達到防守和進擊的目的。在劈擊敵械時，首先自己的步法左右閃避要靈活，劍向前下劈落時要微斜一些，以和對方的器械有一交叉點。劈落敵械後，要緊接上步進擊，或刺、或

挑、或撩等技法。不要滿足於一擊而中，要連續進擊，不容喘息，以重創敵人，使其喪失戰鬥力。

2. 左右下掛掄劈：從動作結構來看，左右下掛是防守對方向我中部和下部直線扎來的各種器械。由於劍比較輕薄而短，不能硬磕，只能順其力而改變方向，以達到防護自己的目的。在運用時，步法可退、可閃。但向前掄劈時，一定要進步近身，做到步到劍到，身劍合一。劈時要劈頭、劈身、劈臂。運用劈擊時，形意拳要求既可單手，也可雙手握劍柄。正像拳家所言：「單手靈活易變用於平素，雙手沉實力猛用於實戰。」

3. 左右上掛劈劍：主要是防守向我左右上方攻擊而來的器械。向上挑掛時，上挑不過頭，後掛不過肩，先挑後掛。此技法是防護對方直線擊來的各種器械。向右挑掛時，我步法要向偏左一點進步，以閃讓避開敵方的攻勢。我劍上挑是找對方的器械，後掛是順其力使其落空，即引進落空。緊接順其械向前劈，先劈手，再劈身，全靠步快、身快、手快，勇猛逼近對方，這樣以加長劍的攻擊距離。左右相同。

4. 劈劍還可配合其他技法組合應用，如先用劈劍擊落敵械，緊接上步前刺其胸。還可先劈下，而緊接坐腕抖臂向上崩劍，以崩擊對方手臂。還可以劈落之後緊接上步橫斬，也可緊接上步撩劍，以攻擊敵胸部、頭部、手臂等。劈劍與各種技法的組合，全憑個人心意的審時度勢、隨機應變，「技從心變，法從手出。」

5. 關於劈劍中左右上下掛劍技法，在運用時，要審時度勢，步法上可進、可退，以退為主。要看對方的器械是否進入了我的防衛圈內，注意火候，要識「老嫩」，如對

方器械進入我的防衛圈內過深則「老」，不及則「嫩」，「老」時自己防守不及，「嫩」時對方易變，所以這個「火候」掌握是關鍵。對方的器械進入我的防衛圈內約 30 公分，應掌握在這個火候之內。當然，只要對方器械一進入我的防衛圈內，我的劍就應黏住敵械，敵進就順其力而引進落空，敵退就順其勢而跟進，或刺手臂、或刺胸腹。在運用掛法時，要注意對方的虛實，如對方未深入則是虛，自己不要貿然進攻，要緊防對方的第二手、第三手。用步法的靈活和防護的嚴密以自保。所以，說法不是法，正如孫子兵法所言：「故兵無常勢，水無常形，能因敵變化而取勝者，謂之神。」

九、劈劍歌訣

劈劍技法最平常，左右上下掛劈忙。
上步掄劈隨身走，劈中帶刺內中藏。

第三節　鑽　劍

一、概　述

鑽劍是用五行拳鑽拳的名字而命名的劍法。從劍術的技法中來看鑽劍，實際上是反手下刺劍和反手上刺劍。右手內旋以劍的下刃朝前、劍尖向前下刺為右步鑽劍；右手外旋，以劍的下刃向上、劍尖朝前上刺出為左步鑽劍。

五行拳中的鑽拳是拳自下向前上打出都為鑽拳。鑽劍是劍的下刃向前或向上，怎樣刺出都為鑽劍，關鍵是刺出。這就需要右手持劍進行內旋和外旋，以達到劍的下刃

朝上或朝前。這樣，也就產生了絞提和絞帶的技法。

二、鑽劍內容

五行劍法中的鑽劍，是由絞提下刺和纏帶上刺兩個動作所組成。下刺找膝，上刺尋頭。

三、鑽劍練法

（一）右步鑽劍（自形意劍預備勢開始）

1.動作過程

① 左進步絞提劍

左足向前進半步，右足跟進至左足內側不落地；同時，右手握劍柄內旋，使虎口向前下，劍下刃朝前，右肘上提，右臂彎曲，由下向上、向後抽回至右肩前方；左手劍指扶於右腕，隨右手一起動作，使劍尖自前上方向左、向下，再向右上，以逆時針方向繞一圓弧，劍尖斜指前下方，高與腹齊；此時身形微向右轉，左肘在胸前，目視劍尖（圖3-16）。

② 右上步下刺劍

右足向前上一大步，左足跟進半步，成前四後六三體勢步型。同時，右手持

圖3-16

劍，隨右足的上步落地，反手向前下刺出，右臂前伸微屈，右手劍柄高與胸齊，右肩前順，劍尖高與膝齊，右手虎口向前下；左手劍指擺至頭部左上方，左臂撐圓；目視劍尖前方（圖3–17）。

圖 3–17

2. 動作要點

① 左足進步與右手持劍畫弧絞提的動作要整齊一致。

② 上步落地與劍向前下刺出，動作要整齊，要力達劍尖。右手內旋向前下刺劍時，注意反手刺出，劍的下刃朝前，右手要控制住劍身，使劍尖斜指前下方。此時可以用拇指在劍柄下向前頂住，以免劍尖過於下垂。

(二)左步鑽劍

1. 動作過程

① 右進步絞帶劍

右足向前進半步，左足跟進至右足內側不落地，右腿微屈蹲，兩膝併攏；同時，左手劍指下落扶於右腕部；右手握劍柄，使劍尖自前下向左、向右上畫弧，至前上方時，右臂彎曲，右手向後帶劍至右肩側，身微向右轉；右手擰轉外旋下落至右腰側，右手旋至手心向上，使劍的下

刃朝上，劍尖始終水平朝前；
此時屈腰含胸，身微右轉，目
視劍尖前方（圖3-18）。

②左上步撐劍刺喉

左足向前上一大步，右足
跟進半步；同時，右手螺把握
劍柄，自右腰側經胸前向前伸
臂刺出，手心朝上，劍的下刃
朝上，右臂微屈，右手劍柄略
高於胸，劍尖高與頭齊；左手
劍指擺至頭頂左上方，左臂撐

圖 3-18

圓；右肩微向前順，頭向上頂，目視劍尖前方（圖3-19）。

2. 動作要點

① 右足進步與劍自下向上繞弧向後絞帶的動作，要整

圖 3-19

形意拳械精解（下）

齊一致。

② 左足上步與劍向前刺出，要手腳齊到，上下動作要整齊一致。

鑽劍左右練習相同，次數多少，視場地大小和個人體力而定。

(三)鑽劍轉身

鑽劍練習至場地一側欲轉身，如是左步鑽劍時：

1. 動作過程

① 轉身橫斬劍

左足在前，右手劍向前上刺出；左足在原地扣步，身向右轉 180°，面對來時方向，右足擺直，重心移向右腿成弓步；同時，左手劍指下落扶於右腕，右手持劍，右手內旋，使手心向下，劍身平，劍刃左右成平劍。劍隨轉身掄劈，向後平行橫斬，高與胸平，右手掄至體右斜前方；左手劍指向體左側平擺與肩平；轉身後目視前方（圖 3-20）。

② 右撤步絞提劍

重心後移，大部分重量在左足，左腿彎曲，右足向後撤半步，腳尖點地；同時，右手劍尖向上、向左，再向下畫一半圓弧；左手劍指扶於右腕部；右手腕先外

圖 3-20

旋至手心向上，再邊畫弧、邊
內旋，至劍尖在下方時，右臂
彎曲，右肘上提，劍身斜向
下，劍尖高與腰齊，右手提至
右肩前上方；目視劍尖前方
（圖3-21）。

③ **右進步下刺劍**

右足向正前方上步，左足
跟進半步；同時，右手持劍，
手心向右，劍尖向前下，用力
向前下伸臂刺出，劍尖高與膝
齊，右手高與胸齊；擰腰右肩
前順，左手劍指擺向
頭頂左上方，左臂微
屈撐圓；目視劍尖前
方。以下動作同前
（圖3-22）。

圖 3-21

2.動作要點

① 鑽劍整個轉
身動作要連貫不停，
一氣呵成。

② 扣步轉身橫
斬劍要用力，用腰身

圖 3-22

帶臂而掄，注意平劍回斬，刀達劍身。扣步回身，重心要
速移向右腳，探身伸臂而斬，意在襲擊身後之敵。

③ 撤步絞提和進步下刺要點及勁力與前同。只是右手

握把，先外旋畫弧，至劍尖向左下畫弧時，右手內旋。注意右手繞一小圓，劍尖繞一大圓。動作要協調、緊密，全身要完整不懈。

（四）鑽劍收勢

鑽劍練習至起勢位置時，欲收勢：

1.動作過程

①（如左步鑽劍時）右足向後退半步，重心後移至右足，右腿彎曲，左腿伸直；右手握劍柄，向後拉回至與右肩齊平，右手內旋至手心向前，使劍身平行後移，劍成立刃，劍尖高與肩齊；左手變掌，抓握劍柄護手，手心向前；目視劍尖（圖3-23）。

②③ 收勢動作與劈劍收勢相同。

圖 3-23

圖 3-24

④（如練至右步鑽劍時）右足向後退一步，重心後移至右足，右腿彎曲，左腿伸直；同時，右手向後拉回，劍柄高與右肩齊，劍身平成立刃；左手變掌抓握劍柄，手心向前、拇指向下；目視劍尖前方（圖3-24）。

⑤⑥收勢動作與劈劍收勢相同。

2.動作要點

① 無論左步鑽劍還是右步鑽劍，右足向後退步與右手劍向後拉回，動作要一致。左步鑽劍右手拉回時，要隨拉隨內旋，注意劍身要平。左手抓握要準、要穩，左肘抬起，使劍身平貼左前臂外側。

② 整個收勢動作要連貫，精神要飽滿，氣勢要完整，動作要一氣呵成，要沉穩。上下動作要協調，注意眼神要明亮。

四、鑽劍的勁力

1. 進步絞提：左足向前進而劍向後提，動作時，要先手腕內旋，使劍向左、向下畫弧而絞，然後肘上提，右肩向後、向上提帶，劍身有黏帶敵械之意，動作要沉穩，精神要貫注，此時身形有微向下蹲之意。

2. 上步下刺：右手劍向前下刺出時，要擰腰、順肩、伸臂；同時，左手反向對稱配合，劍向右前下刺出，左手劍指向左後上方擺。這樣，前後、上下配合發勁，以達到身械合一，勢正招圓，勁力飽滿，動作合順，力量完整。

3. 進步絞帶：注意身法要柔和而圓滿，以腰帶肩、以肩帶肘、以肘帶手、以手運劍。向後帶劍時，劍的下刃朝上。右手擰旋下落至右腰側時，要隨落隨外旋。要含胸蓄腰，內含有向下裹壓的技法。注意劍尖要始終朝前。

4. 上步擰劍刺喉：劍要隨擰轉隨向前刺出，成立劍，下刃朝上。注意腰要鬆活而擰，肩要鬆沉而送，肘要鬆沉而伸。在劍刺出的剎那間，要以腰催肩、肩催肘、肘催

手、手運劍，節節貫穿，達於劍端，發出全身的整勁。

五、鑽劍教學訓練法

在教學訓練時，應該把鑽劍的技法講解清楚明白，把每一個技法的動作目的讓學生明白。使其了解動作的含義，這樣學和練目的性較強，學和練容易掌握。

1. 鑽劍在形意拳中是取其見縫就鑽，順其械而進。鑽劍就是反手下刺和擰鑽上刺，下刺膝，上刺頭。鑽劍技法中有絞、提、帶、刺四法。絞、提、帶是為刺服務的，刺是關鍵。何謂絞、提、帶？「絞是劍法的一種，以劍尖順時針或逆時針繞一小立圓為絞，力達劍身前部。提是劍由下向右上方貼身弧形提起為右上提劍，高與肩平，劍尖斜朝下；左上提劍時，前臂外旋，手心朝上，向左上提起。帶劍是平劍或立劍由前向側後或側後上方抽回為帶，力達劍身」（《武術競賽規則》）。右步鑽劍中的絞提是先絞後提，絞中有提，絞提是手段，是防守，下刺是目的。

初學劍時，要一招一勢，務求正確，對劍法要了解清楚，對動作的規格要明確，特別是身型、步型和手握劍的把法，一定要準確熟練。

2. 在學習動作和技法時，必須遵循嚴格要求和循序漸進的原則。形意劍的風格和特點不同於長拳類型的劍術，它動作沉穩，技法實用，注重整勁，屬於站劍的類型。每一個完整的招勢完成之後要定住，以一招一勢見長，動靜節奏分明，樁步穩固，勁力飽滿，攻守兼備，剛柔相濟，氣勢勇猛。學習五行劍必須有五行拳的基礎，沒有五行拳的基礎是練不好五行劍的。

3. 在學練五行劍時，不能貪多求快，雖然五行劍的動

作簡單、易學。但它是以勁力著稱，以實用為技法核心，須多練、苦練才能掌握。不能滿足於動作會練，要勤思苦練，悟練結合，持之以恆，才是提高技藝的根本之法。

4. 鑽劍在集體練習時，要排好隊形，拉開距離，按教練的口令一起動作，不能有先後，要求整齊一致，按動作口令進行。

六、鑽劍容易出現的毛病及糾正方法

1. 右步鑽劍中的左進步絞提劍，在動作中右手持劍逆時針向下畫弧時，劍尖畫圈過大，運劍僵硬不協調。

糾正：右手運劍僵硬不協調，主要是右手握把過死，手腕不靈活所造成的。右手握劍的把法，要根據不同的動作，不同的技法，而採取不同的握法。如刺劍用螺把，劈劍用滿把，提劍用鉗把，斬劍用滿把，撩劍用螺把等。

2. 右步鑽劍中的上步反手下刺劍時，劍尖下垂過大，向前不足，有垂劍現象。

糾正：首先應明白這個動作是向對方的膝部刺去，而不是刺腳。劍刺出是前斜下方，而不是下方。由於手腕內旋有用力不得勁處。動作時，注意手腕要向前屈，小指和無名指要用力握緊劍柄後端，這樣使劍尖指向前下方。如果這樣做還不能達到要求時，在向斜前下刺時，可以用右手拇指托在劍柄上頂住，以控制好方向，其餘四指握緊而刺出。這樣能防止劍尖下垂。

3. 劍向前斜下刺無力，原因是反手下刺有不好用勁之感覺。

糾正：在練習這個動作時，步法前進要快、要遠。發勁時，要擰腰、順肩、伸臂而劍刺出。注意身體的整勁以

及先後次序的配合。先以步動，再以腰蓄而擰，肩轉而順，臂展而伸，使最後的步落與劍到整齊合一，這樣劍刺出的勁力就不會無力。

4. 左步鑽劍中的右進步絞帶動作，絞和帶脫節，右手把端畫圈過大。

糾正：從技法上講，絞是以劍尖和劍的前段來完成，帶是以劍身的中段為著力點。在絞帶的過程中，要先絞後帶，絞中有帶，帶是絞法的繼續。所以，這兩個技法銜接要緊密連貫不能脫節。只有多練、多體會，才能做好。

5. 左步鑽劍中的左上步擰劍刺喉，劍刺出劍身搖晃不穩，劍尖定點不準確；擰劍幅度不夠，劍的下刃未朝上。

糾正：劍刺出時，劍身不穩，落點就不準。注意步法落地要穩。手臂伸出不要伸直，右手擰劍外旋，一定要使劍的下刃朝上，右肘內掩，右肩前順。此動作練習時，一定要注意劍尖向前領，手臂向前追，而身勁向前催，認真體會「領」「追」「催」這三個字的內在含義。

七、鑽劍的呼吸

1. 右步鑽劍中左撤步絞提劍時吸氣，右上步劍斜下刺時呼氣。

2. 左步鑽劍中右進步絞帶劍時吸氣，左上步擰劍刺喉時呼氣。

3. 在動作慢練時，呼吸也要配合動作要深長，要均勻，劍刺出時要呼氣。

八、鑽劍的技擊含義及用法

從鑽劍的技擊目的來看，主要是上刺喉，下刺膝。上

刺頭部、臉部、脖項、喉頭、胸部；下刺膝部、腿部（大腿、小腿）、小腹部。這是總的技擊目的。若分而言之，則有撤步絞提、進步刺膝和進步絞帶、上步擰劍刺喉，即右步鑽劍和左步鑽劍。

1. 右步鑽劍是絞提下刺。絞提的動作意在防守，是防守對方向我中下部刺來的劍。此時步法可退可進、可閃可躲，靈活運用。步法要靈要快。如對方向我進攻較猛，我可後腳退步，前腳隨之後撤。我用劍的前半部，順對方的來力向右、向下畫弧以絞撥敵械。向上提帶是用劍身黏住敵械順勢向後引，使其失去目標，也是引進落空之法。右足向前進步，劍刺向對方的前膝、前腿。

正像拳譜所言：「動如脫兔身如風，眼明手快身腳輕。」注意在進步、退步或撤步時，要以步法的閃避，讓開對方的攻勢，用劍身順引對方的器械，不要硬碰、硬架、硬磕，因劍器較輕、較薄，會被對方擊損，所以拳家有「巧閃旁扣」之說。

2. 左步鑽劍是進步絞帶和上步擰劍刺喉。絞帶擰壓是顧法，刺喉是擊法。劍尖自下向左、向上畫弧絞繞，是防守對方向我中上部刺來，以撥開敵械。同時，用劍身順其力黏住對方器械向後引帶，再擰臂旋腕向下裏壓，隨對方的回抽，速上步用劍向對方的頭部、胸部前刺。此時，內中含有以劍身向前錯壓之勁。

3. 鑽劍的轉身，也是一種返身的顧後技法，是防身後有人突襲。扣步轉身向後平掄橫斬，如敵進到我的防衛圈內，則劍斬其胸、其頭。轉身橫斬要快。如敵未進身，則能阻其進攻。轉身之後，再因敵、因勢採取各種技法。

注意橫斬之勁在轉身後的正前方，劍過正前方之後，

要盡量控制劍的運動慣性，以免身前空檔過大，給敵以可乘之機，要掌握好力點和方向。

4. 鑽劍的用法，只是根據它的動作結構而言，具體在實踐中是否好用？是否用得上？還得靠每個人自己不斷地學習，不斷地實踐，不斷地總結，才能不斷提高。

九、鑽劍歌訣

鑽劍技法快中求，巧閃旁扡步法游。

絞劍上提下刺膝，纏帶裹壓反刺喉。

第四節 崩 劍

一、概 述

五行劍法中的崩劍與五行拳中的崩拳基本相同。崩拳是只要直拳向前打出，不管是高一些還是低一些，不管是左拳還是右拳都叫崩拳。

崩劍也是如此，只要是劍立刃向前直刺都叫崩劍。按通常劍法中此技法為刺劍。但在形意拳系統中和五行拳劈、崩、鑽、炮、橫相配合，所以，形意劍法中向前直刺的技法稱之為崩劍。這是民間傳統形意拳中約定俗成的叫法。崩劍向前刺出也和崩拳那樣發出整勁，使全身之勁貫注於劍端，也就是力達劍尖。

在崩劍技法中向前直刺是它的核心。同時，還含有掛、撥、絞、帶等技法。向前直刺時，既可單手，也可雙手握劍直刺。單手靈活而快，雙手力大而猛。

二、崩劍內容

崩劍在民間傳統練法中，由於各地區、各師承的不同，動作技法有所不同。但向前直刺這一技法則完全相同。下面介紹崩劍的兩種練法，一種是掛撥崩劍，一種是裹帶崩劍。

三、崩劍練法

（一）掛撥崩劍（練法一）

1.動作過程（自形意劍預備勢起）

（1）右掛撥崩劍

① 左進步右掛撥劍

左足向前進半步，右足跟進至左足內側不落地，兩腿屈蹲，兩膝併攏；同時，右手握劍柄，左手成掌抱於右手外側，雙手合握劍柄，雙手坐腕，屈臂拉回至右腰側，使劍尖向上、向後畫弧，劍尖朝上，直立於身前右側。劍刃不得觸身，距身約20公分；含胸收腹，兩肘貼肋，目視前方。身微右側（圖3-25）。

② 右上步前刺劍

右足向前上一大步，左足向前跟進至右足後，如崩拳之

圖 3-25

圖 3-26　　　　　　　　圖 3-27

跟步，重心在右足，兩腿微屈；同時，雙手握劍柄，上提
與胸齊，劍尖向前下落，高與胸齊，使劍成水平立刃，雙
手用力向前刺出，雙臂微屈，劍尖高與胸齊，力達劍尖；
頭向上頂，目視前方（圖3-26）。

　（2）左掛撥崩劍

　① 右進步左掛撥劍

　右足向前進半步，左足跟進不落地；同時，雙手握劍
柄，向下屈臂收回至左腰前，雙肘貼肋，雙手坐腕，使劍
尖向前、向上、向後畫弧掛撥，劍尖朝上，立於身前；沉
肩、含胸、收腹，頭向上頂，目視前方。劍身距左肩前約
20公分（圖3-27）。

　② 左上步前刺劍

　左足向前上一大步，右足跟進至左足後，成崩拳步
型；同時，雙手合握劍柄，上提至胸前，使劍尖向前下落
成水平與胸齊；隨左足上步，雙手用力向前刺出，雙臂微

圖 3-28　　　　　　　圖 3-29

屈，劍尖高與胸齊；鬆肩沉肘，力達劍尖，頭向上頂，目視劍尖前方（圖 3-28）。

以下動作，左右練習不止，動作同前。

2.動作要點

① 左足進步與雙手握劍向後掛撥要整齊一致。

② 右足上步與劍前刺要整齊合一，手腳齊到，要力達劍尖。

③ 右足進步與劍向後掛上下要一致。

④ 左足上步要遠、要快，與劍前刺要整齊一致，手腳齊到。

⑤ 崩劍的進步掛撥和上步前刺，雖是兩個動作，但練習時中間不停。上步要快、要遠，落地要穩，跟步要快。劍掛撥時，要滿把屈腕，刺劍時要螺把伸腕。

（二）絞帶崩劍（練法二）

1.動作過程（由形意劍預備勢起）

（1）右絞帶崩劍

① 左進步右絞帶

左足向前進半步，右足跟進至左足內側不落地，兩腿彎曲，兩膝相靠，左足獨立站穩；同時，右手持劍，左手劍指扶於右腕內側；右手內旋上提，自前向後、向右抽回至右肩前，劍尖在前逆時針繞一小圈。劍向右後帶，左肘部在心窩處；身形微右轉，使劍尖在前畫一小弧，劍身要平，目視劍尖前方（圖3-29）。

② 右上步前刺劍

右足向前上一大步，左足跟進大半步，大部分重量在左足，左足跟進至右足後約一腳距離，兩腿彎曲站穩；同時，右手持劍，左手劍指扶於右腕，也可雙手合握劍柄，向正前方伸臂立劍刺出，雙臂微屈，劍成水平，高與胸齊，右肩微向前順，力達劍尖；頭向上頂，目視劍尖前方（圖3-30）。

圖 3-30

（2）左絞帶崩劍

① 右進步左絞帶劍

右足向前進半步，左足跟進至右足內側不落地；同時，右手持劍，左手扶於右腕。使劍尖在前順時針繞一小圈，向左後帶至左肩前，右手外旋，手心向上，右臂屈肘掩心；身微左轉，劍身要平，目視劍尖前方（圖3-31）。

圖 3-31

② 左上步刺劍

左足向前上一大步，右足跟進；同時，右手握劍，向前伸臂平劍刺出，劍成水平，高與胸齊。右臂微屈；左手掌心頂於劍柄，也可左手劍指扶於右腕；頭向上頂，目視劍尖前方（圖3-32）。

以下動作，左右練習不止。轉身動作同前。

圖 3-32

2.動作要點

① 崩劍練法二是左右絞帶、上步前刺，步法動作與練法一相同。崩劍兩種練法中的後腳上步前刺，動作、勁力、要求均相同。不同點是掛帶前刺和絞帶前刺，掛是直線向後，絞是繞圈而後帶，這是兩種技法的區別，各有不同的用法和勁力。

② 左足進步與劍向右絞帶上下動作要整齊一致，右足進步與劍向左絞帶上下動作要整齊合一。

③ 後足上步與劍向前刺出，要步到、劍到，完整一致。

④ 無論是左步崩劍還是右步崩劍，雖然都分解為①②動作，但練習動作要連貫，要一氣呵成。

(三)崩劍轉身

崩劍練習至場地邊端時轉身，如右足在前時，左足向前上步落地扣步，如左足在前時，則左足在原地扣步回身。

1.動作過程

① 左扣步轉身橫斬劍

左足向右足尖前外側扣步，重心移向左足，左腿微屈站穩，腳趾抓地，右足抬起至左足內側；同時，刺出的崩劍收回至左胸前，右手持劍內旋，掌心向下，使劍成平劍，刃向左右。身右轉 180°，面對來時方向；右手劍隨身右轉，自左向前、向右平行橫斬，至身體右側與肩平；同時，左手成劍指向身左側平擺撐圓與肩平，兩臂微屈；目

圖 3-33　　　　　　圖 3-34

視前方（圖 3-33）。

②　**右腳橫蹬**

右腿提膝抬起，以腳尖勾起向外擺，用力向前、向上蹬出，腳高與腰齊，左腿站穩；目視前方（圖 3-34）。

③　**歇步劈劍**

右足蹬出後，向前、向下橫足落地，左足跟進半步，右腿微直，左腿屈膝下蹲，左足跟離地，兩腿成歇步型，重心大部分在左足；同時，右手持劍，刁把上提外旋，至頭頂上方，使劍向後、向上掄起至頭頂上方；左手劍指上起至頭頂上方扶於右腕部；隨右足向前落地，右手立劍向前、向下劈出，劍成水平，高與腰齊，右手至右膝前上方；頭向上頂，左肩在前，右肩在後，身形與正前方成 45°。目視劍尖前方（圖 3-35）。

以下動作再接進步掛撥劍，按崩劍左右練習。

圖 3-35

2.動作要點

① 崩劍轉身雖然動作分解為①②③，但它是一個完整的動作。練習時要連貫不停，一氣呵成，最後完成歇步劈劍時，要停住坐穩。

② 崩劍的轉身動作，完全按照崩拳的轉身狸貓倒上樹的動作而設計，是由扣步旋腕、轉身橫斬、橫腳前蹬、歇步劈劍這四個動作組成。只有向右轉身，沒有向左轉身。注意轉身時動作要快，不要低頭彎腰。扣步幅度應盡量大些，左腳扣步要扣到右腳尖的外側，以利轉身和轉身後右腿向前的蹬勁。

③ 劍向回橫斬與左手向左平擺要同時。右足橫腳前蹬注意要收腹提膝，橫蹬時右胯不要送出，要微收。腳的高度最低與腰平，高與肩平為佳。橫蹬腳的時間，是劍橫斬超過正前方之後，馬上起腳橫蹬，不能提前和落後，是劍過而腳起。

④ 歇步劈劍在形意中也叫龍形劈劍，此勢既可雙腿疊坐成歇步，也可雙腿交叉半蹲成剪子股形。右腳蹬出後向前落地時，要盡量向前，腳要有向前下的踩勁。劍向前下劈出與上步落地彎腿下蹲相一致。注意劍向下劈時，頭要向上頂，兩腿要疊緊，動作要穩，兩上臂夾肋，鬆肩頭頂，劍劈中心。

（四）崩劍收勢

崩劍練習至原地起勢位置後即行收勢。無論左足在前，還是右足在前都可收勢。

1.動作過程

① 右退步平抱劍

右足向後退一步，重心後移，大部分重量在右足，左足不動，成左前右後三體勢步型；同時，右手持劍，直線向後拉回，右手屈臂至右肩前；左手成掌，以拇指向下，掌心向外，屈臂抓握劍護手；身微右轉，目視劍尖前方。劍在身前成水平立劍，高與肩齊（圖 3-36）。

② 併步交劍；③ 立正左手反背持劍，動作過程與劈劍收勢相同。

2.動作要點

要求與劈劍相同。

圖 3-36

四、崩劍的勁力

1. 前足進步與雙手握劍向上、向後掛撥,以掛為主,以撥為輔。劍向上掛時,要暗含向左右撥的勁力。左進步劍向右有微撥的勁,右進步劍有向左微撥的勁,但不要過大、過明顯。雙手坐腕是使劍尖向上立起,屈臂回收是劍向後掛。回至左右腰側是暗有撥的技法。雙手握劍既可雙手合握,也可分握,右手在上,左手在下。注意劍向後掛撥時,要控制劍身在身前20公分左右停住,不能觸身。

2. 雙手向前刺出與上步落地要整齊一致,步到、劍到。刺劍之前,雙手上提時,要屈腰、含胸、收臂以蓄勁。劍向前平落時,雙手腕部要伸。向前刺出時,要步催身往,劍尖向前領,長腰沉肩,肩催肘、肘追手,發力呼氣,氣沉丹田,力達劍尖,使劍身顫抖。周身上下完整如一,以此來體現形意劍力猛勁整的風格和無堅不摧的氣勢。

3. 劍要在面前攪動,不管是順時針,還是逆時針繞圓,都是以劍尖和劍柄同時繞立圓,劍身的中部,分前後兩個圓錐的頂點,形成前後兩個圓圈,劍尖圈大,劍柄圈小。以劍的中部始終在身體的中線,向左右後帶劍時,用腰帶臂而帶劍。攪劍畫弧用腕勁,左右後帶用身勁。帶劍時身形微向下沉以蓄勁。

4. 刺出發力要剛猛,配合呼氣,氣沉丹田。劍向前刺出時,雙手微向下落,而身形微向上長。劍向下落有蓄壓的勁, 劍刺出,頭要向上頂。拳譜謂之:「縮身而起,長身而落。」應深刻體會其中的真正含義。

5. 轉身劍向後、向右橫斬,要用轉身的擰腰,腰帶肩、肩帶臂、臂帶劍而完成的劍尖畫弧平行約為370°。

橫斬的用力方向是轉身後的正前方。因此，劍在身左側向前橫斬時要用力，劍至正前方後借慣性繼續向右時，不要加力，要控制方向以接下面的動作。

五、崩劍容易出現的毛病及糾正方法

1. 進步上掛劍時，劍刃觸及身體。

糾正： 劍刃觸身能傷及自己，是練劍之大忌。上掛劍時，坐腕收臂應該用力，右腕的坐腕也就是滿把屈腕。意在使劍身向上豎直，劍身向上豎直之後，再屈肘收臂，右手握劍柄要滿把握緊，控制劍身不得搖晃。同時，雙臂肘部緊貼前肋，使劍柄離身約 20 公分，劍身距肩約 30 公分。

2. 進步攪帶劍，攪劍時劍尖畫圈過大。帶劍時動作僵硬，攪和帶脫節。

糾正： 攪劍繞弧畫圈不要過大，以直徑 30 公分為宜。攪劍用腕勁，手腕要活。帶劍要用腰身帶臂、屈臂帶劍，這樣就不會僵硬了。攪和帶雖是兩種技法，但動作時要一起完成。先攪後帶，攪中有帶，攪中生帶，是一個動作的兩個組成部分。

3. 上步前刺劍，有手臂伸直現象；劍刺出後劍尖亂晃，力點不準；還有劍刺出和上步落地不合現象。

糾正： 崩劍前刺要求臂不能伸直，上臂和前臂之間的夾角在 160°為佳。這樣有利發出全身整勁，有利防守，有利變化。劍刺出後，劍尖亂晃，是劍和手臂沒有形成一體，手臂和身沒有合成一體，是步不穩、身散亂而造成的。因此，劍前刺時，右手緊握螺把，腕部前伸，鬆肩墜肘，兩肘合勁，含胸拔背，頭頂長腰，氣沉丹田，先從慢動作找要領，再從快動作找勁力。

六、崩劍教學訓練法

1. 崩劍教學時，先進行原地的掛撥練習。注意體會手腕的運勁和劍的運行路線，以及掛撥動作完成後劍身所處的位置，這樣反覆練習，以形成正確的動作過程和正確的姿勢定型。然後再和步法配合練習。

刺劍動作要進行姿勢站椿。注意手臂伸出的角度和劍刺出的高矮以及身體各部的姿勢，以期達到所有刺劍都符合規格要求。在崩劍的第二種練法攪帶前刺練習時，也要先進行原地的攪劍畫圈，注意體會圈的大小，手腕、手臂的運勁，正反畫弧的幅度，以及把法的運用和手的內外旋轉，配合要恰到好處，靈活自如、合順。

攪劍熟練之後，再練左右的帶劍。這樣學習和訓練，看起來好像慢一些，但這樣的教學訓練能使技法清晰，動作姿勢規範。這些基本動作掌握之後，再進行手法、步法配合的練習。這就是先分解，後完整的教學法。

2. 在練習時，還是採取先慢後快的練習法。慢練法找動作細節、找身法、找運動軌跡；快練法找勁力，找手腳的合順，找勁力的順達。

3. 在技術動作熟練之後，姿勢定型之後，要加強意念的練習，要帶著敵情去練，拳譜中講「操演面前似有人」，練功時每一招法動作都假想和一強敵搏鬥，這樣以提高和增強技擊意識，這才是練習的關鍵和目的。只有勤練、苦練，才能增長功力。正像拳諺所言：「學藝苦中求，藝在勤中練。」「拳藝無止境，苦練出真功。」

4. 在集體教學時，按口令進行。在練習的過程中，教師要及時糾正學員不正確的動作。

七、崩劍的呼吸

1. 前足進步掛撥或攪帶時要吸氣。

2. 上步前刺劍時要呼氣，以發力呼氣。要短促有力，氣沉丹田。

八、崩劍的技擊含義及用法

1. 崩劍的主要技法就是向前直刺，目標是直刺其胸部。當然刺頭和刺其他部位都可以。應該刺向那些能致敵人於死地、能使敵人喪失戰鬥力的關鍵部位。同時也是敵人的空檔處，實戰時不可拘泥，要視情況而定。

2. 崩劍練法一是上掛撥而前刺，是一種防上而進刺的技法。如對方持劍向我頭部或胸部刺來時，我前足撤步，用劍向上、向後掛撥，護住己身，使其落空，向前進步，前刺其胸。如未擊中，我重心後移保持預備勢，以利再戰。左右相同。步法可以撤步再進，也可撤步再換上步前刺其胸。也可按練習時步法，先進前足，再上後足前刺。總之，步法要靈、要活、要快。防守時要身械協調，技法嚴密。進攻時，步法要快，氣勢要猛。

3. 崩劍練法二之左右絞帶前刺，它的技擊含義是：我劍的攪繞畫弧是找對方的來械，向後帶是以劍身順其勢黏帶，使其偏離我身，而速進步向前刺其胸。實際運用時，如對方持劍向我胸部刺來時，我左足可以撤步，也可向左前方進半步，如對方勢猛，也可後足退步，前足撤步，意在閃格避讓。以我劍身的中段和前段攪繞畫弧找其械，向右後帶，意在黏住敵械，使其偏離我身，借其回抽之時，上步前刺其胸。動作要快、要狠，意要有穿透力。左右相

同。

4. 崩劍在用力前刺時，既可用單手，也可用雙手合握劍柄前刺，以加大力量。

5. 崩劍扣步轉身橫斬是返身顧後的技法。既有回身一劍斬擊敵人的含義，又有回身用劍橫掄撥開敵械的用法。回身橫掄撥開敵械時，劍尖高與腰平，劍柄高與肩平而回掄，意在撥斬。如對方欺身而進，我速起右腳向前橫蹬，緊接再進步向前雙手劈劍，劈勁之中暗含刺勁，劈械、劈身。

6. 要想崩劍的技法能夠達到實際應用的地步，光憑艱苦的演練還不行，還要進行實際對抗，以培養技擊中的靈敏、力量、速度等。實戰中嫻熟的技法固然是重要的，但還應具備高度的反應能力、判斷能力、應變能力和精確的時間、空間、距離等綜合感覺能力。同時，還要加強技擊意識的培養，以提高和建立勇敢善鬥，頑強拼搏，敢打必勝的心理素質。

九、崩劍歌訣

崩劍技法氣勢雄，步進身進向前沖。
左右上掛須坐腕，搖身絞帶刺其胸。

第五節　炮　劍

一、概　述

五行劍中的炮劍，這是一種左右撩劍的技法。《中國武術大辭典》解釋為：「撩劍是用劍的下刃，由下向上撩

擊稱為撩劍。撩劍分正手撩劍（正撩）、反手撩劍（反撩）。撩劍時，一般沿身體左側或右側弧形向前，向上撩出。」

《武術競賽規則》要求：立劍，由下向前上方為撩，力達劍身前部。正撩劍前臂外旋，手心朝上，貼身弧形撩出；反撩劍前臂內旋，餘同正撩。」在炮劍中左步炮劍為正撩劍，右步炮劍為反撩劍。步法與炮拳步相同。由於左右撩劍的動作形象，與炮拳有些相同，所以，正反撩劍的動作在五行劍法中定名為炮劍。雖為撩劍，但與一般撩劍不同，內中含有攔刺之技。

二、炮劍內容

炮劍技法包括進步架帶和上步撩劍。架帶是架劍和帶劍的結合，架劍是立劍，橫向上為架，劍高過頭，力達劍身，手心朝裡或朝外。帶劍是平劍呈立劍由前向側後或側後上方抽回為帶，力達劍身。

三、炮劍練法

(一)右步炮劍（由形意劍預備勢開始）

1.動作過程

① 左進步左架帶劍

左足向前進半步，右足跟進至左足內側不落地；同時，右手持劍，左手劍指扶於右腕部，由腹前向上撩劍架起，並向左側後方抽帶；右手外旋，使手心朝裡，右臂屈肘，右手劍柄高與左耳齊，劍下刃向上成立劍，劍尖略低

於劍柄，指向右前方；身微
左轉，含胸收腹，目視劍尖
前方。右手滿把握柄（圖
3-37）。

　②　右上步反撩劍

　　右足向右斜前方上一大
步，左足跟進半步，成前四
後六三體勢步型；同時，右
手向左、向下，再向右斜前
方伸臂撩起，使劍貼身左側
向斜前撩出，右手隨之內
旋，手心向外，右腕前伸螺
把握劍柄，右臂微屈，右肘
揚起，右手劍柄高與耳齊，
劍尖高與胸齊；左手劍指扶
於右腕；身形微向後坐，力
達劍身前段，頭向上頂，目
隨劍走，注視劍尖前端（圖
3-38）。

2. 動作要點

　　①　左足進步與劍撩架
左帶上下一致。

　　②　右上步撩劍要步落
劍到，上下一致。

　　③　右步炮劍是一個完整的動作，雖分進步架帶和上步
撩劍，兩個動作中間不停，要連貫協調，一氣呵成。

圖 3-37

圖 3-38

（二）左步炮劍

1. 動作過程

① 右進步右架帶劍

右足向正前方進半步，左足跟進至右足內側不落地；同時，右手持劍，使劍尖自右斜前方向左斜前擺，向下、向左，再向上撩架，不停再向右側拉帶，至右耳側；左手劍指扶於右腕，劍尖指向左斜前方，略低於劍柄；身微右轉，目視劍尖前方（圖3-39）。

圖 3-39

② 左上步正撩劍

左足向左斜前方上一大步，右足跟進半步；同時，右手持劍，自右側上方向右後方畫弧擺落至右腰側時，左手劍指經胸前下落，再向左斜前方畫弧上擺，至頭頂左上方；右手握劍柄外旋使手心向上，使劍自右腰側向左斜前方撩出，右臂微屈，右手劍柄略高於

圖 3-40

肩，劍尖高與胸齊；身微左擰，右肩向前順，頭向上頂，眼先隨左手劍指向左看，再目視劍尖前方（圖3-40）。

2.動作要點

① 左上步撩劍為正撩劍，上步與劍的撩出要上下相合，整齊如一。

② 炮劍即左右撩劍勁力要完整，身械要合一。

③ 前腳進半步與劍的向上架帶，動作要上下一致。

(三)右步炮劍

1.動作過程

左進步左架帶劍

左足向前進半步，右足跟進不落地；同時，左手劍指扶於右腕；右手持劍先使劍尖向下，再向右前方、向上畫弧架起，拉回至頭左側；以下動作同前。左右炮劍動作相同，練習次數不限，視場地大小而定。

2.動作要點

與前同。

(四)炮劍回身

1.動作過程

（1）練至右步反撩劍時，轉身動作如下：

① 右扣步掛劍

右足向左足尖前扣步，重心移向右足，左足抬起至右足內側，向左轉身225°，面對來時方向；同時，左手劍指扶於右腕；右手持劍，以腕部為圓心，劍尖向下、向左、

圖 3-41

圖 3-42

向上，再向前繞一圓；目視劍尖（圖 3-41）。

② **左上步正撩劍**

左足向左斜前方上一大步，右足跟進半步；同時，左手劍指自身右側向下、向左斜前上方畫弧撩出；右手持劍手外旋，貼身右側向前、向上撩出；左手劍指擺至頭部左上方，撩劍與前同；目隨劍指，定勢時看劍尖前方。以下練習同前（圖 3-42）。

（2）練至左步正撩劍，轉身動作如下：

① **左扣步剪腕**

左足向右足尖前扣步落地，重心移向左足，右足抬起至左足內側；同時，左手劍指下落扶於右腕；右手持劍，以右腕為中心，劍尖向下、向後貼身右側，再向上、向前畫一圓弧，右手鉗把；目視劍尖（圖 3-43）。

② **轉身右上步反撩劍**

身右轉大於 180°，面對來時方向，右足向右斜前方上

圖 3-43　　　　　　　　　圖 3-44

一大步，左足跟進半步；同時，劍貼身左側向前撩出。以
下再接左右練習（圖 3-44）。

2.動作要點

①　扣步與劍的剪腕動作，上下要一致。剪腕時腕要
活，用鉗把，扣步幅度要大。

②　轉身、上步、撩劍動作要連貫不停，一氣呵成。

③　轉身時不能低頭哈腰，要保持身體脊柱的正直，注
意頭向上頂，轉身要快，上步要遠，撩劍要猛。

（五）炮劍收勢

炮劍練至原出勢位置欲收勢，不論是左步炮劍，還是
右步炮劍，收勢動作都是右足向後退一步，重心後移，大
部分重量在右足。右手持劍向後直線拉回至右肩前，右手
內旋，手心向外，劍身要平。左手心向外，反手抓劍柄，

目視劍尖。以下動作同劈劍收勢。

四、炮劍的勁力

1. 在尋找動作的勁力上，要遵循這樣的原則，「上一動作的結束，就是下一動作的開始」。從勁力上講，上一個動作是為下一個動作做蓄力準備。

2. 劍的撩帶要橫劍上架，至頭前方時，再向後抽帶。注意動作要走身法，以腰身帶手而走。右手要走一小橢圓弧形，劍尖走一大橢圓弧形。向左後架帶，手握把外旋，向右後架帶，手握把內旋，把法隨劍走而靈活轉換。

3. 反手撩劍注意劍撩出的高度要有定點，不能忽高忽低。劍走的路線要貼身左側而向前反手撩出。發勁時，腰身先蓄而後發。注意身法講究欲前先後，欲左先右。劍欲向右斜前方撩時，應先向左後方蓄勁，這樣勁力順達，撩劍有勁。腰要先蓄而後長，肩要先合而後開，運勁於劍身中段。

4. 正手撩劍要貼身右側向斜前撩出，右手要隨走隨外旋，右手要螺把，劍把先向前領帶，注意劍尖不能觸地，右肩要前順，左手向前領帶而發勁。發勁時，身有微向下坐之意。

5. 特別值得一提的是：炮劍既可以用單手撩，也可以雙手握劍撩出，雙手力大，單手靈活。炮劍在發勁最後的剎那間，用腰部帶肩微向後錯拉，以催動劍身產生向後刺的寸勁。這一點也是形意劍的顯著特點之一。像這樣的精華，不經名師指點，不經過自己刻苦練習和認真鑽研的人，是領悟不到的。

6. 撩劍的運行路線在手、在腕，而源於肩；撩劍的發

勁在肩、在肘，而源於腰；把位的靈活在手、在指，而源於腕。

7. 運劍時手腕的內外旋轉和剪腕時手腕的運勁，要隨走隨轉，隨走隨翻。手腕和把法要靈活。所有的技法發勁時，必須遵循「固把擊發」的原則，發勁時把要緊握。這是所有器械在發勁時的共同要求。

五、炮劍容易出現的毛病及糾正方法

1. 左右上步撩劍時，劍撩出的方向不準，沒有定點，發力不整，劍身搖晃，這些現象在初學時經常出現。

糾正：首先劍撩出的方向是前腳尖所指的方向。也就是練習時斜前方45°。注意頭要正，眼要看準方向，關鍵是眼要找準方向，眼隨劍走，眼領劍去。劍撩出沒有定點、發力不整、劍身搖晃，主要是身、械沒有合一而造成的。要想達到身、械合一，首先，應對撩劍定勢按動作規格要求進行站樁練習，以求定型。然後，再從慢練過渡到快練。

2. 炮劍練習過程中在連接左進步左架帶或右進步右架帶動作時，動作銜接之際，劍尖指向不明，也就是劍在做左右架帶時起始的動作。

糾正：自左右撩劍的定勢開始，做左右架帶時，注意劍尖先向下畫弧，然後再向左右斜前方上架，向後帶，劍尖應指向左右撩劍的方向。

3. 左右撩劍時，把法過死不活，劍未貼身。

糾正：撩劍動作時，要先走把，劍把先行，注意勁力要貫注於劍身的中段。運行時劍要貼左右身側而行。撩劍要用螺把，運行時手腕要靈活，注意手腕的內外旋轉和手

臂彎曲度。

六、炮劍的呼吸

1.左進步左架帶和右進步右架帶動作時要配合吸氣。

2.左右上步撩劍時要配合呼氣，這種動作與呼吸的配合方法是在炮劍正常速度練習中的方法。還可以採用長吸短呼，以注重發勁。

七、炮劍教學訓練法

1.炮劍在教學時，首先對組成炮劍的技法架帶和撩法講解清楚，何為架帶？何為撩？把這些技法的要求和規格講清楚，做示範動作要標準。技法講解語言要簡潔，如撩劍是以劍的下刃朝上，由下向前上方畫弧揮出為撩劍。正撩手外旋，反撩手內旋。架帶的技法是要先有架劍的形式，也就是橫劍向上，再有後帶的勁。是指運行過程。架帶是架劍和帶劍兩個技法的結合。架中有帶，帶中有架。架劍在手臂，帶劍在腰身。

2.先在原地進行技法練習，以體會左右技法的運行路線，把法的轉換，身勁的運行，劍的方向、高低、指向以及劍刃的朝向等。這些動作基本掌握之後，再結合步法一起練習。

3.進步架帶口令為①，上步撩劍為②。如此循環不已。轉身動作口令：扣步剪腕為①，轉身上步撩劍為②，收勢動作與劈劍相同。

4.炮劍練習中特別是左右撩劍的定勢動作，要進行姿勢定型的站樁練習。以求形正、力順、勁足、神滿、氣充。定勢站樁的練習，只是一種練習的手段，關鍵還是技

法的掌握和動作的完整。學習動作時，必須由自己的模仿和演練，在自己的練習過程中，要不斷地修正、完善技法。為鞏固動作，要反覆不斷操練。學習是手段、是過程。關鍵是練，要練會動作，練懂技法，練深功力，練強身體和意志。

八、炮劍的技擊含義及用法

1. 炮劍的進攻主要是撩擊，既可以撩開對方的器械，又可撩擊對方的手臂及腿，還可進步進身撩擊對方的腹胸等。但注意如對方劈棍、劈槍和大刀的劈砍等力大勢猛的技法打來時，不易撩擊，這些器械沉重而力大，劍輕利而薄，不能硬碰，應「避青入紅，逢隙而進」。所謂「避青」，就是不以硬力抗擊對方兵器，「入紅」是指出劍見紅，一擊命中。撩的技法既是一種進攻的招術，也可以算是防守的技法，是攻守兼備，可攻可守。守時以撩的技法破開敵械，攻時以撩的技法沖向其身。

2. 炮劍的步法在實用時，前腳可進、可退，全視當時對敵情況而定。如敵來勢凶猛則可退步，如敵距我較遠則前腳可進步，進步可直進、也可斜進，審時度勢隨意而定，進步撩、退步撩、左右斜步撩。後腳上步要步催身而往，向前沖撞，氣勢要勇，動作要快。

3. 右步炮劍是由進步左架帶和上步反撩劍構成的。從動作結構和技法內容來分析，右手旋腕橫架意在橫劍架開敵械，以動作準確和防護嚴密為原則。在橫劍上架的過程中，要向左後方帶領，意在黏住敵械順勢後領，使其落空，緊接上步反撩，近則撩敵腹胸，遠則撩敵手臂。關鍵是一個「勇」和一個「快」字。左步炮劍與右步炮劍用法

相同，只是正撩、反撩的不同而已。

4. 炮劍在練習時動作幅度大，在運用時幅度要小，動作幅度小是為了快。「拳無不破，惟快不破」。幅度大是為運勁。只要運劍由下向前上，以劍的下刃，向上擺撩的動作和技法都屬於炮劍的用法。順械削手、削臂、破腹、擺胸，全憑自己靈活運用，以達到「致人而不致於人」視為最高的技擊原則。

5. 炮劍技法可單獨運用，但更多的情況下是結合其他技法而組合運用。它可以結合劈劍、鑽劍、崩劍的技法而發揮威力。如劈劍向前劈落發勁之後，右腕內旋使劍下刃向前、向上撩擊。劍法向前撩擊之後，迅速剪腕繞圓再向前劈擊。也可反手下刺（鑽劍）。之後如不中，速進前步向上撩劍；也可在對方向我下方刺來時，我用劍向下後掛，再順其械向前削其手，撩其襠，找其腕等。故兵法云：「故兵無常勢，水無常形；能因敵變化而取勝者，謂之神。」

九、炮劍歌訣

炮劍技法正反撩，斜身拗步勁透梢。
架帶身轉隨步走，撩在肩肘勁在腰。

第六節　橫　劍

一、概　述

五行劍中的橫劍是一種左右橫向斬抹的技法。武術競賽規則對斬劍的要求：「平劍向左、右橫出，高度在頭與肩之間為斬，力達劍身，臂伸直。」「抹劍：平劍，由前

向左右弧形抽回為抹，高度在胸腹之間，力達劍身。」橫劍是這兩種技法的結合，既有橫向斬擊，又含有向後拉抹的技法。這樣，既增加了橫劍的威力，又突出了橫劍的整勁和身、械合一的特點。橫斬在手臂，抹勁在腰身，以突出形意的風格和特點。

二、橫劍內容

橫劍的技法是由進步左右格掛和上步左右橫斬所組成。技法中的動作路線與橫拳相同，走左右的之字形。

三、橫劍練法

（一）右步橫劍

1.動作過程（自形意劍預備勢起）

① 左進步右格掛

左足向前進半步，右足跟進至左足內側不落地；同時，右手持劍，左手劍指扶於右腕，右手在身前，使劍尖自前向右格、向後掛，再向左經面前畫弧。兩手在身前繞一小圓，右手繞至身左前方時，右手內旋，手心向下，右手螺把，使劍成平劍，刃向左右；目視劍尖，眼隨劍走（圖3-45）。

圖 3-45

② 上步右橫斬

右足向右斜前方上一大步，左足跟進半步，大部分重量在右足，成前四後六步型；同時，右手滿把握劍，使劍自左前方向右斜前方平行揮臂橫斬，劍尖指向右斜前方，右臂微屈拉抹，右手心向下，劍尖略高於肩，右手劍柄略低於肩；左手劍指扶於右腕；頭向上頂，目視劍尖前方。為了加大橫劍的刺勁，右手可以拉至右腰側，注意頭要上頂（圖3-46）。

圖 3-46

2.動作要點

① 左足進步與劍在身前繞弧畫圓要上下協調一致，注意劍尖和劍把的位置。

② 右足上步與劍橫斬要整齊如一，手腳齊到。

（二）左步橫劍

1.動作過程

① 右進步左格掛

右足向正前方進半步，左足跟進至右足內側不落地；同時，右手持劍，左手劍指扶於右腕部，以劍尖向前、向左格，再向後掛，經面前繞向右畫弧，右手腕外旋至手心向上，兩手在身前繞一小圓，至身前右側，兩臂彎曲在胸

圖 3-47　　　　　　　圖 3-48

前；目視劍尖，隨劍而走（圖 3-47）。

　　②上步左橫斬劍

　　左足向左斜前方上一大步，右足跟進半步，成左前右後三體勢步型；同時，右手滿把握劍，手心向上，自右向左斜前方伸臂平行橫斬，至左前方時，右臂屈，右肘在心窩前；左手劍指伸於頭左上方，劍尖略高於肩，力達劍身前段；眼隨劍走，目視劍尖前方，頭向上頂，氣向下沉（圖 3-48）。

　　以上練習，左右相同，練習次數視場地大小和體力而定。

2.動作要點

　　①前足進半步與劍左右格掛繞圓動作，要上下一致。左進步右格掛，右進步左格掛。

　　②向右橫斬劍與右足上步落地要上下一致，向左橫劍

與左足上步落地要整齊如一。

③ 左步橫劍與右步橫劍各是一個完整的動作。練習時，中間不要停頓。動作要連貫，要一氣呵成。

(三) 橫劍轉身

無論練習右步橫劍或是左步橫劍，欲轉身時，都是前腳向後腳尖前扣步而轉身。以左步橫劍為例：

1. 動作過程

① 左扣步轉身格掛

左足向右足尖前扣步，扣步幅度要大一些，重心移至左足，右足抬起至左足內側不落地，兩膝併攏，身右轉270°，面對來時方向；右手持劍，左手劍指扶於右腕，劍隨右轉身，自左向右畫弧橫格，再向後掛，經面前向左繞一圈弧，右手在劍繞至左前方時內旋，手心向下，劍橫刃平；眼隨劍走（圖3-49）。

② 右上步橫斬劍

右足向右斜前方上一大步，左足跟進半步；同時，右手持劍，使劍自左前方向右前方畫弧，伸臂橫斬，右肘微屈，右手滿把，手心向下，劍尖指向右斜前方。劍尖略高於肩，右手劍柄低於肩；左手劍指扶於右腕；頭向上頂，目視劍尖前方（圖3-50）。

左右轉身動作相同，惟左右互換。

2. 動作要點

① 轉身時要先扣步後轉身，轉身與運劍畫弧繞圓動作要上下一致。扣步幅度要大，頭要上頂，身體保持正直，

圖 3-49 　　　　　　　　圖 3-50

注意重心的移動，不要低頭彎腰，扣步的位置要在後足尖的外側，不要遠離後腳，以免重心移動過大而不穩。

②轉身後劍的格掛，動作要連貫，銜接要圓順，不留痕跡，運轉要柔蓄，注意身法。

③右足上步與劍向右橫斬，上下要整齊，動作要一致。充分發揮轉身旋轉之勁，以腰帶肩帶臂帶手，以劍橫斬，暗含刺勁。

（四）橫劍收勢

橫劍練習至原出勢位置時，無論是左步橫劍還是右步橫劍都可收勢。

1.動作過程

①右退步劈劍

如果是右步橫劍時，右足向後退一步，重心後移在右

圖 3-51① 圖 3-51②

足，成左前右後三體勢步型；同時，右手持劍，左手劍指
扶於右腕，右手內旋，使劍尖向前、向下、向體左側、向
右畫弧繞圓，再向上、向前掄起，向前下劈落（圖 3-51①
②）。

　　如果是左步橫劍時，右足
向後退半步，左足隨之後撤至
右足前；同時，右手持劍外
旋，使劍尖向前、向下、向體
右側畫圓掛起，再向上、向前
劈落；同時，左足稍向前進一
小步，右足不動成三體勢步型
劈劍姿勢，規格要求與出勢相
同（圖 3-51③）。

　　②抽劍平抱；③併步交
劍；④立正收勢，這三個動作

圖 3-51③

與劈劍相同。

2.動作要點

① 退步重心後移與右手劍向下掛、向上掄起、向前劈落，動作要協調一致。注意右手腕部要內外旋轉，握把要活。

② 整個收勢動作，精神要飽滿，氣勢要完整，動作要乾淨俐落，注意左手抓握劍柄要準確，劍身緊貼前臂。

四、橫劍的勁力

1. 劍格掛繞圓時，劍尖在上，兩手在胸前繞圓，使劍身繞一個上大下小的圓錐體。練習時，繞圓畫弧要大一些，運用時圈要小，要注意用身勁，以腰身帶手，以手運劍，要從「欲左先右，欲右先左」的原則中去體現身法。練習時，動作要協調柔和，意貫周身，精神飽滿。從大圈中找勁力、找技法，從小圈中找實用、找快速。

2. 右橫劍螺把手心向下，左橫劍滿把手心向上。橫劍的發勁要遵循「過中發勁」的原則。「過中」就是劍尖繞過面前之後謂之過中，過中之後要加速運轉而發勁。發勁時，手的運劍要和身勁、腰勁相配合，以腰帶肩、以肩帶手、以手運劍。

3. 運勁的原則是：「上一動，要為下一動做好發力的準備。也就是上一動的勁力結束，正好是下一動的蓄力開始。」這一點在練習時要仔細體會。

4. 橫劍，不但有左右平行橫斬的勁力，而且還暗含著向後拉的勁力。它是在橫劍的最後剎那間，用腰身的轉動，以增加劍身向後的移動而產生的拉勁。此拉勁要和橫

斬緊密結合，它是橫斬的延續。為加大拉勁，在動作中要提前做好準備，右臂要適當向前伸而橫斬，坐腰沉肩，墜肘而拉，意念向前，頭向上頂。橫劍的拉勁是形意劍的特點之一。它不但是一種勁法，更重要的它是一種技法。它是一種暗含的、不易被人察覺的、殺傷力非常強的技法，歷來被形意拳界視為秘技而不輕易外傳。

5. 橫劍練習時，既可單手持劍，也可雙手合握劍柄，以增大力量。單手用於演練，雙手用於實戰。在練習時，橫劍斬擊，右手既可以在左右斜前方，也可以向後拉回至左右腰側上方，這樣以加大刺勁。雙手合握時，同樣如此。形意劍法中最注重的是以身運劍，身劍合一，把全身的整勁貫注到劍刃上，器械只是手臂的延長。強調氣勢威嚴而勁整，技法簡單而實用。

五、橫劍容易出現的毛病及糾正方法

1. 劍做格掛動作時，右手劍柄抬得過高，致使劍在繞圓畫弧時形成雲劍，這是錯誤的。

糾正：應明白動作的技擊含義，有利於更好地掌握動作，做格掛動作時，右手劍柄應在身前的腰部以上，肩部以下的範圍內，以胸部為中心。

2. 劍做格掛動作時，右手握把過死，繞圓畫弧動作不協調，身法僵硬而未配合動作。

糾正：劍身向左或向右做格掛動作時，右手要緊握劍柄，劍身經面前繞弧時，右腕要活，手要鬆握，以利運劍的靈活。身法應在放鬆的情況下，認真的體會「欲左先右，欲右先左」的用勁原則，要想身法配合協調，惟一的竅門就是苦練，「練中加思，由思生巧」。

3. 橫劍在橫斬時，手臂伸得過直，完成時劍身不穩，方向不準。

糾正：橫斬時，右手臂不能伸得過直，要保持一定彎度。要找既有利於發勁，又有一定遠度的適合角度，充分發揮腰肩的勁力，要有彈性。定勢時劍不穩是由揮劍橫斬速度過快，力量過大控制不住而產生的。方向不準，也是由慣性過大控制不住劍身而產生的。練習時速度的掌握應是慢、快、慢，由腰肩蓄勁要慢，遠臂橫斬要快，最後坐腰、沉肩、墜肘而收臂要控制住劍身，全身上下內外完整如一，形成整勁。劍尖所指的方向應是前腳尖所指的方向。

六、橫劍教學訓練法

橫劍的教學訓練：先求正形，後求勁整；先學分解，後練完整；先慢練找法，後快練找勁。

1. 橫劍初學時，先在原地學練劍的格掛動作，注意右手把法的變換及在身前位置的高矮，按動作規範要求。辨清劍法格和掛的區別，動作是先格後掛，劍的用力部位是劍身中段，以上刃為著力點，在原地運劍繞圓畫弧練習格掛。

2. 橫斬劍的定勢進行站樁練習，左右都站，以求形正。站樁時，注意方向角度、劍的高矮、手臂的狀況及身形的氣勢等，不但要注意前手的位置，還要注意肘部的位置，要舒適合理。

3. 配合步法完整動作練習，集體練習時，按老師口令進行，先慢後快。這一段要多練習，「久練久熟，熟能生巧，巧能生精」。在練習的過程中要找勁力，先蓄而後發，蓄勁宜長，發勁宜短，「蓄勁如開弓，發勁如放箭」。

4. 提高技擊意識，在熟練掌握技術之後，在自己的練

功過程中，要集中精力，帶著敵情練功，這樣練功，出功較快，收穫較大。

七、橫劍的呼吸

1. 前足向前進半步，劍做格掛動作繞圓畫弧時吸氣，吸氣要滿、要勻。

2. 後足上步，劍向左右橫斬時呼氣，呼氣要快。

3. 在動作慢練不發力時，呼吸要自然，以舒適為度。

八、橫劍的技擊含義及用法

1. 橫劍技法的主要技擊作用，就是用劍的下刃向左右橫向斬擊。目標是找敵人的脖項。脖頸是人體的薄弱環節，也是致命之處。用較小的力，收效較大。

2. 從橫劍的整個技術動作來看，進步格掛是防護。實用中步法可進、可退，也可閃避。如對方用槍或劍向我中上部刺來時，我持劍向左或向右順勢格掛，格法使其偏離目標，掛法順其前來之勢向後引帶。功夫深的老前輩有以此法把敵手中的器械奪出來，使其敗北。但此非一日之功。

3. 上步橫斬是我劍格掛敵械之後，速上步近身，翻腕以劍的下刃橫斬敵脖項間。在技法的運用上，只要用上橫斬，不管是斬擊敵人的頭部、脖項，還是胸、腹部、手臂等，都算是橫劍。

4. 另外，橫劍的運用，必須結合其他各種劍法，在得機得勢時運用，一旦得勢要連續進招，或劈或刺或撩直至勝利，不容敵人喘息。如敵持槍或棍向我扎來時，也可用橫劍順其杆向前削其手臂。

5. 形意劍的用法重在後發制人，「敵不動，己不動，

敵微動，己先動，後人發，先人至。」要建立敢字當頭，不能有怵敵之心。怵敵則恐懼，不戰則輸矣。要遵循戰略上藐視，戰術上重視的原則，建立必勝的信心。當然，信心的建立是以精熟的技術為後盾，沒有精熟的技術，那只是盲目的亂打，必敗無疑。精熟的技藝，是靠平日刻苦的研練和經常的實踐總結而獲得的。

九、橫劍歌訣

橫劍技法取敵項，臨敵不懼膽要壯。
左右格掛順勢斬，沉肘坐腰勁內藏。

第七節　五行連環劍

一、概　述

連環劍是在五行劍的基礎上，按連環拳的布局結構，結合劍法的特點而組合編成的一個短小精幹的套路。在民間流傳較廣，深受廣大群眾的喜愛。

連環劍的套路各地區、各支派都不盡相同，各有特點。但它們的共同特點是：必須有形意拳的步法，有形意的勁法，能表現出形意的風格和特點，因它是在形意拳的理論指導下產生的，如果沒有形意的味道，那就失去了形意劍的本質。雖然，社會上形意連環劍不少，但真正能體現出形意特點的並不很多。

連環劍共有十六個動作，返身回來還是這十六個動作的重複，它包含五行劍全部技法。從技法上講有劈、刺、斬、撩、攉、絞、掛、帶、提、格十種技法。整個套路的

特點是：技法嚴密緊湊，簡捷實用，勁整力充，動靜相間，節奏分明，完整飽滿，形神合一，剛柔相濟。

二、連環劍動作順序名稱

（一）起 勢

（二）進步崩劍（帶劍前刺）

（三）右步崩劍（上掛刺劍）

（四）右步下鑽劍（絞提下刺劍）

（五）右步劈劍（下掛掄劈）

（六）提膝崩劍（提膝絞劍平刺）

（七）回身藏劍（回身劈劍）

（八）右步崩劍（上掛刺劍）

（九）翻身提膝劈劍

（十）右步炮劍（右撩劍）

（十一）左步橫劍（左橫斬劍）

（十二）右步橫劍（右橫斬劍）

（十三）左步鑽劍（絞帶撑刺劍）

（十四）蓋步回刺（撑身後刺劍）

（十五）上步探刺（探身前刺劍）

（十六）右步劈劍（左掛劈劍）

（十七）崩劍回身（狸貓倒上樹）

以下再重複動作（二）～（十七）至原地收勢。

（十八）收 勢

三、連環劍練法

(一) 起 勢

形意五行劍預備勢。

1. 動作過程

① 立正左手反背持劍

立正姿勢，面向練習方向 90°；左手反握劍柄，使劍身緊貼左臂，劍尖向上，兩臂自然伸直垂於體側；目向前方平視（圖 3-52）。

圖 3-52

② 右手接劍

兩足不動；兩臂側平舉與肩平；向左轉身 90°；左手不動，右手向前抓握劍柄，左手成劍指；眼平視前方（圖 3-53）。

③ 右退步劈劍

右足向後退一步，重心後移，兩腿成三體勢步型；同時，右手握劍柄，使劍尖自後向上、向前、向下畫，劍成立刃，劍尖高與鼻齊，右手劍柄拉至腹前一前臂左右；左手劍指扶於右腕；頭向上頂，目視劍尖前方（圖

圖 3-53

圖 3-54①　　　　　　圖 3-54②

3-54①②）。

2.動作要點

① 左手持劍要穩，劍身不得晃動，右手抓劍要準確。

② 劍向前下劈落與右退步要完整一致。勁力要沉穩，氣勢要飽滿，精神要貫注。

(二)進步崩劍（帶劍前刺）

1.動作過程

① 左進步右帶劍

左足向前進半步，右足不動，重心前移至兩足之間；同時，右手握劍柄，內旋上提，向後拉帶至身右側，右手略低於肩，劍身要平，使劍尖繞一小圓弧，劍尖始終朝前方；左手劍指扶於右腕；身微右擰，目視劍尖前方（圖 3-55）。

② 右跟步前刺

右足向左足後跟進半步，兩腿成崩拳步型，右足震腳發聲；同時，右手微旋劍成立刃，向前用力刺出，高與胸齊，力達劍尖，右臂微屈；左手劍指扶於右腕；下頦內收，頭向上頂，目視劍尖前方（圖3-56）。

圖 3-55

2.動作要點

① 左足進步與劍的後帶動作要一致。
② 右足跟步震腳與劍的刺出要整齊如一。

圖 3-56

(三)右步崩劍(上掛刺劍)

1.動作過程

① 左進步上掛劍

左足向前進半步,右足跟進不落地;同時,右手滿把握坐腕,下落屈臂收腹前,使劍尖向上、向後掛,至身前右側方,劍尖朝上,劍刃距身前約20公分;左手劍指扶於右腕,兩肘貼肋;含胸收腹,目視前方(圖3-57)。

② 右上步前刺

右足向前上一大步,左足跟進至右足後方,與崩拳步法相同;同時,右手劍柄上提至胸,使劍尖向前下落成水平,右手用力向前刺出,力達劍尖,高與胸齊;左手扶於右腕;頭向上頂,目視劍尖前方(圖3-58)。

2.動作要點

① 左足進步與劍向後掛要一致;右足上步落地與劍向前刺出,要步到劍到。

② 掛劍時,劍身要由前向後掛帶,要滿把坐腕。回拉而掛,屈肘上提蓄勁,伸臂而刺,掛劍和前刺動作要快,中間不停。

圖 3-57

形意拳械精解(下)

圖 3-58

（四）右步下鑽劍（絞提下刺劍）

1.動作過程

① 左退步絞提劍

左足向後退一步，重心後移，右足隨之後撤至左足前，腳尖點地；同時，右手握劍柄，內旋使手心向右，自前向下再向上提起，至右肩前方，使劍尖自前向下繞弧，絞而後帶，劍尖高與胸齊。身微右轉；左手劍指扶於右腕；目視劍尖前方（圖3-59）。

圖 3-59

② 右上步下刺劍

右足向前上一大步，左足跟進半步，成四六步型；同時，右手劍尖向前下，反手向前下刺出，右臂前伸微屈，右肩前順，右手劍柄高與胸齊，劍尖高與膝齊。右手虎口向前下方；左手劍指上擺至頭部左上方，左臂撐圓；目視劍尖前方（圖3-60）。

圖 3-60

2.動作要點

① 左足退步與劍畫弧絞提的動作，上下要整齊一致。右手內旋而絞，屈肘上提而帶。要以腰帶肩，以肩帶肘，以肘帶手，以手運劍。

② 右足上步與劍向前下刺出，動作要一致。劍向前下刺出時，要擰腰順肩伸臂而刺，左手上擺反向對稱配合以勁，使全身完整如一。

（五）右步劈劍（下掛掄劈）

1.動作過程

① 左上步下掛劍

左足向前上一步，左足橫落，兩腿彎曲，右足跟微抬起，重心在兩腿之間；同時，右手滿把握柄；左手劍指下

圖 3-61　　　　　　圖 3-62

落扶於右腕，使劍尖向下、向後掛，至身左側後方；身微左轉，目視劍尖（圖 3-61）。

② 右上步掄劈劍

右足向右斜前方上一大步，左足跟進半步，兩腿成前四後六三體勢步型；同時，右手持劍內旋，上提至頭頂上方，使劍尖向後、向上畫弧，右手滿把掄劍向前、向下劈落，劍身平成立刃，高與腰齊；左手劍指向後、向上畫弧擺於頭頂左上方；目視劍尖前方（圖 3-62）。

2.動作要點

① 左足向前蓋步與劍向身左側下掛動作要一致。右足上步與右手掄劍前劈和左手劍指上擺，動作要上下前後整齊一致。要齊起齊落，掄臂要有力，力達劍身中前段。

② 整個動作要完整一致，中間不停。上步要大，跟步要快。劍劈出要有定點，不但有向下劈的勁，還應有向後

拉的勁，用沉肩墜肘而拉。

（六）提膝崩劍（提膝絞劍平刺）

1.動作過程

①　右進步絞劍

右足向前進半步，左足不動，重心前移在兩足之間；同時，左手劍指下落扶於右腕；右手螺把持劍，右手運劍，使劍尖向右、向下，再向左、向上畫弧繞一圓，隨之屈臂，雙手捧劍於胸前，右手微外旋，手心向上，使劍平刃，劍尖高與胸齊；目視劍尖前方（圖 3-63）。

②　提膝平刺

重心前移至右足，左腿屈膝提起，右腿獨立站穩；同時，雙手向前伸臂水平刺出，劍成平刃，劍尖略高於肩；左手成掌，捧於右手外；頭頂鬆肩，氣向下沉，力達劍尖，目視劍尖前方（圖 3-64）。

2.動作要點

①　右足進步與絞劍相一致，提膝與捧劍前刺動作要相齊。

②　絞劍以劍尖順時針畫圓，繞圓直徑約 20 公分，右手腕部要活，動作要圓活，用柔勁，意貫劍尖。

③　重心前移而手臂隨之屈肘捧起，劍平刺要力達

圖 3-63

圖 3-64

圖 3-65

劍尖。

（七）回身藏劍（回身劈劍）

1. 動作過程

① 回身掄劈

左足向後落地，身左轉 180°，面對來時方向，兩足原地擰轉，轉身後重心前移至左足；同時，右手持劍外旋，揚肘上提至頭頂上方，隨轉身後，向前、向下劈落；左手劍指扶於右腕，兩臂微向前伸，劍尖高與胸齊；目視劍尖前方（圖 3-65）。

② 左掛劈拉

劍劈下落後以右腕為軸心，使劍尖向下、向後經身左側，向上、向前，再向下劈；左手劍指扶於右腕；此時重心後移，大部分重量在右足，成三體勢步型；同時，右手

握劍柄，向下、向後拉回至身右側後方。使劍成立刃，劍身貼在右大腿外側，劍尖指向前上方；左手劍指伸臂向前，高與胸齊；目視劍指前方（圖 3-66）。

圖 3-66

2.動作要點

① 整個動作要連貫不斷，一氣呵成。注意身體重心前後移動與劍的動作要相合。

② 劍的劈掛再劈，動作不停，掄劈下掛動作時，重心在左足，再劈後拉時，重心隨之後移在右足。

（八）右步崩劍（上掛刺劍）

1.動作過程

① 左進步上掛劍

左足向前進半步，右足跟進不落地；同時，右手持劍，向前伸臂送出，左手劍指扶於右腕，右手滿把坐腕，使劍尖由前向上崩起，右臂回收，右手劍把至腹前，使劍向後掛，至身前尺餘，劍尖向上；目視前方（圖 3-67）。

② 右上步前刺

右足向前上一步，左足跟進至右足後如崩拳步法；同時，右手劍柄上提至胸前，左手劍指扶於右腕，使劍尖向前成水平，右手用力向前刺出，高與胸齊，雙臂微直，力

圖 3-67　　　　　　　　圖 3-68

達劍尖；下頦內收，頭向上頂，目視劍尖前方（圖 3-68）。

2.動作要點

與動作（二）相同。

（九）翻身提膝劈劍

1.動作過程

① 右扣步翻身

右足向前扣步落地，左轉身 180°，面對來時方向，重心移向右足，左足原地擰轉；同時，左手劍指向上經面前至頭上，轉身後再向前、向下畫弧，與左肩平。右手持劍外旋，屈肘上提，使劍下刃朝上；目視左手劍指（圖 3-69）。

圖 3-69　　　　　　　　　　圖 3-70

② 左提膝劈劍

右腿獨立站穩，膝微屈，左腿屈膝提起，腳尖扣於襠前；同時，左手劍指向下、向後，再向上畫弧擺至頭左上方，左臂微屈撐圓；右手劍自身後向上、向前、向下掄劈，右手滿把握劍柄，高與腰齊，臂微屈，劍尖高與胸齊；右肩前順，身微向前探，力達劍身前段。目視劍尖前方（圖 3-70）。

2.動作要點

① 扣步幅度要大，以利翻身，扣步向前不要過遠，以免不穩。

② 翻身、提膝、劈劍，這三個動作要一氣呵成，中間不停。

③ 注意兩手的配合要對稱，一前一後，一上一下。劈劍發勁時，要撐腰、順肩、探身、揮臂、提膝完整一致。

圖 3-71

勁力要合順。

（十）右步炮劍（右撩劍）

1. 動作過程

① 左上步橫帶

左足向右斜前方橫足落地，腳尖外擺，兩腿彎曲，重心在兩足之間；同時，右手持劍外旋，屈肘上提，使劍下刃朝上，由前向左上方橫帶，右手高與眉齊，劍尖指向右前方；左手劍指扶於右腕內側；腰微左轉，目視劍尖前方（圖 3-71）。

② 右上步反撩劍

右足向右斜前方上一大步，左足跟進成前四後六三體勢步型；同時，右手螺把握劍柄，使劍尖向上、向後畫弧，貼身左側，再向前、向上反手撩出，右手內旋，使劍下

刃朝上，右臂微屈，
右手劍把略高於肩，
劍尖高與胸齊；左手
劍指扶於右腕；力達
劍身，目視劍尖前方
（圖3-72）。

圖3-72

2. 動作要點

① 左足上步與
右手屈臂外旋，向上
提劍向後帶，動作時
要上下整齊一致。帶
劍時，要擰腰、合
肩、屈肘而向左橫帶，用腰身之勁，動作要柔和而協調。

② 右足上步與反撩劍要步到、劍到，整齊一致。撩劍
要貼身而行，注意右腕擰旋要活。以腰身催肩，以肩帶
肘，以肘帶手而劍撩出。

（十一）左步橫劍（左橫斬劍）

1. 動作過程

① 右進步左雲絞

右足向前進半步，左足跟進至右足內側不落地；同
時，右手持劍，左手劍指扶於右腕部，雙手在身前，自右
向左繞一平圓，以劍尖向前、向左絞，再向後雲，經面前
繞向右畫弧繞圓，右手外旋至手心向上，使劍繞至右前
方。兩臂微屈在胸前；目視劍尖，隨劍而行（圖3-73）。

圖 3-73 圖 3-74

② 左上步橫斬

左足向左斜前方上一大步，右足跟進半步；同時，右手滿把握劍，手心向上，自右向左斜前方伸臂平行橫斬，至左前方時，右臂略屈，右肘在心窩前。劍尖略高於肩，力在劍身前段；左手劍指畫弧上至頭左上方；頭向上頂，氣向下沉，目視劍尖前方（圖 3-74）。

2.動作要點

① 右足進步與劍向左雲絞繞圓，動作要上下一致。注意動作要柔和，以腰身帶手，以手運劍。手腕要轉，握把要活。

② 向左橫斬與左足上步落地要整齊如一。注意發勁要整。

(十二) 右步橫劍(右橫斬劍)

1.動作過程

① 左進步右雲絞

左足向前進半步，右足跟進提起；同時，左手劍指扶於右腕，右手持劍微向下落至胸前，雙手運劍向右擺，使劍尖自左前向右前方擺動畫弧不停，再向後經面前繞一圓至左斜前方時，右手內旋，使手心向下，劍成水平，刃向前後；肩向左合，眼隨劍走（圖 3-75）。

② 右上步橫斬劍

右足向右斜前上一大步，左足跟隨進半步；大部分重量在左足；同時，右手滿把握劍，手心向下，自左向右斜前方伸臂揮劍橫斬，右臂肘部微屈，右手劍柄高與肩齊，劍尖高與鼻齊；左手劍指扶於右腕；頭向上頂，目視劍尖

圖 3-75   圖 3-76

前方（圖3-76）。

2.動作要點

與左步橫劍要求相同，惟劍的雲絞繞轉方向不同和右手的內旋和外旋不同。

（十三）左步鑽劍（絞帶撐刺劍）

1.動作過程

① 右進步絞帶

右足向前進半步，左足跟進提起不落地；同時，左手劍指扶於右腕，右手握劍柄，使劍尖向下、向左、再向上畫一圓弧，緊跟向右、向後拉帶，右臂屈肘，至右肩外側向下落至右腰側，右手外旋至手心朝上握劍，劍下刃朝上，劍尖指向前方，身微右轉，收腹含胸縮身，目視劍尖前方（圖3-77）。

② 左上步撐劍刺喉

左足向前上一大步，右足跟進半步，大部分重量在右足；同時，左手劍指自右腰側向前、向上擺至頭頂左上方，左臂撐圓；右手螺把握劍柄，自右腰側經胸前，向前伸臂刺出，右臂微屈，右手外旋使劍下刃朝上，右肩前順而鬆，右肘內掩而墜。右手劍柄高與胸齊，劍尖高與眉齊；力達劍

圖 3-77

尖，頭向上頂。目
視劍尖前方（圖
3-78）。

圖 3-78

2.動作要點

① 右足進步
與右手運劍畫弧絞
帶動作要整齊。注
意身法要以腰帶
肩，以肩帶肘，以
肘帶手，以手運
劍。身法要柔和而
圓滿，劍法要嚴密而緊湊。

② 劍向前上刺與左足上步落地要整齊如一，要手到腳
到。劍要先絞而後帶，向下擰裏時，要含胸蓄腰，身要隨
走隨轉。向前上反刃刺出時，要擰腰、順肩、伸臂。右肩
前順，左肩後隨，左手劍指上擺以配合發勁。

（十四）蓋步回刺（擰身後下刺）

1.動作過程

重心前移，左足不動，右足向前上一步，橫足落地，
右腿彎曲，左足跟抬起，身右轉兩腿交叉，大部分重量在
右足；同時，左手劍指下落扶於右腕；右手持劍掩肘伸
腕，以右腕為軸，使劍尖自前上向下、向後在右臂外側指
向後下方；目視劍尖；右手向後下方伸臂刺出，劍尖略低
於膝，劍平刃，右臂微直；左手劍指向左上方前伸；目視

| 圖 3-79① | 圖 3-79② |

劍尖（圖 3-79①②）。

2.動作要點

① 上步攔腰後刺是一個完整動作。練習時要連貫不停。

② 劍向回轉時要活把，要掩肘伸腕，左手掌可推劍柄，使劍尖回轉向後下方。劍刺出時要螺把握緊。

③ 劍向後下刺出與左手劍指向前上伸，要同時一致。

（十五）上步探刺（探身前刺劍）

1.動作過程

左足向前上一大步，右足跟進半步，重心前移，成前六後四步型；同時，右手微內旋伸腕，滿把握劍柄，使劍尖向上起，回收至頭右側上方，劍尖指向前上方。身微左

轉，右手心朝外，經右肩向前上方伸臂刺出，劍成立刃水平刺出，劍尖高與鼻齊。左劍指扶於右腕，身微向前探，右上臂貼於右耳；目視劍尖前方（圖3-80）。

圖3-80

2.動作要點

① 左足上步與劍自頭頂向前刺出動作要整齊一致。注意右手握劍把位勁力的變換。

② 以上（十四）和（十五）兩個動作要連著做，中間不停。

（十六）右步劈劍（左掛劈劍）

1.動作過程

① 左進步掛劍

左足向前進半步，右足跟進提起；同時，右手劍自前向下、向後貼身左側下掛，並向上掄起至頭頂後上方，右手腕部要活，在身前繞一小圓；左手劍指扶於右腕；目隨劍走，眼平視前方（圖3-81）。

② 右上步劈劍

右足向前上一大步，左足跟進半步，大部分重量在左足；同時，右手握劍柄，自上向前、向下揮臂劈落，右手

形意拳械精解（下）

圖 3-81　　　　　　　　　　圖 3-82

拉回至小腹前尺餘，劍尖高與肩齊，劍成立刃；左手劍指
扶於右腕；頭向上頂，目視前方（圖 3-82）。

2. 動作要點

① 左足進步與劍向左掛動作要相合，右足上步與劈劍
動作要一致。兩個動作要連貫，一氣呵成。

② 劈劍時，要掄劈而向回的拉帶，注意鬆肩墜肘，兩
肘貼肋，頭頂坐臀。劍劈出要有定力。

（十七）崩劍回身（狸貓倒上樹）

1. 動作過程

① 回身橫斬

左足上步，扣足落地，右轉身 180°，面對來時方向，
重心移向左足；同時，左手扶於右腕，右手持劍內旋，使

圖 3-83　　　　　　　　圖 3-84

手心向下，劍成水平與胸齊。隨轉身而右手向前、向右掄臂橫斬，高與胸齊，至體右側；左手劍指向身左側平擺；目視前方（圖 3-83）。

②　右腿橫蹬

左腿站穩微屈，右腿屈膝提起，向前、向上橫腳蹬出，右腳尖外擺，高與胸齊；目視右腳前方（圖 3-84）。

③　歇步劈劍

右腳向前橫腳落地，左足跟進半步，兩腿屈膝下蹲，左足跟抬起，大部分重量在左足，兩腿成歇步姿勢，右腿稍直一些；同時，右手持劍外旋，上提至頭頂上方；左手劍指上擺扶於右腕；雙手隨身下落，向前、向下揮臂劈劍，劍成水平，高在腰、膝之間，兩肘貼肋，頭向上頂，目視劍尖前方（圖 3-85）。

2.動作要點

①　整個動作要連貫不停，一氣呵成。轉身要快，揮臂

圖 3-85

橫斬要猛，右蹬要有力，劈劍與屈膝下蹲要穩。

② 右足蹬出注意右胯要微向後縮，向前落地要有向前下的踩勁。

③ 歇步劈劍要穩，劈劍要隨身落地劈，不要用力過大，注意內含勁。

以下動作再按（二）～（十七）重複練習一遍，至原起勢位置，即行收勢。

（十八）收 勢

1.動作過程

① 右退步抽劍

（上接進步崩劍）右足向後退一步，重心後移，大部分重量在右足，左腿微伸直腳尖內扣；同時，右手向後抽拉至右肩前，右手劍成立刃，劍成水平，高與肩齊；左手屈臂內旋，以手心向外，拇指向下，抓握劍柄；身右轉90°，目視劍尖前方（圖3-86）。

圖 3-86　　　　　　　　　　圖 3-87

② 併步交劍

左手以虎口向劍柄，以拇指和無名指、小指握劍護
手，以食指和中指貼住劍柄，使劍身貼住左前臂外，左手
向上、向左揮臂畫弧，下落至體左側；同時，右手成劍
指，向下、向右、再向上擺臂畫弧至頭頂右上方；同時，
左足撤回向右足併攏，兩膝伸直站立。目隨右手，甩頭向
左平視（圖 3-87）。

③ 立正左手反背持劍

兩足立正不動；右手下落至體右側成掌，目向前平
視。收勢畢（見圖 3-1）。

2.動作要點

收勢動作要連貫準確，注意左手持劍要穩住。兩手動
作與兩足撤步併步要完整一致。動作要穩健，精神要飽
滿，要氣定神安。

第四章 形意五行槍法

形意拳是脫胎於心意六合拳。拳譜中講心意六合拳的鼻祖姬龍峰：「精槍術，能飛馬點椽子，舉槍不漏，人稱神槍。」以槍理為拳理，以槍化拳，創編心意六合拳。形意拳歷來都是非常注重槍法練習的，認為槍功為拳之助，拳功為槍之基礎。

形意的槍，八卦的刀，太極的劍，少林的棍在武林中著稱於世。形意槍注重勁力，注重功力，沒有花法，簡捷實用，講究身械合一，勁整力充，氣勢雄偉。全身之勁貫注槍端，有器械是身勁的延長之說。

五行槍也是按五行拳劈、崩、鑽、炮、橫而命名的槍法。它是形意拳前輩們在眾多槍術技法中，精心選擇了一些在實戰中最實用的，威力最大的，最能體現出形意拳風格特點的技法，匯集組合而成的。雖名字稱之為劈槍、鑽槍、崩槍、炮槍、橫槍，但每行的槍法中，都含有兩種或兩種以上的技法。

在五行槍法動作技術的敘述過程中，既保留民間傳統的叫法，又結合目前國家關於槍術技法的統一稱謂。這樣，有利於推廣，便於學習，使之更加規範。

第一節 形意槍預備勢

形意槍預備勢是各種套路的起勢，是各種技擊方法的

準備格鬥姿勢，是以三體勢站樁的姿勢而雙手持槍，預備勢是持槍勢，各種動作的起勢都源於此勢。此預備勢是練槍的基礎，應該進行站樁的練習，以求得正確姿勢的定型，為以後學習各種技法打下牢固的基礎。

　　形意槍的長度：一般分為大槍、中槍、小槍。大槍一丈二，約為四米；中槍九尺，約三米；小槍六尺，約兩米。由於大槍攜帶和存放不方便，故練大槍者較少。大槍練力，小槍練技，中槍力、技兼練。所以，練形意槍者大都選用中槍和小槍之間，兩米五左右為宜。

　　槍杆的選擇：應選擇優質白蠟杆，直而光滑無疤痕、無節點，韌性較強的為佳。槍把的粗細應以本人的食指和拇指圍一圈，以不超過為宜。小槍要小於一圈，大槍要盈把。槍杆梢端的粗細應以白蠟杆自然生長的粗細為宜。不要人為的去刮削，以免失去槍杆的韌性而易斷。

　　槍的名稱：槍是由槍杆、槍頭、槍纓所組成。把整個槍平均分為三等分，靠槍尖的部分叫前段，靠槍把的三分之一為把段，中間的部分為中段。槍的頂端為槍尖，槍的把端為槍把。在槍的練習過程中，兩手根據不同的技法經常進行滑把，滑把就是兩手在槍杆中滑動的意思。

圖 4-1

圖 4-2

1.形意槍預備勢動作過程

① 立 槍

兩腿成立正姿勢；右手持槍，使槍把端觸地，槍直立於身體右側，槍尖向上；左手自然下垂；頭向上頂，目視前方（圖4-1）。

② 左弓步出槍

身左轉90°，面向練習方向，左足向前上一步屈膝，右腿蹬直，重心前移，成左弓步；同時，右手槍橫平向前順出，槍尖向前，右臂伸直，槍杆高與胸齊；左手在右腋下，手心向上握住槍杆；目視槍尖前方（圖4-2）。

③ 左三體勢持槍

重心後移，左腿蹬直微屈，右腿彎曲，大部分重量在右足，成左前右後三體勢步型；同時，左手向前伸臂出槍，右手鬆握，順槍杆向後滑握把端，拉至右腰側；左臂

圖 4-3

微屈，手心向下握住槍杆，使槍尖在身體中心線上，槍杆約成水平，槍尖高與胸齊；頭向上頂，目視槍尖前方（圖4-3）。

2.動作要點

① 預備勢動作要連續不停，一氣呵成。

② 弓步向前出槍，槍身不得擺動，要水平前移，右手向後滑把要順槍杆走。

③ 重心後移與兩手持槍成三體勢，要同時完成。此為形意槍站樁姿勢。

④ 形意槍預備勢的身形與三體勢站樁時的身形有所不同。三體勢站樁要求身形斜向前方成 45°，半面斜向。形意槍的站樁姿勢，要求身形對前方要大於 45°，以 60°～70°為宜。後腳即右腳要稍橫一些，在 70°左右，槍杆緊貼胸腹，右手握把端在右腰側，左手在前，握槍杆找準方向。用後

手、前手和腰部這三點來固定槍身，使之與身體成為一體。以此姿勢進行站樁。站樁好像用去了一些時間，但為今後技術的掌握和動作的規範打下良好的基礎。

站樁是為了姿勢定型，是為了動作規範，是為了在站樁的過程中找感覺、體會勁力、掌握要領。

第二節　劈　槍

一、概　述

劈槍是五行槍法中最基本的技法。按《中國武術大辭典》對劈槍的定義是：「雙手握槍，由上而下，用力快猛，力達槍尖。」《武術競賽規則》解釋為：「雙手持槍，由上向下劈擊，力達槍身前段。」這只是對槍術中一個劈的動作而言。形意拳中的劈槍，它是幾個技法的組合，內中含有掛劈、挑劈、掄劈和劈扎的技法。

劈槍從技術動作上來分析，它既是一種進攻的方法，也是一防守的技法。老拳譜《耕餘剩技》中講：「惟劈，則上與左右可兼用也。」在《峨嵋槍法》中則說：「劈貴坐脈，槍頭起不過五寸，直劈而下，後手一出，以擊其手。」由此可見，劈槍動作簡單，實用性強，是一種攻防兼備的重要技法。

二、劈槍內容

從步法上講有上步劈槍、退步劈槍、左步劈槍、右步劈槍、繞步劈槍。從手法上分有左手劈槍、右手劈槍、換把劈槍。還有劈把的技法。總之，槍由上向下的劈擊，都

算做劈的範疇之中。

三、劈槍練法

（一）劈槍練法一

1.動作過程

（1）右步劈槍（由形意槍預備勢起）

① 進步右撥掛槍

左足向前進半步，右足跟進至左足內側不落地；同時，左臂微屈肘，左手握槍杆外旋，使手心向內，槍尖向上抬起，略高過頭頂；右手在右腰側配合內旋，使槍身前段向右撥掛；目視槍尖前方（圖4-4）。

② 右上步劈槍

右足向前上一大步，左足跟進半步；同時，左手內

圖4-4

圖 4-5

旋，左肘合抱，使左手虎口下壓，左手握槍杆向前、向下用力劈落，槍尖高與腰平；右手握把在右腰側，有微提的內動以助前劈之力；頭向上頂，目視槍尖前方（圖 4-5）。

（2）左步劈槍

① 進步左掛撥槍

右足向前進半步，左足跟進至右足內側不落地；同時，左手握槍杆後三分之一處，左手外旋屈肘，使手心向內，使槍身前段隨進步向左撥、向後掛，槍尖向上起，高過頭頂，左臂屈肘，左手在左肩前方；右手握把在右腰側，配合內旋；含胸收腹，目視前方（圖 4-6）。

② 左上步劈槍

左足向前上一大步，右足跟進半步，成左前右後三體勢步型；同時，左手內旋，使虎口下壓，伸臂向前、向下用力劈落，槍尖高與腰平；右手把端在右腰側。力達槍身前段；頭向上頂，目視前方（圖 4-7）。

圖 4-6

形意拳械精解（下）

圖 4-7

以下動作同前，左右循環練習。

2.動作要點

① 右步劈槍時，左足進步與槍向右上撥掛，動作要上

圖 4-8

下一致。上步與槍向前下劈落要手腳齊到，步到槍到整齊一致。左右相同。

　　② 槍劈出，槍尖所指的方向是正前方。前腳進步時，要注意向微斜前方進步，角度約 15°。這樣有利於步法的前進。劈槍不管是左步劈，還是右步劈，左肩必須前順。

（二）劈槍練法二

1. 動作過程

（1）右步劈扎槍（由形意槍預備勢起）

① 左進步上挑槍

　　左足向前進半步，右足跟進不落地；同時，左手持槍，使槍尖先向下落與膝同高。隨左足進步，左手握槍杆屈肘後拉；右手握把端，向前下微推，使槍尖向上挑起，高過頭頂；目視前方（圖 4-8）。

圖 4-9

② 右上步劈槍

右足向前上一大步，左足跟進半步；同時，左手握杆向前、向下推；右手握把端拉回至右腰側，使槍前段用力向下劈落，至槍尖與腰平，力達槍身前段；頭向上頂，目視槍尖前方（圖 4-9）。

③ 扎 槍

兩足不動；右手握槍把用力向前推送；左手鬆握如管；右手與左手相接時，右手突然加速，力達槍尖，使之顫抖，槍身成水平，高與胸齊；重心微向前移，左手捧於右手外側；目視槍尖前方（圖 4-10）。

（2）左步劈扎槍

① 右進步上挑槍

槍尖下落與膝平；右足向前進半步，左足跟進至右足內側不落地；同時，左手鬆握，右手握把向後拉，抽回至右腰側微向下壓；左手向前滑把肘微屈，使槍尖自下向上

316

形意拳械精解（下）

圖 4-10

圖 4-11

挑起，高過頭頂；目視前方（圖 4-11）。

　② 左上步劈槍

　　左足向前上一大步，右足跟進半步；同時，左手向前下

圖 4-12

推，右手微向上拉，雙手用力使槍尖自上向前、向下劈落，力達槍尖，高與腰平；頭向上頂，目視前方（圖4-12）。

③ 推槍前扎

兩足不動；右手握槍用力向前伸臂推送，左手鬆握如管，右手與左手相交時，右手突然加速，力達槍尖，使之顫抖，槍身成水平，高與胸齊。重心微向前移；左手抱於右手外側；頭向上頂，目視前方（圖4-13）。

以下動作，左右相同，練習不止。

2.動作要點

① 進步上挑、上步劈槍和扎槍，雖然在動作分解上是三個動作，但實際上是一個完整的動作。演練時，動作要連貫，中間不停，一氣呵成。

② 槍尖向上挑起與前腳進步要相合；後腳向前上一大步，與槍的劈落要整齊一致；槍向前扎出要有力，與前面

圖 4-13

動作連接要緊、要快。

（三）劈槍回身（如練至右步劈槍或右足在前扎槍）

1.動作過程

① 左上步提擼槍

左足前進一步，右足不動，兩腿微直，身形上起；同時，右手握把端內旋，向上提起，至頭頂右前方，手心向上，右臂撐圓；左手鬆握，向前滑把，左手外旋，手心向外，左臂微屈，使槍尖向左、向下畫弧至身前，

圖 4-14

槍尖高與膝平；目視槍尖前方（圖4-14）。

② *轉身退步劈槍*

向右轉身180°，面對來時方向。兩腳原地擰轉，重心後移，右足向後退一步，身形微下落，重心後移，大部分重量在右足，兩腿成預備勢姿勢；同時，雙手持槍，自頭上向前、向下用力掄劈，右手握把拉回至右腰側；左手在身前，槍尖高與腰平；頭向上頂，目視槍尖前方（圖4-15）。

如練至右步劈槍或左足在前扎槍時，回身動作是：左足向前上步，扣足落地；或左足在前，原地扣步；作提撸槍，再轉身退步劈槍，動作同前。

2.動作要點

① 扣步、轉身與退步動作要連貫。銜接要緊密，要一氣呵成。

② 提撸槍時，兩手要同時擰旋，右手內旋，左手外旋「陰陽互轉」，周身要完整。

圖 4-15

③退步落地與槍向前下劈出，要上下整齊，身形要微向下坐。槍劈出時，要有定點，不能使槍尖觸地。

（四）劈槍收勢（劈槍練至原起勢位置位後，左足在前劈槍或扎槍時收勢）

1.動作過程

①右退步崩槍

右足向後退半步，左足隨之後撤半步，重心後移，大部分重量在右足，如右足在前做劈槍或扎槍時，則右足向後退一步，重心後移，左足微撤，大部分重量在右足；同時，右手握槍把，抽槍拉回至右腰胯間；左手鬆握向前滑把，至發力時，左手突然緊握槍杆制動，使槍尖向上崩起，而上下抖動，槍尖高與頭齊；目視前方（圖4-16）。

圖 4-16

圖 4-17　　　　　　　　　　圖 4-18

② 併步立槍

起身站立，左足向右足併攏，身向右轉 90°；左手握槍杆，向右肩側豎槍立直；右手鬆握滑把，在體右側扶槍；目視左手（圖 4-17）。

③ 立正持槍

兩腿成立正姿勢；左手成掌，在體前下落，向左側擺起，再屈臂，左掌繞面前向下按壓至腹前，目隨左手，至左手下按時，目視正前方；右手扶槍在體右側不動，左手下垂立正。收勢完畢（圖 4-18）。

2. 動作要點

① 劈槍收勢動作是由退步崩槍、併步立槍、立正持槍三個動作所組成。是五行槍每一行槍的收勢動作，也是連環套路中的收勢，動作完全相同。

② 退步崩槍要注意力達槍端，使槍尖上下顫抖。

③ 整個收勢動作要連貫，上下動作要協調、穩健，眼神要明亮貫注，精神要飽滿。

四、劈槍的勁力

1. 劈槍時，兩手要有槓杆力，左手要有向前下推壓的勁，右手要緊握把端有向後拉、向上微提的勁。以腰、身、肩帶動兩手動作，而手上的動作較小、較隱蔽。槍劈出要有定點，與腰平。左手劈槍到達定點時，要馬上制動。此時，左手握緊槍杆有向上拉的勁，右手有向下按把的勁，這樣，使槍杆產生的慣性運動而顫動，力達前段，產生劈勁。

2. 兩手的勁力源於腰身、兩胯、兩肩。腰要先縮而後伸，胸要先合而後展，肩要先合而後開。以擰腰、順肩、伸臂、坐胯、頭頂，協調配合打出全身之整勁。老譜中有「劈貴坐膝」之說。坐膝就是前腿膝關節有一個彎曲度，由於劈槍向前下猛然發力，勢猛而力大，這樣前腿膝部承受的力量必然增大，為了加大劈勁作用力的時間，膝部有一個彈性彎曲，彈性形變。表現在外形上，就與前輩所說的「坐膝」相似。「坐膝」不要理解為膝部彎曲而下坐，而是腳的落地而踩，由於身體的慣性作用，膝部有微屈的抖動，也就是彈性形變。

3. 劈槍技法中的左右上撥掛，動作時，兩手同時擰旋，向右上撥掛時，左肩向右微合，以腰帶動。兩手擰旋屈臂而掛，以腰的左右微轉而撥，所以有「撥勁在腰，掛勁在手」之說。

4. 挑槍之勁在於兩肩、兩胯、兩臂。兩肩要鬆沉，兩

膀要錯勁，兩臂要運轉。兩手持槍，運用身勁，以槍尖或槍的前段完成上挑技法。在單練挑槍時，運動幅度不要太大。在挑劈結合時，挑槍可幅度大一些。為劈勁提前蓄勁，創造勢能。

5. 劈槍回身動作中的提撸槍，是一重要的防下技法。兩手陰陽相轉，即同時內外旋，右手撑槍向上提拉，要有撑勁。左手旋撑要有托勁。以腰身帶動兩臂。退步劈槍時，左手要滑把。轉身、退步、撑腰、順肩，貫穿用力，力達槍端。

6. 收勢中退步上崩槍，右手抽槍要快，最後的剎那間，要有向下的壓勁，右臂要撑住，與身體完整。左手滑把，突然緊握，固把制動，左手臂要有撑勁，與身成為一體。兩手用勁的配合要一致，兩手與退步的動作，要上下協調完整。

五、劈槍教學訓練法

1. 劈槍的技法核心是劈，在練習時，要把劈的動作單獨進行練習，先以兩足原地不動，兩手運槍做原地的劈擊，以體會身上的感覺、兩手的勁力、槍尖所走的路線、到達的位置等。練習時，要先慢後快，由不用力到逐漸加力。以找動作的準確，以體會身體各部的感覺。關鍵是體會感覺，這是非常重要的。

2. 然後再做技法的完整練習，在原地做撥掛劈槍和挑劈扎，以分析區別撥、掛、挑技法的不同點和相同點。

3. 另外，形意槍的預備勢也要進行站樁，要把身型按規格要求站合順，兩手的位置要合適，有利於發揮勁力，有利於多變。注意兩肩鬆沉，兩手有前撑後拉之勁，使槍

尖始終保持在身體中線，即腳尖、鼻尖、槍尖「三尖相照」。要氣靜神安，精神貫注。

4. 五行槍是以功力見長。組合練習時，手、眼、身法、步，身械合一，要使身械協調完整。同時，要加強技擊意識，對每一個動作的技擊用法要瞭如指掌，帶著敵情練習長功夫快。槍為兵器之王，有「年拳、月棍、日日槍」之說，是說拳術用一年的時間刻苦練習能夠練好，有了拳術的基本功，再學練棍術用一個月的時間就可以練好，但是，練習槍術必須得天天刻苦練習，長年堅持，才能練好槍術，此說明槍術練習較難，非常吃功夫，不下苦功難以得到真諦。

六、劈槍的技擊含義及用法

1. 劈槍的定義是：雙手持槍，由上向下劈擊，使槍尖向上起，而造成有利劈擊的勢態。槍尖向上起的方法很多，有上挑、上掛、上崩、上搶等。這些方法都可以和劈槍結合起來用，都是有利劈槍的好技法。

2. 劈槍中無論是撥掛劈槍，還是上挑劈槍都應劈後緊跟扎槍。因槍尖鋒利，殺傷力最大。撥掛和上挑的技法是為了防守，是挑開或撥掛敵械。上挑時，既有挑開敵械的用意，又有挑擊敵方前手臂的含義。撥掛是撥開敵械而後掛。使用上挑和撥掛技法時，如對方是槍或棍向我胸部扎來時，應用我槍的前三分之一處（前段）向對方器械的二分之一處接觸。要見響疾進，順勢劈擊，緊接出槍扎其胸腹。如對方持棍向我劈打來時，我可向上撥掛，使其偏離目標，順其杆而劈下，直接滑擊其前手臂，趁其後退之際，出槍扎其胸腹。也可直接用劈的技法，劈砸對方的器

械，使其脫手，以達到進攻目的。

3.劈的技法是一個攻防兼備的技法，既可攻又可守。攻時，劈砸其臂或身體各部；守時，劈砸對方攻來的各種器械，以保護自己。古籍槍譜中有「圈內有拿，圈外有攔，遮下有提，護上有捉，惟劈則上與左右可兼用也。」可見劈槍是一種非常實用，而又頗具威力的技法。

4.劈槍運用時，要注意步法的靈活。防守時，步法要左右移動，使敵不容易找到最佳目標。同時，也有利於我的槍杆與對方的槍杆成交叉十字形。只要和對方的槍杆產生一定的角度，就容易防守。進攻時，步法要直接向敵方前進，槍尖要對準目標，「頭、胸、腹、胯、膝、腳及前手臂」，此七個部位，是槍譜中稱之謂「槍眼」的部位。進攻要快、狠、準，不留情面。

七、劈槍歌訣

　　劈槍技法最平常，劈開敵械扎胸膛。
　　左右掛挑槍上起，劈手劈械把敵傷。

第三節　崩　槍

一、概　述

　　在民間傳統形意拳體系中，五行槍中崩槍的技法，實際在槍術技法中是攔拿扎。由於此槍法和五行拳的崩拳相對應，步法也如崩拳的半步而進。所以，在五行槍中把攔拿扎的技法冠名為「崩槍」。在《中國武術大辭典》中崩槍的解釋為：「槍尖向上或向左右疾速成崩彈，力達槍

尖，務使槍杆顫動。」《武術套路競賽規則》中崩槍的定義是：「槍尖向上或向左右短促用力崩彈，力達槍尖，使槍杆顫動。上崩，槍尖高不過頭；平崩，槍尖高不過胸，低不過腰；下崩，槍尖高不過膝，低不觸地。」形意槍中的「崩槍」是形意拳界民間傳統故有的叫法。與一般槍術中的崩槍截然不同，勿以此崩槍為彼崩槍。

崩槍傳統練法是兩手做攔拿的動作，以崩拳的半步跟進而扎。本人在傳統的基礎上，加進了蓋步、背步和繞步，以增加步法的靈活，以求身械和步法的運用自如，使槍法更加充實和完善。

二、崩槍內容

崩槍有原步崩槍、背步崩槍、蓋步崩槍、繞步崩槍、崩槍轉身、崩槍收勢。

三、崩槍練法

(一)原步崩槍(原步攔拿扎)

1.動作過程

① 預備勢

由五行槍預備勢起，兩足不動，左前右後；右手持槍把在右腰側；左手握槍杆後三分之一處。槍杆後段緊貼腰胸之間，槍尖高與胸齊；目視槍尖前方（圖4-19）。

② 定步攔槍

兩足原地不動；左手握槍杆外旋，使手心向上；右手在右腰側隨之內旋。兩手同時動作，使槍尖向上、向左、

圖 4-19

形意拳械精解（下）

圖 4-20

向下繞一直徑約 30 公分的半圓弧；目視槍尖前方（圖 4-
20）。

③ 定步拿槍

左臂微向前合，左手握槍杆使之內旋，左手虎口向下
壓；右手握把端隨之外旋，兩手同時用力，使槍尖向下、

圖 4-21

向左、向上，再向右、向下畫弧繞圓，力達槍尖；目視槍尖前方，此為拿槍（圖4-21）。

④ 定步扎槍

重心前移，右腿蹬微直，左腿彎曲，成前六後四步型，大部分重量在左足；同時，左手鬆握如管，保持方

圖 4-22

向；右手握槍把，用力向前推送，逐漸加速把槍扎出；左手成掌，捧於右手外，兩臂微屈，槍杆保持水平，高與胸齊。力達槍尖，使之顫抖；目視槍尖前方（圖4-22）。

2.動作要點

① 定步攔拿扎兩手做攔槍拿槍時，要兩手同時擰轉，槍杆緊貼腰部，注意槍尖繞左右兩個半圓構成一個整圓。

② 扎槍時，槍要成一條直線，要力達槍尖，要「去如箭，回如線」。

（二）背步崩槍（背步攔拿扎）

1.動作過程

① 背步攔槍

右手扎出槍後，向後直線拉回至右腰側，左手鬆握如管；左足不動，右足向左足後背插上一步，重心在兩足之間，兩腿成交叉步；同時，兩手擰旋，使槍尖向上、向左、向下做攔槍動作；目視前方（圖4-23）。

圖4-23

② 上步拿槍

左足向前上一步，右足不動，大部分重量在右足；同時，兩手擰旋，使槍尖向下、向左、向上，再向右、向下做拿槍動作；目視前方（圖4-24）。

圖 4-24

③ 扎 槍

兩足不動，重心前移，右腿微直，左腿彎曲，大部分重量在左足；同時，右手用力向前扎出，左手鬆握如管，槍尖高與胸齊，槍杆保持水平，力達槍尖，使之顫抖，左手捧於右手外，兩臂微屈；目視槍尖前方（圖4-25）。

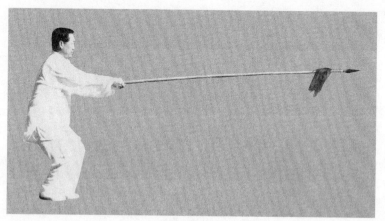

圖 4-25

2.動作要點

① 背步崩槍時，右足背步與攔槍動作要同時。

② 左足上步與拿槍動作要一致。扎槍時，要力達槍尖，使之顫抖。

(三)蓋步崩槍(蓋步攔拿扎)

1.動作過程

① 右蓋步攔槍

左足不動，右足經左足前向左上一步，腳尖外掰橫落，重心在兩足之間，兩腿微屈成交叉狀；同時，左手握槍杆外旋，使左手心向上；右手在右腰側隨之內旋，兩手同時擰旋，使槍尖向上、向左、向下繞一半圓弧，槍杆緊貼腰部；目視槍尖前方（圖4-26）。

圖4-26

② 左上步拿槍

左足向前上一步，右足不動，大部分重量在右足；同時，左手內旋，左手虎口向下壓；右手握把端隨之外旋，兩手同時擰轉，使槍尖自下、向左、向上，再向右、向下畫弧繞半圓，槍杆緊貼腰部，力達槍尖；頭向上頂，目視槍尖前方（圖4-27）。

③ 扎槍

兩足不動，重心前移，右腿蹬地微直，左腿彎曲，大部分重量在左足，成前六後四步型；同時，左手鬆握如管，右手握槍把，用力向前直線推送扎出，槍杆水平，槍尖高與胸齊；左手成掌，捧於右手外側，兩臂微屈，力達槍尖，使之顫抖；目視槍尖前方（圖4-28）。

2. 動作要點

① 右足向前蓋步與攔槍動作要相合。
② 左足上步與拿槍要上下整齊一致。扎槍同前。

圖4-27

圖 4-28

（四）繞步崩槍（繞步攔拿扎）

1.動作過程

① 左繞步攔槍

右手拉槍抽回至右腰側，左手鬆握如管，成持槍預備勢；左足向右斜前方弧形進一步，腳尖外擺；同時，左手握槍杆外旋，做攔槍動作；右手在右腰側隨之內旋，槍杆緊貼腰胸，使槍尖向上、向左、向下繞一半圓弧；目視槍尖前方（圖 4-29）。

② 右上步拿槍

右足向前上一步，左足不動，大部分重量在左足；同時，雙手擰槍，做拿槍動作（圖 4-30）。

③ 扎 槍

重心前移，大部分重量在右足，左腿微屈，右腿彎曲，兩腿成左腿微屈的右弓步。同時，左手鬆握如管，找

圖 4-29

圖 4-30

準方向；右手握把端，自腰側向前用力推送，右臂微屈；左手扶握於右手外側。槍扎出，槍尖高與胸齊。槍杆成水平，頭向上頂，力達槍尖；目視前方（圖4-31）。

圖 4-31

2.動作要點

① 左足上步要弧形繞步，與雙手攔槍動作要一致。

② 右足上步與拿槍要上下協調，槍扎出與重心前移要整齊。

③ 注意攔拿扎雖分為三個動作，練習時，三個動作要連貫不停，要一氣呵成。

以下練習再接原步崩槍，左足向前上一步，兩腿成持槍預備勢，槍抽回至右腰側。左足上步與抽槍拉回要同時，以下原步崩槍同前（一）重複進行練習。

（五）崩槍轉身

1.動作過程

① 扣步提擄槍

如左足在前，則左足向右足尖前扣步，兩腿蹬直，起

身站立（如右足在前時，則左足向前上步，扣足落地，兩腿蹬直，起身站立）；同時，右手握槍把，內旋向上提起；右手提至頭頂前上方，手心向外；左手先鬆握，使槍杆在左手中滑動抽回，至右手到頭上時，左手抓緊槍杆外旋，左手心向外，左臂微屈，使槍杆斜提於身前左側，槍尖向斜下，高與膝齊；目視槍尖（圖4-32）。

圖4-32

② 轉身蹬腿

重心移向左足，左腿微屈，向右轉身180°，面對來時方向，右腿屈膝提起，右腳尖外掰，橫腳向前、向上蹬出，高與腰齊；兩手提槍不動；目視腳蹬前方（圖4-33）。

③ 擰身劈槍

右足橫蹬出之後，速向前、向下落地，腳

圖4-33

圖 4-34

尖外擺，身向右擰，兩腿成交叉剪子股型，身形微低，兩腿彎曲；同時，右手槍把自上向前、向下、向後拉回至右腰側；左手向下、向後、向上滑握槍杆，再由上向前、向下劈落，左手緊握，虎口下壓，手心向下，槍成水平，略低於腰，力達槍尖前段；目視前方，頭向上頂（圖4-34）。

2.動作要點

① 崩槍回身動作是一個完整的動作，練習時，動作要連貫，中間不停，一氣呵成。扣步幅度要大，轉身要快，蹬腳要高，落地要穩。兩手運槍與步法、身法協調配合。

② 提撸槍注意兩手的擰旋；劈槍時，左手先滑把，再固把前劈。注意身形要低一些。崩槍回身後，再接下面動作練習時，左足向前上一步，兩手做攔拿扎，動作同前。

(六)崩槍收勢

崩槍收勢動作與劈槍收勢動作相同，右手向前扎槍。然後，右足向後退半步，左足微向後撤少許，重心後移，兩腿成五行槍預備姿勢。

同時，右手向後抽槍拉回，做上崩槍動作，使槍尖上下抖動，以下動作與劈槍收勢相同。

四、崩槍的勁力

1. 崩槍是兩手運槍做攔拿扎，結合不同步法而構成的。如定步、背步、蓋步、繞步。槍有「主於扎，而工於圈」的特點，這是由槍的形狀制式所決定的。攔拿是槍術中最基本的，也是最重要的技法。在老槍譜中稱之為「圈槍」，也叫「圈槍母」，它是槍術最主要的基本功。

2. 攔槍與拿槍各畫左右半圓弧，而共同構成一個圓。五行槍中的攔拿技法，首先，要注意槍杆的後段要緊貼腰部，不要離開。

其二，兩手「陰陽互轉」，也就是兩手擰旋要相合。左手外翻，右手內旋；左手內合，右手外擰旋。如平常所說的「擰槍，擰杆子」。

其三是攔拿時，槍尖畫圈的直徑，初練時可大一些，高不過頭、低不過胯。以後逐漸縮小，以直徑 30 公分為宜。

最後，攔拿槍時，一定要把腰勁、身勁貫到槍的前端。由於槍杆的彈性，而使槍尖抖動畫弧。左手握槍杆注意不要過鬆、過緊。過緊而僵，過鬆而懈，要鬆緊適中，腕部要靈活而有力。右手握槍把，手要握緊，而腕要活。

3. 攔槍時，左手用力外翻，左肩有向後振、向外開、向下沉之意。腰腹間有微微向前的挺勁，上體有隨攔而微右轉的動作。拿槍時，左手內旋而虎口有微向前壓的勁，左肩要向內合，上體應隨拿而微右轉。這樣，以腰身的整勁，增加攔拿的力度。以身勁的完整和槍杆的彈抖，而完成攔拿的圈槍。

4. 扎槍要「去如箭，回如線」。必須使槍直出直回，勁達於槍尖，使之顫抖。左手要控制槍尖出擊的高度和目標的準確度。槍扎出要快，抽回也要快。扎槍時，左手鬆握如管，以利滑動，對準目標，猶如準星。右手向前推送槍把，要逐漸加速，發勁要快而速。當右手將要接近左手時，再猛然加速用力，用「寸勁」將槍扎出。要轉胯、擰腰、合肩、伸臂、送手，而力達槍尖，使槍杆與手臂成一條直線。槍扎出目標要準確，要有定點，槍身不能晃動搖擺。

5. 攔拿圈槍時，身法、腰勁要和背步、蓋步、繞步要完整協調一致。身勁要和步法配合好，步法要靈活，身勁和槍要整齊如一。

6. 崩槍回身是由扣步提擼、轉身橫蹬、擰身劈槍所組成。右手向上提拉時，要使槍尖隨後抽隨畫一由前向左、向下的圓弧。右手要有擰旋的撐勁，左手有固把的托勁。轉身橫蹬與崩拳轉身右足橫蹬踩落勁法相同。擰身劈槍時，要擰腰、收腹，左肩前順，左肘內合，以身勁下劈。身形向下坐，而頭向上要有頂勁。

五、崩槍的技擊含義及用法

1. 崩槍的技法就是槍術中的攔拿扎，它是槍法的核

心、精髓，也是槍法技術的總代表。形意崩槍也就是槍譜中講的「中平槍」。中平槍有「槍中王」之稱。

2. 攔、拿技法的實際用法，是在對方也用槍向我扎來時而採用的防守方法。攔槍是對方向我圈外用槍扎來時，用攔法；如對方向我圈裡用槍扎來時，我即用拿槍。「圈外」就是對方的槍在我槍的左側。「圈裡」就是對方的槍在我槍的右側。

3. 扎槍是槍術中最主要的進攻技法，任何技法都是圍繞這個中心而設計、動作的。這是由於槍的形制特點所決定的。由於槍扎出路線直、速度快，而尖鋒利，如擊中必能致傷，擊中要害則性命嗚呼。扎槍的目標是以上、中、下，頭、胸、腹為主。但是，用槍尖扎對方的前手或前臂，也是常用的進攻手段。對方的前手或前臂距我最近，路線最短，只要我伸臂出槍就能夠著，所以，善用槍者，總是先找對方的前手，這是首選目標。只要對方的前手受擊，必定鬆手而器械掉地，這樣等於繳械，以下則隨我任意用招，任意打擊。

4. 步法中的背步、蓋步、繞步、進步、退步、左右移動等步法。意義有二：

其一由於我的游走不定，使對方找不到我一個固定的目標。

其二，也是我以步法的移動，用我的槍杆和對方的槍杆尋找一個十字交叉點，只有找到兩槍杆的交叉點，才能有利於我的防守。正像槍譜中所說：「勢勢之中，著著之內，彼來我去，盡成一叉字，豈有著空，而不中者乎。」

5. 在槍術的諸法中，中平槍是最難防守的技法，也是最厲害的技法。故有「槍中王」之稱。「槍扎一條線」

「去如箭，回如線」都是說明扎槍的直、快、疾。在扎槍的實際運用中，一定要注意進攻時，使我的槍杆與對方的槍杆保持平行成一字，這樣對方不容易防守。在扎槍用法中，還有「吃槍還槍」的招術。就是對方向我扎來一槍，我不防不架，只是向後坐腰閃身，至對方槍出滿未中而後抽時，我順其抽槍之際，速出槍向前扎。這就是「不招不架，就是一下」。如對方處於防守被動之時，我則連續向對方的上、中、下扎槍，連續不停，不容對方喘息，這就是「犯了招架，就有十下」。所以要牢記：「進攻要一字，防守找叉字。」

6. 在崩槍的攔拿扎技法中，也要做攔扎和拿扎的練習。要攔開就扎，拿下也扎。但是，在自己槍扎出後，向回抽拉的過程中，一定要隨往後抽槍，隨做攔槍的動作；而在拿槍的過程中，一定要邊拿槍，邊向前扎槍。這樣能搶得先機，只要能得機得勢，便能成功。這就是老槍譜中所講：「出時是圈，回也是圈，圈中有直，直中有圈，槍之元神全在於圈。」圈槍是防守的技法和手段；而進攻是目的。進攻最好的方法就是扎槍。

7. 要想使槍術技法達到能夠實際運用的程度，學練槍法苦練技術是必不可少的基礎。不但要學練技術、學練套路，還必須進行二人槍術滑杆的練習。單人練習能掌握技術動作，雙人對滑、對扎的練習，能找到感覺，找到攻防技法，找到距離，找到火候，久而熟之，才能言用。但目前滑杆練習者較少，懂用法者更是鳳毛麟角了，大部分都是練習套路。

六、崩槍教學訓練法

1. 崩槍的主要技法是攔、拿、扎，這是槍術中最基礎的核心，也是最主要的技法。練槍者如不會攔、拿、扎，就不是一個練槍者。槍術在各拳種中都是最吃功夫的一項技術，槍譜講：「是以練槍者，惟下久苦之工於一圈，熟而更熟，精而益精。」才能掌握槍術，才能運用技法。

2. 練習攔拿扎動作時，初練動作要慢，槍尖畫弧可以大一些，以體會兩手的擰旋。先練定步，以後再結合步法練習。持槍要平穩，姿勢要正確，槍尖的運動軌跡要規範。初練時動作的規範是主要的。在慢練的過程中，以體會身體各部的勁力及兩手和腰身的配合，如何把身勁貫到槍尖。在動作熟練，技術規範之後，要逐步增加勁力，逐步加快速度。同時，把攔拿的圈逐步減小，像茶盤一樣大小，即 30 公分左右。先練定步，再練背步、蓋步、繞步等，要循序漸進。

3. 在槍術練習方面，沒有捷徑，只有苦練。要想學熟學精，不但要提倡苦練，練好技術，練好套路，還要進行滑桿的練習。而且，還要鑽研槍術的理論，學習老拳譜中前人的經驗，研究技術用法，只有這樣，才能提高自己的技術水準。

七、崩槍歌訣

> 崩槍技法強中強，攔拿圈中找其槍。
> 背蓋繞步隨身走，中平一點是槍王。

第四節 鑽 槍

一、概 述

形意五行槍法中的鑽槍，是以五行拳的鑽拳而命名的。鑽拳是一種由下向前上打出的拳勁，只要發出這樣的拳勁，都算是鑽拳的範疇。而鑽槍應該是一種什麼樣的技法呢？縱觀形意拳譜和書籍，以及武術雜誌中關於形意五行槍技法的論述，各家說法不一，技法不同，動作各異。

按《形意拳抉微》中的鑽槍是左右下攔，而上步扎頭面。《尚氏拳械抉微》中的鑽槍是背步反手頭頂扎槍。也有的書中把攔拿上扎頭而為鑽槍；也有的認為左右上格，上步扎頭為鑽槍等等。

這是形意各家在鑽槍的技法上不同的理解、不同的觀點所致。各有其說，各有其理。由本人多年的學習和研究，透過對五行槍技法的整體分析，認為鑽槍應該有驚下取上之法，即扎頭面，還應有反手下扎的技法。用提撸之法防下，進而反手下扎對方的前膝和腳。如對方注意下面的防守，則我用槍蓋壓扎其頭面。這樣既保留了傳統中扎頭面為鑽的技法，又增加了提槍防下扎膝腳的技法。「提撸革下」是傳統槍術的重要技法之一。這樣，以充實完善了鑽槍的技法。

二、鑽槍內容

鑽槍技法包括：提撸扎膝，蓋壓扎面，鑽槍回身，鑽槍收勢。

三、鑽槍練法

（一）提撸扎膝

1.動作過程（自五行槍預備勢起）

① 進步提撸槍

左足向前進半步，右足跟進至左足內側不落地；同時，右手握槍把，自右腰側向上提起，至頭頂右上方，右手內旋至手心向上，右臂撐圓；左手鬆握，順杆前滑，左手外旋至手心向斜前，左臂微屈，左手握槍杆，高在腰、腹之間，左手微向右推，使槍尖自前向左、向下、向右畫一圓弧，槍尖高與膝齊；目隨槍尖，注視槍尖前方（圖4-35）。

圖4-35

圖 4-36

② 上步扎膝

右足向前上一步，左足跟進半步，兩足成前四後六步型；同時，右手緊握槍把，自頭上向前、向下扎出；左手鬆握如管，左手前伸對準方向；右手向前下推送，與左手相觸，右手槍把略高於肩，槍尖高與膝齊，力達槍尖；目視槍尖（圖 4-36）。

2.動作要點

① 左足進步與雙手擰槍提擄，上下要相隨，動作要一致。

② 右足上步與下扎槍要步到、槍到。右手反手下扎槍時，要含胸緊背，兩肩內合。

③ 進步提擄與上步扎膝，這兩個動作是一個完整的技法。練習時，兩個動作應連貫，中間不停，一氣呵成。

圖 4-37

（二）蓋壓扎面

1. 動作過程

① 進步蓋壓槍

右足向前進半步，左足跟進至右足內側不落地，同時，兩腿微屈，身形微向下坐；右手握槍把向後抽槍，向下落至右腰側，右手外旋，手心向上；左手向前滑把，左手內旋翻轉，至手心向下，左臂微屈，虎口向下壓，使槍尖自下向左、向上，再向右畫弧繞圓，槍杆成水平，高與腰齊；目視槍尖（圖 4-37）。

② 上步上扎槍

左足向前上一步，右足跟進半步；同時，左手微向上起，使槍尖高與頭齊，左手鬆握如管；右手用力向前加速推送槍把，右手與左手相觸，左手成掌，捧於右手外，槍

圖 4-38

尖扎出，高與頭齊，兩手高與胸齊。力達槍尖，使之顫抖；目視槍尖前方（圖4-38）。

以上動作重複練習，次數多少，視場地大小和體力而定。

2.動作要點

① 右足進步與兩手運槍纏繞蓋壓，動作要手腳合順，協調一致。注意身法的開合。

② 左足上步與槍向前上扎出，動作要整齊一致。整個動作要一氣呵成，連貫不停。

圖 4-39

圖 4-40

（三）鑽槍回身

1. 動作過程

① 扣步提擄槍

（上接左上步上扎槍）左足原地扣步，重心移向左足，兩腿微直；同時，右手握把向上擰旋提拉，至頭頂前上方；左手鬆握，順杆前滑，槍尖向前下，高與膝相齊；目視槍尖（圖 4-39）。

② 轉身退步劈槍

向右轉身 180°，面對來時方向，右足向後退一步，重心後移，大部分重量在右足；同時，右手握槍把，自頭上向前、向下拉回至右腰側；左手向上、向前，再向下握槍杆掄劈，使槍尖自後向上，再向前、向下畫一圓弧，槍身成水平，槍尖高與腰平，力達槍身前段；頭向上頂，目視槍尖前方（圖 4-40）。

2.動作要點

扣步與提槍動作相齊，退步與劈槍要完整一致。兩個動作要連貫不停。

(四)鑽槍收勢

鑽槍收勢動作與劈槍收勢完全相同，請參閱劈槍收勢動作。

四、鑽槍的勁力

1. 提撸槍注意兩手要「陰陽相轉」，也就是右手內旋，左手外旋，兩手擰旋要協調一致，用腰身之勁，把身勁貫於兩膀、兩臂，通過兩臂，而達於槍桿前段。右手要有拉撐擰旋之勁，左手要有向前撐托之勁，上下一致，全身完整，力達槍尖。利用槍桿的彈性而使之顫抖。

2. 上步下扎槍，由於是右手自頭上，反手向前下扎，它的力量沒有「中平槍」大。右手反扎時，要抬肘、合肩、送臂、身微前探，背要緊，胸要含，腰要收，下扎動作要快，抽回也要快。

3. 進步蓋壓，注重身法。右手槍把後拉時，身形微向後移，兩手擰轉向前拿壓時，身形微向前移，要合肩、含胸、頭頂。右手在腰間固定，左手虎口下壓，把身勁貫於槍的前段。只有身法和槍的動作配合協調完整，才能體現技法的功夫。

4. 上扎槍的關鍵是左手，這個準星所指的方向和位置是否準確。左手必須控制槍桿，不使其任意擺動，左手是支點、是準星，右手是動力，扎槍時，要擰腰、順肩、伸

臂而發力。

5. 提擼轉身退步劈槍，轉身提擼身形要展，姿勢要高。退步槍劈姿勢要下落，身形要合，注意頭部的上頂。配合呼氣發力，注意「固把擊發」，劈槍時要「過中發力」，要有定點。

五、鑽槍的技擊含義及用法

1. 提擼槍是防下槍的主要方法，槍譜中講「提擼革下」。如對方持槍向我下部扎來時，在對方出槍滿而未滿之際，也就是對方的右手與左手將要相接觸時，我右手槍把上提過頂，槍尖向下繞一半圓弧，我槍杆前段要在對方槍杆的中後部相接觸，使對方的槍鋒走偏，以防開扎來之槍。

2. 反手下扎槍，主要是扎對方的前腿、前膝、前腳。由於反手下扎槍是反手握把和自上往前下扎，不利於身勁的貫注和發力。所以，要求下扎要疾，抽回要快。不管扎中與否，切記抽回要快，以免被對方用力格擋時，我反手握持不得力，容易脫把。

3. 進步蓋壓的動作中含有絞、撥、拿、壓的技法，既有防下，也是防中。如對方自我圈外向我下扎槍時，我用槍尖向下、向左提撥以防開，順勢黏住其槍，向上絞纏、向下拿壓。此時發勁，可使對方槍杆向下落地。然後，緊跟出槍向敵臉部扎去。

4. 在防守技法的運用時，一定要注意掌握「火候」，這個「火候」就是對方出槍將滿而未中目標之時機，不能太早，也不能太晚。太早，對方容易中途變化招術，太晚則被擊中。這裡有一個時機和火候的問題。火候是很多拳

家秘而不宣，秘而不傳的東西。正如有的拳家講：「寧教十招，不教一候」。可見技法的掌握，關鍵還有一個時機火候的問題，要想掌握它，必須得到名師的講解和指教，還必須進行二人的滑杆對練。正像戚繼光的《紀效新書》所言：「須兩槍對較，一照批迎，切磋搠擠著，拿大小圈，按一字對戳一槍，每一字經過萬遍不失。字字得過，乃成武藝。」這些精闢的論述，望學者用心悟其道理，用身找其勁路，用手練其技法。

六、鑽槍歌訣

> 鑽槍習練過萬遍，提擼防下陰陽轉。
> 上步反手扎膝腳，絞撥蓋壓扎其面。

第五節　炮　槍

一、概　述

傳統形意槍中的炮槍，是以五行拳中炮拳的步法、炮拳的勁法，而雙手配合運槍，由後向斜前方架擺挑的技法。在形意槍中把這種技法稱之為「炮槍」。為了更好地運用和發揮擺挑撩的技法，突出槍法中的纏圈和槍中有把的技法，在繼承傳統的基礎上，作者增加部分內容，以充實、完善和豐富炮槍技法的實用性。

民間傳統炮槍的另一種練法是換手倒把，有如炮拳，向身左右斜前方的架擺撩。這兩種練法都能體現炮槍的技術特點和風格，但在實用技擊方面，還是前一種練法較好。在學練過程中，這兩種練法都應兼顧，以期全面發

展，全面掌握。

二、炮槍內容

炮槍練法一包括：右背步裡纏槍、左進步外纏槍、上步架推擺撩、退步砸把、掛把翻身拿槍。炮槍練法二包括：右步炮槍、左步炮槍、炮槍轉身、炮槍收勢。

三、炮槍練法

（一）炮槍練法一

1.右背步裡纏槍

（1）動作過程（自五行槍預備勢起）

① 重心前移，左足不動，右足經左足後，向左背插一步，兩腿成交叉，重心在兩足之間；同時，右手握槍把在右腰側不動；左手向前滑把，槍杆緊貼腰腹，左手運槍，使槍尖向下、向左繞圓畫弧；腰微左擰，目視槍尖（圖4-41）。

② 左足向前上一步，右足不動；左手持槍繼續向上、再向右畫弧，左手虎口向下，槍尖高與腰平；右手握槍把，隨之與左手反向繞小圓攪動，槍杆貼身；目視槍尖（圖4-42）。

圖 4-41

圖 4-42

（2）動作要點

① 右足背步與槍尖向下左攔，動作要一致。

② 左足上步與拿槍動作要整齊。運槍畫弧動作不停，兩足上步要快。

③ 整個動作要連貫不停，左手運槍畫弧繞圓，要高不過肩，低不過胯。以腰身帶動，整個動作要柔和而連續不斷。

2.左進步外纏槍

（1）動作過程

左足向前進半步，右足跟進至左足內側不落地，左腿微屈站穩；同時，左手運槍，使槍尖向上、向左，再向下畫弧做外纏槍動作；右手握槍把在右腰側，隨之做反向攪動，槍杆貼身，槍尖畫弧繞圓，高不過眉，低不過膝；目視槍尖（圖4-43）。

圖4-43　　　　　　　　圖4-44

（2）動作要點

① 左足進步與槍尖向上、向左纏繞，上下動作要一致。注意左手微向前滑把，右手配合壓轉，槍杆緊貼腰身。

② 此動作與背步裡纏槍應連起來做，外纏和裡纏使槍在身前繞纏正反兩個圓弧。

3.上步架推擺撩

（1）動作過程

右足向右斜前方上一大步，左足跟進半步，兩腿成前四後六步型；同時，右手槍把自右腰間向前、向上提起，至頭頂右上方，右臂微屈撐圓，右手握槍把內旋，使手心向外；左手微外旋，使槍尖自左下方向右斜前方畫弧上撩，左手心向右斜前方，左臂微屈，向右斜前方推出，左手高與胸齊，槍尖高與腰平，力達槍身前段，槍尖指向右斜前方；目視槍尖前方（圖4-44）。

（2）動作要點

① 右足上步要大，與左手槍尖的擺撩和右手槍把上提架起，上下前後，動作要協調，整齊一致。

② 左進步外纏槍與上步架推擺撩，兩個動作練習時，動作要連貫，中間不停，一氣呵成。

4.退步砸把

（1）動作過程

左足向後退半步，重心後移，右足隨之向後撤半步，大部分重量在左足；同時，左手先順槍杆向前滑動，於槍杆前三分之一處握緊，左手心向外，拉回在左腰側；右手滑把露出槍把約 50 公分，使槍把自上向前、向下蓋壓砸把，右手以虎口向下握把，槍把高與腰平；身向左轉，右肩內合。頭微上頂，目視槍把前端（圖 4-45）。

圖 4-45

（2）動作要點

① 退撤步要快，注意左手先向前滑把，右手砸把要滑把轉身而砸，槍把蓋砸要有力。

② 兩手滑把要協調，動作要快要敏捷，槍把露出要有本人的一臂長。

5. 掛把翻身拿槍

（1）動作過程

① 右手握槍杆，屈臂向後、向上掛把，把端至頭上方時，右手向上滑握把端；左手隨之向前推；重心後移至左足，目視前方（圖4-46）。

② 身向右翻轉180°，右足落地外擺，左足隨即向前上一步，大部分重量在右足；同時，右手握槍把，向下拉回至右腰側，走一小弧形；同時，左手隨之向後滑把，至合

圖 4-46

圖 4-47

適位置握槍做拿槍動作，使槍尖自下向左、向上，再向右畫弧，槍尖高與腰齊；目視槍尖前方（圖4-47）。

（2）動作要點

① 右手槍把要先向後掛，掛至右肩上再滑把。右手抓握槍把要盡量握把端，也可留出部分，但在翻身之後做拿槍時，右手要握槍把端。

② 翻身時，可做跳步，拿槍動作要快，要有力。

6.跟步扎槍

（1）動作過程

右足向前跟步至左足後，右足落地，如崩拳步法，大部分重量在右足；同時，左手鬆握如管，對準正前方；右手用力向前推送扎出，兩手相觸，左手捧於右手外側。槍成水平，槍尖高與胸齊；兩臂微直，頭頂，目視槍尖前方（圖4-48）。

圖 4-48

（2）動作要點

① 槍扎出發力與右足跟步落地要整齊一致，要力達槍尖，使之顫抖。

② 掛把翻身拿槍與跟步扎槍，這兩個動作要連起來做，中間不停，一氣呵成。

7.右背步裡纏槍

（1）動作過程

① 左足向前進半步，右足不動，大部分重量在右足，兩足成預備勢；同時，左手鬆握如管，右手向後抽回至右腰側，槍杆貼腰；身微右轉，目視槍尖前方（圖4-49）。

② 重心前移，右足經左足後向左背插一步，左足不動，兩腿彎曲成交叉，重心偏於左足；同時，左手向前滑把少許；右手在右腰側不動，左手和腰身一起，使槍尖向下、向左畫弧；目視槍尖（圖4-50）。

圖 4-49

圖 4-50

③左足向前上一步，右足不動；同時，左手運槍繼續
向上、再向右畫弧，左手虎口向下，槍尖高與腰平；右手
槍把隨之與左手反向繞一小圓，槍杆貼身；目視槍尖前方
（圖 4-51）。

圖 4-51

以上動作重複練習，過程、要點與前同。

（2）動作要點

炮槍動作1、2、3是一個動作組合，4、5、6又是一個動作組合。練習時，幾個動作要連貫不停，協調一致。注意槍術技法要清楚，動作要到位，不能因動作要連貫不停而使技法含混不清。

（二）炮槍練法二

1.右步炮槍

（1）動作過程（自五行槍預備勢起）

① 左進步外纏槍

左足向前進半步，右足跟進至左足內側不落地；同時，右手握槍把向後拉槍；左手鬆握向前滑把，左手向上起，揮至身左側後方，使槍尖向上、向左、再向後畫弧；右手隨之向前推送；目視槍尖（圖4-52）。

圖 4-52

② 右上步攔撩

右足向斜前上一大步，左足跟進半步；同時，右手槍把自腰側向上提起，至頭頂右上方，右手內旋，手心向上，右臂撐圓；左手握槍杆，自左後側以手心向右前方隨右足上步，用力向右斜前方推出，使槍尖自下向斜前上方畫弧，槍尖高與腰齊，力達槍身前段，使之抖動，左臂微屈，左手與腰齊；目視槍尖前方（圖 4-53）。

（2）動作要點

① 左足進步與左手槍外纏動作要協調一致。此纏槍畫弧動作要大。

② 右足上步與右手槍把上提和左手滑把攔撩動作，要整齊如一，步到槍到。

圖 4-53

2.左步炮槍

（1）動作過程

① 右進步撩槍換把

右足向前進半步，左足跟進至右足內側不落地；同時，左手向左擺，使槍尖至左斜前方，槍尖向上、向右後畫弧，至槍尖向上，槍把在頭頂上時，兩手換把；左手自上下落，順杆滑握把端。槍

圖 4-54

尖自上向身右側下落，右手順槍杆前滑，握槍身中段，右手向後擺至右後方；目隨槍走（圖 4-54）。

<table>
<tr><td>圖 4-55</td><td>圖 4-56</td></tr>
</table>

圖 4-55　　　　　　　　　　　圖 4-56

② 左上步擺撩

左足向左斜前方上一大步，右足跟進半步，大部分重量在右足；同時，左手握槍把，自腰側向上提起，至頭頂側上方，左手內旋，手心向外；右手以手心向左斜前方握槍，自右下向左斜前方用力推出，槍尖高與腰齊，右手臂微屈，右手高與胸齊，力達槍身前段；頭微上頂。目視槍尖前方（圖 4-55）。

（2）動作要點

① 右足進步與兩手運槍向上起動作要整齊一致。換把要靈活、要協調、要快，兩手換把，要隨槍的上起在頭前換手，兩手心相對。

② 左足上步與左手握把上提和右手滑把擺動作要整齊一致，步到槍到。

3.右步炮槍

（1）動作過程

① 左進步撩槍換把

左足向前進半步，右足跟進至左足內側不落地；同時，右手運槍，使槍尖向右擺至右斜前方，左手下落至左腰側。左手持槍把向前推送，右手向上撩起，使槍尖向上畫弧擺起；至槍尖在頭頂上方時，兩手換把，右手順杆下落，抓握槍把；左手隨槍杆向左、向後畫弧下落時，順杆下滑，抓握槍杆中部；眼隨槍尖，換把時看雙手（圖4-56）。

② 右上步攔撩

右足向右斜前方上一大步，左足跟進半步；同時，右手自下向上提起，右臂撐架於頭頂右上方，右手內旋，右臂微屈；左手用力向右斜前方推出，左臂微屈，手心向前，使槍尖向前攔撩，高與腰齊，力達槍身前段；目視槍尖前方（圖4-57）。

圖 4-57

（2）動作要點

① 前足進半步與兩手在頭前換把要協調連貫，兩手動作要快。

② 注意槍尖要先擺動，以找準方向，是左右的斜前方。右足上步落地與槍向斜前方撩出，上下動作要整齊一致。

以下動作同前，左右練習，循環不止。

圖 4-58

（三）炮槍轉身

（1）動作過程

① 扣步轉身撩槍換把

（上接右步炮槍）右足向左足前外側扣步，重心在右足，向左轉身 270°，左足提起至右足內側，兩腿併攏微屈，面對來時方向；同時，槍隨身轉，槍尖自下向左、向上撩起畫弧，至槍尖向上，槍把至面前時，兩手換把，左手順杆後滑握把端，右手前滑握槍中段；此時，槍尖繼續向右、向下畫弧，下落至體右側；目隨槍動，目視兩手換把（圖 4-58）。

② 左上步擺撩

左足向左斜前方上一大步，右足跟進半步；同時，左手握把，內旋上提至頭上方；右手外旋，以手心向左斜前方，握槍杆用力向前推送發力，使槍杆前段顫動，力達槍身前段，槍尖高與腰齊；目視槍尖前方（圖 4-59）。

圖 4-59

回身動作左右相同，惟兩手、兩足互換而已。

（2）動作要點

扣步轉身動作要快，扣步幅度要大。槍隨身轉，轉身後再做撩槍換把，其他要點同前。

（四）炮槍收勢

1.如炮槍練法一右跟步扎槍時收勢，收勢動作與劈槍收勢相同：① 右退步崩槍；② 併步立槍；③ 立正持槍。

2.炮槍練法二收勢時，應以右步炮槍收勢：

（1）動作過程

① 左上步拿槍

右足不動，重心前移，左足向前上一步，大部分重量在右足；同時，右手微外旋，左手運槍，使槍尖自前下向左、向上、向右畫弧做拿槍動作；左手內旋，手心向下，虎口向下壓槍杆，槍成水平，槍尖高與腰齊；頭微上頂，

圖 4-60

目視槍尖前方（圖4-60）。

　　② 右跟步扎槍；③ 右退步崩槍；④ 併步立槍；⑤
立正持槍。

　　（2）動作要點與劈槍收勢相同。

四、炮槍的勁力

　　1.炮槍是根據炮拳的動作結構和勁力，結合槍術技法
的特點創編而成的，既體現了炮拳的架勢和風格，又突出
了槍的架撩擺挑的技法。上步擺撩是炮槍技法的核心，擺
撩之力在槍的前三分之一處，也就是槍的前段。擺撩時，
發勁要順猛，配合呼氣，以助發力。上手要先有向上提拉
之力，至頭前上方時，上手要有撐架之勁。下手向前推送
發力時，手臂要貼身，以腰身之力發之。腰部要有向上的
挺勁，用全身之勁，要完整如一。

　　2.纏槍是以槍尖繞轉成圓的技法。分為裡纏、外纏，
也叫左纏右纏。順時針繞圓畫弧時為裡纏，逆時針繞圓畫

弧時為外纏。練習時，纏槍要用身勁，槍杆緊貼腰腹，以腰腹帶動兩臂，左手運槍繞圓，要意貫槍尖。裡纏有拿壓之勁，外纏有挑掛之意。

總之，纏槍要有意念纏繞黏住敵械，使其有逃不掉、脫不開的感覺，注意兩手要「陰陽相轉」，纏槍繞圓要上不過頭，下不過膝。

3. 退步砸把要以身勁下壓，槍把向下劈砸時，注意兩手滑把要快，砸時要收腹含胸，退步時，要逢退必撤。注意轉身而砸。

4. 在身法方面，總的原則是「欲前先後，欲左先右」。在各種動作中，一定要認真的研究和運用，只有符合和做到這個原則，那麼，他的身法一定會正確，他的勁力一定會充實飽滿。

五、炮槍的技擊含義及用法

1. 炮槍的主要技法是架撩。架是槍上舉過頭，但炮槍的架是傾斜，它不但有上架護頭的作用，更重要的是槍前端有撩攉挑的技法。撩是指槍尖由後下向前、向上的運動過程。攉是指槍運行過程中的勁力，挑是由下向前上方用槍前段的打擊方法。因此，架撩攉挑的技法是上架護頭，下部進攻，攻防兼備，顧中有打的技法。

2. 如對方持槍或棍向我平掃橫把打來時，我上手提撩護頭、護身，而另一手向前推槍攉挑對方的腿、襠、腹，配合步法向闖步，既完成了防護，又進行了攻擊。顧打同時，充分顯示了形意的風格和特點。上步要快，用力要猛，氣勢要勇，有將對方攉起之勢。

3. 纏槍，顧名思義就是用我的槍把對方的槍以繞弧的

方法進行纏住。內中含有黏住的意思，使其不能逃脫，當然，要想達到這種地步，非一日之功。必須得下大工夫，還得經常兩人切磋、實踐。

纏槍時，只要我槍一接上對方的槍杆，就應該像太極拳推手一樣黏住它。以我槍的纏繞而控制對方，尋機會進槍而扎纏槍時，是我槍的前段找對方槍的中段進行纏繞。纏槍是手段，進槍而扎才是目的。纏槍中有裡纏、外纏，順時針繞轉為裡纏，逆時針繞轉為外纏。裡纏之中暗含著拿壓，外纏之中暗含著挑掛。

4. 退步砸把是「長兵短用，以短救長」之法。退步而撤閃，亮把而砸對方的器械或身體。此時對方又抽搶向我頭部扎來時，我右手把端順勢向右後掛開。同時，速翻身用槍圈拿彼槍，進步送槍扎其心窩。這些都是動作的技擊含義，都是假設、假想。實際用時，必須靈活掌握，隨機應變。

六、炮槍歌訣

炮槍技法氣勢雄，架撩擺挑勁要沖。

裡外纏絞黏敵械，砸把翻拿扎其胸。

第六節　橫　槍

一、概　述

橫槍是與五行拳的橫拳相對應而命名的槍法，這是民間傳統形意拳對五行器械故有的名稱，也是大家約定俗成的叫法。

橫是左右與地面平行移動：從左至右或從右至左，與
豎、直、縱相對為橫。橫槍，顧名思義就是使槍左右移的
練習方法和使用方法。槍術中這樣的運動形式，傳統五行
槍中規定為橫槍。五行槍中的橫槍是左右平行的崩勁。發
勁時，身形完整，勁力均整，以腰為力源，以槍桿的柔韌
性，以槍身前段運動的慣性，以突然的制動而產生的崩
發。橫槍應多練習而細心體會，要把身勁貫注到槍尖，非
久練而不可得。

二、橫槍內容

橫槍練法包括：左步橫槍、右步橫槍。左步橫槍中有
右進步圈槍、左上步橫崩；右步橫槍中有左步圈槍和右步
橫崩。

三、橫槍練法

(一)右步橫槍

1.動作過程（自五行槍預備勢起）

① 左步圈槍

左足向前進半步，右足跟進至左足內側不落地；同
時，右手握槍把，上起至胸前，左手在前，伸臂持槍，兩
手心相對，使槍尖在前方以逆時針方向繞一圓弧。槍尖高
不過頭，低不過腰。右手槍把在胸前繞一小圓；目視槍尖
前方（圖4-61）。

圖 4-61

② 右步橫崩

右足向右斜前上一大步，左足跟進半步，大部分重量在左足；同時，右手握槍把，由身前向右橫拉至右肩前，右臂彎曲 90°，右手內旋擰轉，使手心向外；左手向前滑把，握槍杆向右斜前方橫推，手心向斜前，突然緊握槍杆制動，使槍前段向右平行抖動，左臂微屈。槍身微平，槍尖略高於肩；身微右轉。目視槍尖前方（圖 4-62）。

2.動作要點

① 左足進步與圈槍動作要一致，注意槍略前送，兩手在身前。

② 右足上步與向右橫崩，要上下整齊一致，發出整勁，力達槍尖。注意滑把制動。

③ 練習時兩個動作要連貫不停，一氣呵成。圈槍動作要柔和圓滿，橫崩要剛猛。

圖 4-62

（二）左步橫槍

1.動作過程

① 右進步圈槍

右足向前進半步，左足跟進提起至右足內側；同時，左手握槍杆在前，右手握把向前微推送，左手挫握微向後滑，身微左轉，使槍尖向下、向左，再向上、向右以順時針方向畫弧繞圓；此時右手在身前繞一小圓，右手在左腋下，繞圓槍尖上與頭齊，下與腰齊；目隨槍尖運轉（圖 4-63）。

② 左上步橫崩

左足向左斜前方上一大步，右足跟進半步，重心在兩足之間，兩腿微屈；同時，右手握槍，由左腋下向後抽拉至右肩前，右手內旋擰轉，手心向外，屈肘抽拉，高與右

圖 4–63

形意拳械精解（下）

圖 4–64

肩齊；左手滑把，向左橫擺，突然緊握槍杆制動，使槍身
前段向左平行抖動，槍身平，槍尖略高過肩；身微右轉，
目視槍尖前方（圖4-64）。

圖 4-65

2.動作要點

① 兩手圈槍動作要協調，槍尖畫一大圓，右手畫一小圓。兩手要反向用力。

② 兩個動作中間不停，連貫一致。

（三）橫槍回身

1.左步橫槍回身

（1）動作過程

① 左扣步轉身橫掃

左足在右足尖前扣步，右轉身 180°，面對來時方向，右足向前進半步，左足不動，大部分重量在左足；同時，右手槍把下落至腰側；左手微向前滑把，手心朝前。槍隨身右轉，由後向前平行橫掃，槍尖高與肩齊；目隨槍轉，注視槍尖前方（圖 4-65）。

②右進步圈槍；③左上步橫崩；動作同前。

（2）動作要點

左足扣步幅度要大，轉身要快。槍轉身橫掃要以腰帶，注意槍和身要成一體，以腰間的抖動而發勁。

2.右步橫槍回身

（1）動作過程

① 左扣步提擼槍

左足向前上步，至右足尖前扣步落地，重心前移至左足；同時，右手槍把向上提起，至頭頂右側，右手內旋，手心向外。左手下落微向右擺，使槍尖向左、向下、向右畫弧，槍尖高與腳踝齊；目視槍尖（圖4-66）。

② 右退步劈槍

右轉身180°，面對來時方向，右足向後退一步，重心後移，在兩足之間略偏後一些；同時，兩手運槍，使槍尖自下向後、向上，再向前、向下劈落，右手拉回至右腰側，左手微直，槍成水平，高與腰齊；目視槍尖前方（圖4-67）。

以下再接橫槍動作，左右練習。

（2）動作要點

① 左足扣步與提擼槍動作要上下一致，注意兩手要擰轉。

圖 4-66

圖 4-67

② 右足退步與翻身劈槍要整齊一致，要力達槍端。

（四）橫槍收勢

橫槍練習至原起勢位置，轉身與起勢方向相同時，如是右步橫槍收勢動作如下：

1.動作過程

① 左上步拿槍

左足向前上一步，右足不動，大部分重量在右足；同時，右手握把，下落至右腰側，雙手擰轉做拿槍動作，槍身略平，槍尖高與腰齊；目視槍尖前方（圖 4-68）。

② 跟步扎槍

重心前移，右足向前跟進半步，至左足後，兩腿微屈；同時，左手鬆握如管，右手握槍把用力向前推送扎出，槍身水平，槍尖高與胸齊，力達槍尖。目視槍尖前方（圖 4-69）。

圖 4-68

圖 4-69

③ 退步崩槍

右足向後退半步，左足不動，重心後移，大部分重量
在右足；同時，右手拉槍抽回至右腰側，左手向前滑後
握，雙手做上崩槍動作，使槍尖上下顫抖，槍尖高與頭
齊；目視槍尖前方（圖 4-70）。

圖 4–70

以下收勢動作與劈槍收勢相同。

2.動作要點

① 左足上步與雙手擰轉拿槍，動作要一致，跟步與扎槍要槍到、腳到。

② 退步與崩槍要相齊。注意左手的滑把與緊握要適時，要力達槍端。

四、橫槍的勁力

1. 橫槍是由圈槍和橫崩兩個技法所組成。圈槍是使槍尖在身前繞圓，橫崩是在畫圈繞圓的過程中，突然使槍尖加速橫向擺動，再猛然進行制動。利用槍身的彈性，利用槍尖運動的慣性，而產生向左或向右的橫向崩力。

2. 圈槍時，動作要柔和圓滿，兩肩微向內合，胸微含，腰微蓄。左手在前作為支點，右手在胸前繞小圓，槍尖繞大圓，兩手要有相反的勁。即右手向下、左手向上，

右手向左、左手向右。兩手之勁，全在兩肩與腰身運化。注意左手握把要鬆活有力，既不能太緊，又不能太鬆，過緊則僵，過鬆無力。細心體會身法的「欲左先右，欲右先左」的協調配合。

3. 槍向左右橫向崩發時，左臂要有向左橫擺或向右橫推的勁力。右手握槍把要有向後抽拉、向後撐的勁力。兩手擰旋，陰陽相轉。發勁時，身微右擰，腰微上挺，胸要展，兩肩要開，兩手要有撐拉之勁，即左手有向前的撐勁，右手要有向後的拉勁。兩肩、兩胯用力，以腰帶肩，以肩帶臂，以兩臂運槍，配合發力呼氣，以全身之整勁注於槍身前段。在發勁的過程中，左手的制動是發力的關鍵。要使前後兩臂、兩手撐拉槍杆，與整個身體形成上下、前後、內外成一整體，這樣發出全身的整勁。

4. 扣步回身槍橫掃時，要用腰勁，要轉身、擰腰、坐臀而發勁。注意重心後移，以利發勁，注意兩手要擰轉，槍與身要成為一體。

5. 橫槍練習時，左手的滑把、左臂彎曲的角度和槍左右擺動的幅度大小，以及右手槍把的位置和抽拉距離的長短，以及身法的配合等，這些都必須遵循「任何一個動作姿勢和動作過程，都必須有利於勁力的發揮」這樣一個原則。同時，還應符合「身體舒適、自然、有利」的原則。當然，最重要的還應「符合攻防技擊」的原則。所以，在槍術找勁法時，一定要突出「整勁」，要把全身之勁貫注槍端，這是重中之重，要中之要。

五、橫槍教學訓練法

橫槍練習時，要先學定點的圈槍橫崩。兩足不動，左

前右後，原地練習。圈槍時，槍尖在前，繞圓畫弧，圈要大一些，注意槍尖的運動軌跡要符合動作要求。注意兩手和身法的配合，要體會如何把身勁貫到槍尖。

動作時，要先慢後快，從慢動作中去找身法，去找兩手的配合，去找勁力的蓄發，去看動作的運動軌跡。從大圈逐漸變小圈，從兩手畫弧繞圈不用力，再逐漸由小力變大力。從慢動作再逐漸加快速度。在原步圈槍橫崩動作熟練掌握之後，再配合步法的進步和上步。

這樣循序漸進，能較快地掌握橫槍的技法。老師的口傳身授是重要的，但自己的刻苦練習是學習技術的關鍵。

六、橫槍的技擊含義及用法

1. 橫槍技法是左右圈槍橫崩。圈槍是槍尖做圓弧運動，但槍尖並非是在一個完整的圓上運動，而是在圓內的一部分上運動，甚至常在曲率半徑不斷變化的、不很規則的曲線上運動。在槍法中，對於圈槍極為重視，有「槍之元神，只有一圈」之說，可見圈槍是何等重要。

2. 圈槍在用法中，主要是為了防守。在拳譜《手臂錄》中吳殳講得非常精闢：槍術「以神其用者，乃在於圓。圓則上下、左右無處不防，身前三尺，有如團牌，又何慮人之傷我哉。不惟是也，出而能圓，而來槍之所以勝也；收而能圓，則敗槍之所以救也。」此中講的圓，即圈槍也。圈槍分為裡圈和外圈，也就是順時針繞圓為裡圈槍，逆時針繞圓為外圈槍。

在與對方槍棍對較時，對方的槍在我槍的右側即為圈裡時，用順時針繞圓圈槍，如對方的槍在我槍的左側即為圈外時，用逆時針繞圓圈槍，以期防守。

3. 如對方向我頭部扎來時，我左手微向上抬起，以我槍前段去找對方槍的中段。如對方向我腰腹扎來時，我右手槍把向上提至腋下，身形微起，這樣我的槍容易和對方的槍交叉成十字，有利防守，也是以我槍的前段去找對方槍的中段。

這樣，我的槍尖距對方才較近，路線短、速度快，為我進招提供最佳距離。同時，我找對方的中段，對方不容易抽槍變招。所以，「前找其中」是防守成功的關鍵，「圈裡用拿，圈外用攔」是防守的技法。

4. 橫崩技法主要是以對方的頭部、胸部、脖頸為攻擊目標。當然，對方的前手、前臂也包含在內。同時，橫崩還含有把對方的器械橫向崩開之意。如對方用刀、劍劈擊刺而來時，我用橫崩之法，如運用得當，則對方的刀劍觸到我的槍尖時，必被崩落。

5. 槍術在運用時，一定要注意步法的靈活。或進、或退、或斜、或閃。一定要控制好兩人的距離。這個距離，就是容易發揮槍術技法特長距離。而不是拳譜中所說的：「打人如親嘴」，那樣的欺身近打。應理解為用我的槍尖去和對方親吻。也就是我出槍能觸到彼身。用橫崩技法打擊敵頭、身、手時，是攻擊之法。用橫槍技法去格防對方兵械時，則又是防守之技。實用時，應攻守兼顧，轉換要快，用槍格防對方來械之後，緊跟橫崩，同時完成。

6. 正像在槍譜所言：「是以練槍者，惟下久苦之工於一圈，熟而更熟，精而益精。」才能得其奧妙，才能得其真髓。

七、橫槍歌訣

橫槍技法是圈崩，圈槍久練得其精。
橫崩兩膀腰身力，勤學苦練日日功。

第七節　五行連環槍

一、概　述

五行連環槍是在五行槍的基礎上，串連組合而成的一個短小精煉的民間傳統套路。由於師承傳系的不同、地域的不同，雖然都叫連環槍，但動作技法不盡相同。

在套路中都能表現出形意槍的風格和特點，在這一點上，大家都是相同的。

形意槍的特點是：技法精煉，簡捷實用，勁力剛猛，氣勢雄偉，技擊性強，身械合一。在連環槍套路練習中，整個套路動作連接合理，勁路順暢，動作連貫，氣勢勇猛，勁力剛健，槍法清晰，意念充沛，精神貫注。在步法中，要充分體現出形意拳的三體勢步型。在勁力上，要突出以腰身帶肩，以肩催兩膀、兩臂，以兩臂、兩手運槍，發揮全身的整勁，使身械完整合一。

每一位練拳者都應該經常練習槍術，認真體會和領悟槍械和身勁的合一，這樣會對形意拳各種勁法的提高，起到相輔相成的作用。正像前輩所言：「槍功越深，拳功愈厚。」所以，形意槍的練習，作為提高自身功力，深化拳功，強身健體，防身自衛的手段能起到很大的作用。所以，形意拳界對槍術的功夫非常注重，把槍術練習作為重

要的功夫之一。因此，武術界有「太極劍，八卦刀，形意槍，少林棍」之美稱。

二、五行連環槍動作順序名稱

（一）起勢（預備勢）

（二）原步攔拿扎（崩槍）

（三）蓋步攔拿扎（崩槍）

（四）繞步攔拿扎（崩槍）

（五）上步掄劈槍（劈槍）

（六）纏槍上步架撩擺挑（炮槍）

（七）退步圈點翻身蓋扎（白鶴亮翅）

（八）上步挑把劈扎槍（劈槍）

（九）提擄反手下扎槍（右步鑽槍）

（十）上步蓋拿上扎槍（左步鑽槍）

（十一）背步絞槍拿扎

（十二）右上步圈槍橫崩（右步橫槍）

（十三）左上步圈槍橫崩（左步橫槍）

（十四）回身蹬腿擰身掄劈（崩槍轉身）

（十五）上步攔拿扎（崩槍）

（十六）蓋步攔拿扎（崩槍）

（十七）繞步攔拿扎（崩槍）

（十八）上步掄劈槍（劈槍）

（十九）纏槍上步架撩擺挑（右步炮槍）

（二十）退步圈點翻身蓋扎（白鶴亮翅）

（二十一）上步挑把劈扎槍（劈槍）

（二十二）提擄反手下扎槍（右步鑽槍）

（二十三）上步蓋拿上扎槍（左步鑽槍）

形意拳械精解（下）

（二十四）背步絞槍拿扎

（二十五）右上步圈槍橫崩（右步橫槍）

（二十六）左上步圈槍橫崩（左步橫槍）

（二十七）回身蹬腿擰身掄劈（崩槍轉身）

（二十八）上步攔拿扎

（二十九）收 勢

三、五行連環槍練法

（一）起勢（預備勢）

1.動作過程

① 立 槍

兩腿成立正姿勢；右手持槍，使槍把端觸地，槍直立於身體右側，右手以拇指和食指扣住槍杆，右臂自然伸直，槍杆貼於右肩外側，槍尖向上；左手自然下垂，左掌心貼於左腿；頭向上頂，目視身體前方（圖4-71）。

② 左步順槍

身左轉90°，面向練習方向，左足向前上一步，右腿蹬直，左腿屈膝，成左弓步；同時，右手握槍杆，橫平向前順出，槍尖向前，右臂伸直，槍杆高與胸齊；左手伸至右腋下，手心向上握住槍杆；目

圖4-71

圖 4-72

圖 4-73

視槍尖前方（圖4-72）。

③ 左三體持槍勢

重心後移，左腿微屈，右腿彎曲，大部分重量在右腿，成左前右後三體勢步型；同時，左手握槍杆，向前伸臂出槍；右手鬆開，順槍杆向後滑把，至槍把端握住；右

圖 4–74

手槍把置於右腰側。左臂微屈，左肘微向內掩，手心向下，握住槍杆，使槍尖在身體中心線上，槍杆成水平，槍尖高與胸齊；頭向上頂，目視槍尖前方（圖4-73）。

2.動作要點

① 起勢動作要穩，要連貫，中間不停，一氣呵成。

② 重心後移與兩手持槍成三體勢持槍勢，上下動作要同時完成，不能有先後。

（二）原步攔拿扎（崩槍）

1.動作過程

① 兩足不動；左手握槍杆外旋，使手心向上；右手握把端，在右腰側隨之內旋，手心向下。使槍尖向上、向左、向下畫一半圓，槍杆緊貼腰、腹；頭微上頂，目視槍尖。此為攔槍（圖4-74）。

圖 4–75

②左手內旋，手心向下，左手虎口下壓；右手在右腰側隨之外旋，手心向內，用腰勁和槍杆的彈性，使槍尖向上、向右、向下繞弧畫一半圓，槍杆緊貼腰腹；頭微上頂，目視槍尖前方。此為拿槍（圖 4–75）。

③左腿微屈，右腿微蹬直，重心前移至兩足之間，微偏於前腿；同時，左手鬆握如管；右手握槍把，用力向前迅速推送，與左手相觸，左手捧於右手外側，右臂微直，槍身成水平，槍尖扎出高與胸平；身微左擰正對前方。頭微上頂，目視槍尖。此為扎槍（圖 4–76）。

2.動作要點

①攔拿扎這三個動作連接要緊湊，動作要連貫不停。

②扎槍要力達槍尖，使之顫抖。

③攔拿槍時，注意身法，先微向後，再微向前。也就是身形隨攔槍而微右轉，隨拿槍而微左轉，槍杆緊貼腰

圖 4–76

腹，以腰身之勁力而攔而拿。

（三）蓋步攔拿扎（崩槍）

1. 動作過程

①左足不動，右足經左足前，向左上一步。右足尖外擺橫落，兩腿成交叉，右腿屈，左腿微直，重心在兩足之間；同時，左手如管；右手握把，抽槍拉回至右腰側。左手做攔槍動作；目視槍尖前方（圖 4–77）。

②左足向前上一步，右足不動，大部分重量在右足；兩手同時擰轉，做拿槍動作。動作同前（見圖 4–27）。

③重心前移；左手如管，右手做扎槍動作。動作同前（見圖 4–28）。

圖 4–77

2.動作要點

① 右足蓋步與雙手攔槍，動作要上下一致。

② 左足上步與雙手拿槍，動作要整齊如一。

③ 整個動作要連貫不停，一氣呵成。

（四）繞步攔拿扎（崩槍）

1.動作過程

① 左足向右斜前方進一步，腳尖微外擺，重心在兩足之間，右足不動；同時，右手抽槍拉回至右腰側，左手如管，隨左足進步，雙手做攔槍動作；目視槍尖（圖 4–78）。

② 右足向左足前方上一步，右腳尖微內扣，正對前方，身微左轉；雙手同時做拿槍動作；目視槍尖（圖 4–

圖 4-78

圖 4-79

79）。

　　③重心前移，偏於右腿；同時，左手鬆握如管，右手握槍把用力向前扎出，右手觸及左手，左手捧扶右手，槍

圖 4-80

身平，槍尖高與胸齊，力達槍尖；目視槍尖前方（圖 4-80）。

2.動作要點

① 左足進步注意方向角度，兩足所走的路線要有一個弧線。步法要輕快敏捷，與兩手攔拿動作要上下協調一致。

② 兩足繞步前進時，左手持槍，使槍尖始終對準前方，不能隨意擺動。做攔拿扎槍時，槍尖總是對準一個目標。

（五）上步掄劈槍（劈槍）

1.動作過程

① 右足向前進半步，左足跟進至右足內側不落地；同時，右手握槍把拉搶抽回，右手上起至頭部右前方，右臂

形意拳械精解（下）

微直；左手鬆握，順杆
向前滑把，左手前落向
下，使槍尖向下，經體
左側向後畫弧；身形微
向上起，目隨槍尖運轉
（圖4-81）。

　　② 左足向正前方
上一大步，右足跟進半
步，重心在兩足之間；
同時，左手向後、向上
持槍舉起，再向前、向
下劈落。右手槍把隨之
向前、向下、向後拉回

圖4-81

至右腰側。槍身要平，槍尖高與腰平，左臂微屈；目視槍
尖前方。頭微上頂（圖4-82①②）。

圖4-82①

圖 4-82②

2.動作要點

① 上步掄劈槍是一個完整的動作。練習時，動作連貫一致。槍劈落與左足上步落地要上下相齊，動作一致。

② 掄槍前劈，注意左手要滑把，槍尖向下時，左手向前滑，槍向前劈時，左手向後滑把，劈落至下時，要「固把擊發」，使力達槍前段。

（六）纏槍上步架撩擺挑（炮槍）

① 左足向前進半步，右足跟進至左足內側不落地；左腿微屈站穩；同時，左手向前微滑把，左手運槍，使槍尖向上、向左、向下畫一圓弧；右手槍把隨之反向攪動，槍杆貼身，槍尖繞弧高不過眉，低不過膝；目隨槍尖（圖4-83）。

② 右足向右斜前方上一大步，左足跟進半步，兩足成

前四後六步型；同時，右手槍
把自右腰間向前、向上提起，
右手內旋，使手心向外，右臂
微屈撐圓，至頭頂右上方；左
手微外旋，使槍尖自左下、向
右斜前方畫弧上撩，左手心向
右斜前方，左臂微屈，左手握
槍杆用力向前推出，左手高與
胸齊，槍尖高與腰齊，力達槍
尖前段；目視槍尖前方（圖
4-84）。

圖 4-83

2. 動作要點

① 左足進步與左手做外纏槍動作要上下協調一致。注
意左手的滑把要靈活，纏槍的運動幅度，動作要柔和，注

圖 4-84

圖 4-85

重身法。以臂引身，以身帶臂，以臂運槍。

②右足上步與右手的提撩架撐和左手的推槍攔挑，動作要前後上下整齊一致，要步到、槍到，左手要有定點，利用腰勁，活把運轉，固把擊發。

（七）退步圈點翻身蓋扎（白鶴亮翅）

1.動作過程

①左足向左後退一步，右足隨之後撤一步，足尖點地，重心後移至左足，左腿彎曲微下蹲，身左轉，使右肩正對前方；同時，左手向後滑把，左手自前向左、向上，再向下畫一圓弧，左手至右肩前，左手心向下握槍杆；右手握槍把，自上向下、向左腋下推，右手在左腋下，使槍尖自右前下方向左、向上，再向前下畫弧圈點下落。使槍身橫平，槍尖高在胸腹之間；目視槍尖（圖 4-85）。

圖4-86

②右腿提膝向上，左腿蹬地向上跳起，身向右轉，右足橫腳落地。左足再向前落地，兩腿彎曲成半馬步型。大部分重量在右足；同時，右手握槍把，內旋抽拉至右肩前，右手心向外；左手向前滑把，左臂運槍，使槍尖自下向上、向左，再向下畫弧，槍尖高與腰齊；目視槍尖前方（圖4-86）。

③兩足不動，兩手動作不停；右手槍把下落回至右腰側，右手外旋，手心向上；同時，左手握槍杆，使槍尖向左、向上，再向右、向下畫弧蓋壓拿槍，左臂微屈，左手虎口下壓，手心向下；頭微上頂，目視槍尖前方（圖4-87）。

④兩足不動，重心微前移，大部分重量在右足；同時，左手鬆握如管，右手握槍把，用力向前伸臂扎出，右手觸及左手，左手捧扶於右手外側。槍扎出成水平，槍尖高與胸齊，力達槍尖，使之顫抖；目視槍尖前方（圖4-88）。

圖 4-87

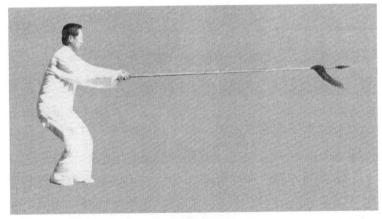

圖 4-88

2.動作要點

①退步圈點退步要大，撤步要靈，與兩手運槍要上下一致。注意槍尖畫弧轉圈時，運動幅度較大，兩手動作幅度較小。槍尖向下點擊時，腰身要向左轉。動作要柔和，

圖 4-89

點擊發力不要過大。一點而止。

②跳起翻身，兩手擰旋、兩臂打開與槍尖畫弧做提槍的動作，提槍幅度大一些。要同時完成，整齊一致。

③兩足落地與兩手完成蓋壓拿槍動作要相齊，向前扎槍注意重心的前移。

（八）上步挑把劈扎槍（劈槍）

1.動作過程

①左足向前進半步，右足跟進不落地；同時，右手拉槍抽回至右腰後側；左手鬆握如管向前滑把，左臂向前伸，槍尖向前，槍杆貼身；目視槍尖前方（圖 4-89）。

②右足向前上一步，左足跟進半步，重心前移，大部分重量在右足；同時，左手前滑把，使槍尖向上挑起，向後掛落，左手下落至左腰側，左手心向外，槍尖向左後下方；右手滑把使槍把露出 50 公分左右，自下向前、向上挑

圖 4-90

起，右手虎口向上，高與胸齊，槍把高與頭齊，槍杆緊貼左胯；目視把端前方（圖 4-90）。

③右足向後撤一步，至左足前落地，重心移至右足，左足再向前上一步，右足不動，兩足成三體勢步型；同時，右手先向下、向後掛把至右腿外側方，右手向下滑把握住把端，拉回至右腰側，左手自腰側向上揚起，至頭頂上方，再向前、向下揮臂前掄，使槍尖自後向上、向前、向下畫弧劈下，槍成水平，槍尖高與腰齊，力達槍前段；目視槍尖前方（圖 4-91①②）。

圖 4-91①

圖 4-91②

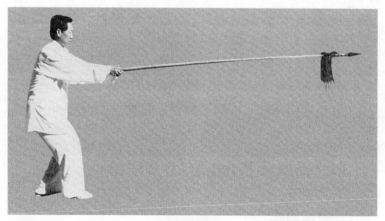

圖 4-92

④重心微前移，大部分重量在左足；左手鬆握如管，左手微向上抬少許，使槍尖高與胸齊；右手握槍把，用力向前推送，向前扎出。右臂微直，兩手相觸，左手捧扶在右手外側。槍成水平，槍尖高與胸齊，力達槍尖；目視槍尖前方（圖4-92）。

2.動作要點

① 右把挑出與右足上步，動作要整齊一致。注意兩手滑把要靈活快速，挑把要用身勁。右手貼身，右肘內掩，右肩下沉而送肘，左肩向後、向下鬆沉。

圖 4-93

② 撤步下掛把與左上步前劈槍，動作要連貫不停，上下完整一致。劈槍要猛而有力，要步落槍到，手腳合一。劈槍時，兩手要有左推右拉的合力。

③ 扎槍要擰腰、送肩、伸臂，扎槍要快而有力，力達槍尖。

（九）提擄反手下扎槍（右步鑽槍）

1.動作過程

① 左足向前進半步，右足跟進至左足內側不落地；同時，右手握槍把向後抽回到胸前時，右手向上提起至頭部右上方，右手內旋，手心向上，右臂微屈上撐；左手順槍向前滑把，與右手上提時，左手外旋，至手心向前，使槍尖向左、向下，再向右畫半圓弧，槍尖高與膝齊，左肘在腰胯前方；目視槍尖。（圖4-93）。

圖 4-94

②右足向前上一步，左足跟進半步，兩腿成前四後六步型；同時，左手向前伸臂，以槍尖向前下方。右手握把自頭頂前方向前、向下反手扎出；左手鬆握槍杆，使槍杆在手中滑動，左手微向上起與右手相觸於前方；右手槍把高於肩，兩臂微直，槍尖扎出離地面約20～30公分；身微前傾，目視槍尖（圖4-94）。

2.動作要點

①左足進步與槍向上提擼，動作要一致。右足上步落地與右手反手下扎，動作要上下如一，手腳相合，整個動作要連貫不停，一氣呵成。

②右手要擰把內旋上提，左手要向前滑把、外旋繞弧而捋、撥，反手下扎槍力量不是很大，也必須力達槍尖，動作必須明顯清晰。

圖 4-95

（十）上步蓋拿上扎槍（左步鑽槍）

1.動作過程

① 右足不動，左足向前上一步，大部分重量在右足；同時，右手握槍把向後抽拉，向下擰壓，回至右腰側，緊貼腰部；左手向前滑把，再內旋上翻，手心向下，虎口下壓，使槍尖自下向左、向上、再向右、向下畫一圓弧做拿槍，槍身要平，槍尖高與腰齊；目視槍尖（圖 4-95）。

② 兩足不動，重心微前移，至兩足之間；左手鬆握如管；右手握槍把，用力向前伸臂推送，右手觸及左手，槍尖扎出高與鼻齊，兩手高與胸齊，力達槍尖，使之顫抖；頭微上頂，目視槍尖前方（圖 4-96）。

2.動作要點

① 左足上步與兩手蓋拿壓槍動作，要上下相合。拿槍

圖 4-96

時，身形微向前，頭要上頂，兩手擰轉要同時，左手虎口要向下壓。

② 向前扎槍要力達槍尖。右手向前推送時，要逐漸加速，至最後時速度最快。

（十一）背步絞槍拿扎

1. 動作過程

① 左足不動，右足向左足後插，重心前移至左足，兩腿微屈交叉；同時，右手抽槍拉回至右腰側，左手向前滑把，左臂微屈，左手握槍杆。使槍尖向下、向左、向上繞圓畫弧，

圖 4-97

圖 4-98   圖 4-99

槍尖繞弧高不過頭，低不過膝，右手隨之反向絞動，槍杆緊貼胸腹滾動；目視槍尖（圖4-97）。

②左足向前上一步，雙手持槍繼續畫弧，使槍尖向上、向右，再向下畫弧，槍杆貼身；目視槍尖，兩手位置不變（圖4-98）。

③右足向左足後插，雙手持槍，繼續畫弧，使槍尖向左、向上畫弧，槍杆貼身，右手槍把在體右側隨之攪動；目視槍尖隨槍尖而動（圖4-99）。

④左足向前上一步，右足不動；右手槍把撐回至右腰側，左手使槍尖向右、向下畫弧蓋拿。槍身成水平，槍尖高與腰齊（圖4-100）。

⑤兩足原地不動，重心前移，大部分重量在左足；左手鬆握如管；右手用力向前扎出，槍尖高與胸齊，槍身成水平，力達槍尖；目視槍尖前方（圖4-101）。

圖 4-100

圖 4-101

2.動作要點

①背步絞槍要連續做兩次，動作要連貫，中間不停。
背步上步，步幅要小，動作要輕快敏捷。

圖 4-102

② 絞槍動作要柔和，槍尖畫弧要圓滿。左右兩手要同時攪動，注意槍杆在胸腹要貼緊不使離開，有如槓杆的支點。兩手纏繞攪動，要利用腰身的帶動，同時，配合步法，全身上下協調一致，表現出完整有力，柔而含剛的勁力。

（十二）右上步圈槍橫崩（右步橫槍）

1. 動作過程

① 左足向前進半步，右足跟進不落地；同時，右手抽槍拉回至胸前；左手滑把前伸；右手心向上握把，右手槍把向左、向下繞一小弧；左手在前控制槍杆作為支點，使槍尖向右、向上繞一圓弧；目視槍尖前方（圖 4-102）。

② 右足向右斜前方上一大步，左足跟進半步，大部分重量在左足；同時，左手在前，向前滑把，左手向右前擺

圖 4-103

臂橫推，手心向右，握緊槍杆制動；右手握槍把，向內擰旋，並用力向右、向後抽拉，使手心向外，右臂屈肘，右手槍把拉至右肩前，使槍尖向右橫向崩發抖動，力達槍身前段，槍身略平，槍尖略高於肩；目視槍尖前方（圖 4-103）。

2. 動作要點

① 動作要連貫進行，中間不停。步法不停，手法不停，要上下相合，手足整齊如一。

② 圈槍繞圓是逆時針繞行，槍尖繞圓上與頭齊，下與腰齊。圈槍時，要蓄勁含胸，抽拉擰轉橫崩，兩手和身要發出整勁，注意左手的制動是關鍵，要細心體會。

圖 4–104

形意拳械精解（下）

（十三）左上步圈槍橫崩（左步橫槍）

1.動作過程

①左足向前進一小步，右足不動，重心在兩足之間；同時，左手鬆握槍杆，使槍杆在手中能前後滑動和擰旋；右手握槍把，向前推送至胸前，兩手運槍，使槍尖順時針繞圓，右手隨之繞一小圓，兩手陰陽擰轉；左手內旋，手心向下；右手外旋，手心向上，右手在左腋下；目視槍尖前方（圖4–104）。

②左足向前上一步，右足跟進半步，大部分重量在右足；同時，右手握槍把，由左腋下向後抽拉至右肩前，右手內旋擰轉，手心向外，右臂屈肘，右手槍把高與右肩齊；左手向前滑把，左手內旋至手心向後，左臂向左平擺，突然緊握槍杆制動，使槍尖在繞弧的過程中，突然加

圖 4-105

速成向左平行移動，而產生槍身前段向左抖動，槍尖略高過肩；身微右轉，目視槍尖前方（圖4-105）。

2.動作要點

① 槍尖畫弧時，動作要柔和，注意兩手和身法的蓄勁。

② 橫崩要突然，兩手擰旋，右手抽拉，左手制動。注意左手的滑把和緊握，以腰身之勁而崩發。

（十四）回身蹬腿擰身掄劈（崩槍轉身）

1.動作過程

① 左足向右足尖前扣步，兩腿微屈，重心移至左足；同時，右手槍把內旋，上提至頭部前上方，手心向外；左手向前滑把，左手下落微右擺，使槍尖向左、向下、向右

圖 4-106　　　　　　　　圖 4-107

畫弧，槍尖向下，略低於膝；目視槍尖（圖 4-106）。

　②向右轉身 180°，面對來時方向；兩手提槍不動；左腿獨立，右腿提膝，橫腳向前、向上蹬出，右腳尖外擺，高與腰齊，目視前方（圖 4-107）。

　③右腳橫蹬後，向前、向下踩落，腳尖外擺落地。身向右擰，兩腿成交叉剪子股形，左腿微向前跟進，擰身下落，兩腿彎曲，身形微低；同時，右手槍把自上向前、向下、向後拉回至右腰側，左手自身後向上、向前，再向下用力劈，左手緊握，虎口下壓，手心向下，槍成水平，槍尖略低於腰，力達槍身前段；頭向上頂，目視前方（圖 4-108）。

圖 4-108

2.動作要點

① 回身動作要連續、平衡、迅速、穩定。中間不停，一氣呵成。

② 左足扣步與提槍動作相合。轉身後右腿蹬出要快、要穩、要有力。右足向前落地與擰身劈槍要同時。

③ 劈槍要低、要穩，注意左手的滑把。劈槍時，槍尖不要觸地，左手要有定點。

（十五）上步攔拿扎

左足向前上一步，右足不動。右手抽槍拉回至右腰側，兩手再做攔拿扎動作同（二），以下動作（十六）～（二十八）同（三）～（十三），即再重複一遍。至原起勢位置後，回身蹬腿擰身掄劈，再接（十五）上步攔拿扎（圖與前同）。

圖 4-109

（二十九）收 勢

1. 動作過程

① 兩足不動，重心後移，大部分重量在右足；同時，右手搶把向後抽槍拉回，至右腰側；左手向前滑把，突然緊握制動，使槍尖向上崩起，力達槍身前段。槍尖高不過頭；頭微上頂，目視槍尖前方（圖 4-109）。

② 起身站立，左足向右足併攏，身向右轉 90°；左手握槍杆，向右肩外側豎槍直立，使槍尖向上；右手鬆握，使槍把立在地面上，右手扶握在右腰側；目視左手（圖 4-110）。

③ 左手鬆開成掌，向下、向左擺起，與肩平時，再屈肘，使左掌經面前向下按壓至腰前；目隨左手（圖 4-111）。

④ 左手下垂至左胯側，頭向正前方。兩腿成立正姿勢。收勢完畢（圖 4-112）。

圖 4-110

圖 4-111

圖 4-112

2.動作要點

① 收勢動作主要是由上崩槍和併步立槍所組成,與五行槍中劈槍的收勢相同。

② 在收勢動作中,眼睛要明亮有神,精神要飽滿,氣勢要自然完整,神態要威嚴。

第五章　形意五行棍法

　　形意五行棍法和刀槍劍一樣，也是按五行拳的名稱而命名的，為劈棍、鑽棍、崩棍、炮棍、橫棍。五行棍法是形意拳的前輩在認真總結各種實用棍法，刪繁就簡，取其簡捷實用、在實戰中能發揮最大效用的技法，再結合形意拳的特點，以形意拳的理論和方法，通過實踐、總結，歸納、提煉出來的一套棍法。

　　五行棍法，動作簡捷，易學易練，技法清晰，勁力完整，氣勢渾厚，實用性強。它沒有花法、花勢，就像五行拳一樣，注重整勁，講究身勁，提高功力。棍法發勁時，以身勁為主，腰力為上，以整體勁為佳。五行棍法演練時，不像有些棍法那樣花哨，那樣眼花繚亂，悅人耳目。形意棍是以氣勢雄偉，技法實用，勁力渾厚而著稱。

　　五行棍法，不但是五種不同的棍術技法，而且還是五種不同的勁法。外形動作看似簡單，內含技法卻很豐富。

　　五行棍法的技法包括：劈蓋挑掛戳、撩架雲掃撥等十餘種技法。在每一行棍法中，都含有兩種或兩種以上的技法。如劈棍是上掛劈、下掛劈、左右掛劈。鑽棍是掛挑，崩棍是拿壓前戳，炮棍是絞蓋架撩，橫棍是雲撥橫擊。

　　對五行棍的每一種技法，都應該弄清楚、搞明白，不但要明白它的動作、勁力、規格，而且，還要明白技法的技擊含義和勁力所在。這樣，對於技術的掌握，對五行棍法的學和練，都能起到促進和提高的作用。

五行棍法在社會上流傳的較少，而連環棍在民間流傳較廣，各地的連環棍動作技法有所不同，但基本上大同小異。這套五行棍法是在繼承傳統的基礎上，總結前人的技法和吸取各家之長，結合自己多年的心得體會和教學經驗，既保留傳統特點，又以棍術的統一技法名稱進行解釋。這樣，既有利於規範名稱、統一技法，又有利於推廣和發展。

第一節　五行棍預備勢

一、形意棍站樁

練習五行棍之前，要像練習五行拳一樣，首練站樁。棍法站樁就是五行棍預備勢，相當於形意拳的三體勢一樣，既是各種棍法的起勢，各種技法的變化也源於此勢。所以，學練形意棍法要重視此勢。

由形意棍預備勢的站樁練習，要了解和體會身體各部的姿勢及棍各部在空間的位置、方向、角度、高矮，掌握正確的姿勢定型。

在站樁的過程中，還要進一步體會各部的勁力、要領和要求，使動作規格、技術規範和姿勢定型，為今後五行棍各種技法的練習打下堅實的基礎。不但形意棍預備勢姿勢要多站、要站好，而且，以後每一行棍的基本姿勢，都要進行站樁，以體會各棍法不同的技術要求，不同的勁力姿勢，不同的動作要領和不同的技擊含義。雖站樁用去了一些時間，但為今後動作的規範，更快地學習技術，能起到事半功倍的作用。

二、棍的規格

1. 練習形意棍要求棍的長度應同於或略高於本人的身高，不要過長或過短，過長不靈便，過短發力不渾厚。

2. 棍的粗細，應以本人的食指和拇指圍成一圈，以不超過為宜，此為棍的把端。棍梢的粗細應以棍自然生長上端的粗細為宜。不要人為地刮削，以免失去棍的韌性而易斷。

3. 棍的選擇，應選用優質白蠟杆，直而光滑，無較大疤痕、節點，韌性較強的為佳品。

三、棍各部的名稱

棍的前端為棍梢；棍的把端為棍把，棍全長分為三段。棍梢向後三分之一為前段，棍把向前三分之一為後段，中間的三分之一為中段。

四、五行棍預備勢

1.動作過程

① 立正持棍

雙腿直立成立正姿勢，面向練習方向成 45°站立；棍直立於體右側，棍把觸地；右臂伸直，以虎口向上握住棍中段；左臂伸直垂於體左側；頭微上頂，目視前方（圖 5-1）。

圖 5-1

② 雙手舉棍

兩足不動；右手抓握棍身向上舉起；同時，左手向右腋下抓握棍後段，棍把留出約 10 公分；此時，頭向左轉，目視左前方（圖 5-2）。

③ 左進步劈棍

身微向左轉，左足向左上一步，右足跟進少許，兩腿成三體勢步型，重量分布是前四後六；同時，兩手握棍，由上向前、向下劈棍，左手握棍，拉至左腰、胯之間緊貼身，右手握棍，高與胸齊，右肩前順，右臂微屈，右肘內掩，右手虎口壓棍，棍梢高與鼻齊；頭向上頂，目視棍梢前方（圖 5-3）。

圖 5-2

2.動作要點

① 立正持棍要全神貫注。

② 向上舉棍時，頭要向左甩，目光要威嚴，下頦微向內收。右手上舉和左手抓握棍時，動作要慢，身形有微向左轉的意識。

③ 左足落地與棍劈下要整齊一致。左足上步之前身要左轉而下蹲，棍劈出要力達棍梢，兩手握棍之間的距離約為本人的前臂長，棍劈出要有定點，右手要有制動力。擰腰順肩，呼氣而發力。

圖 5-3

第二節 劈 棍

一、概　述

　　從技法上講，劈棍是一種由上向前、向下劈擊的動作。《武術競賽規則》對劈棍的定義是「棍由上向下劈出，迅猛有力，力達棍前端」。在形意五行棍中要求勢猛力整，把全身之勁貫注於棍端。在形意拳系統中，講究器械是身勁的延長。也就是把全身的整勁貫注到器械上，使身、械合一。

　　由於劈棍是由上向前、向下劈擊的動作，所以在運用劈棍時，必須首先把棍揚至前上方，必須製造有利於劈擊的最佳位置、最佳勢態，才能發揮劈的作用，才能更好地發勁。平面以上的半圓弧內都是有利發揮劈擊的位置，最佳的勢態則是棍揚在頭上。這點在今後的練習過程中要細

心體會。

二、劈棍內容

劈棍主要有兩種：上掛劈棍和下掛劈棍。從技法上分則有：左右上掛劈棍、左右下掛劈棍、掄劈、夾把蓋劈、反手劈、翻身劈棍等。

三、劈棍練法

（一）劈棍練法一

1.上掛劈棍（自五行棍預備勢起）

（1）動作過程

① 右上步上掛棍

左足不動，重心前移，右足向前上一大步，落地站穩，右膝部彎曲。左足跟進至右足內側不落，兩腿靠攏；同時，右手握棍，使棍梢先向下落與腰平後，再向上、向後掛起，使右臂向懷中拉帶，右手至右肩前方；左手棍向腰前推，高與腰平；收腹含胸，右肩微向後移，目視前方（圖5-4）。

② 左上步劈棍

左足向前上一大步，

圖 5-4

圖 5-5

右足跟進半步，成前四後六三體勢步型；同時，右手握棍，向正前方用力劈下，棍梢高與胸齊；左手握棍，向後拉回至腰胯之間，緊貼身體；右肩前順，右臂微屈，右手虎口向下，略低於胸；頭向上頂，目視棍梢前方（圖 5-5）。

以下動作相同，如此反覆練習。

（2）動作要點

①上掛劈棍是由上掛和劈棍兩個技法組成。練習時，動作要連貫，中間不停，一氣呵成。上步要遠，跟步要快。

②重心前移與棍梢下落相合，右足上步與棍向上掛起動作要一致。

③左足上步與棍向前下劈落，要整齊一致，步到棍到，上下相齊。

2.上掛劈棍轉身法

(1)動作過程

①右扣步提棍

右足向前上一步，扣足
落地；同時，左手握棍把向
上提起，略高過頭，左手腕
內旋外翻；右手握棍微向前
滑把，使手心向前，棍身斜
置於體前，棍梢略低於膝；
目視棍前段（圖5-6）。

圖5-6

②轉身退步劈棍

身向左轉180°，面對來時方向，重心移向右足，左足
後退一步，重心後移，右足向前、向下用力踩，大部分重
量在左足，兩腿成左三體步型；同時，雙手持棍，由後向
上、向前，再向下掄棍劈落，棍梢高與胸齊；左手握棍，
拉回至左腰胯之間緊貼；頭向上頂，下頦內收，目視棍梢
前方（圖5-7）。

以下再接右進步掛棍、左上步劈棍。此練習次數多
少，視場地大小和體力而定。

(2)動作要點

①轉身動作是由扣步提棍和翻身退步劈棍兩個動作組
成。練習時，兩個動作中間不停，銜接要順暢連貫，一氣
呵成。

②右足退步落地與棍向下劈落要整齊一致。利用擰腰
收腹，發出整勁。

圖 5-7

（二）劈棍練法二

1.右下掛蓋劈棍

（1）動作過程（自五行棍預備勢起）

① 左進步右下掛棍

左足向前進半步，右足
跟進至左足內側不落地；同
時，左手握棍把，自腰胯間
向上提起至左肩前微向前
推；右手握棍中，向下、向
後畫弧，使棍端由前向下、
向右後，繞體右側向後、向
上擺起；身微右轉，頭向上
頂，目隨棍梢（圖5-8）。

圖 5-8

圖 5-9

② 右上步蓋劈

右足向前上一大步，左足跟進半步，兩腿成前四後六三體勢步型；同時，左手棍把向右腋下推拉，左手心向上握棍；右手棍由頭上向前下蓋劈，右臂在棍上，手心向下，棍成水平，棍梢略低於肩；頭向上頂。目視棍梢前方（圖 5-9）。

（2）動作要點

① 前腳進步與棍梢的下掛要相合，手腳齊動。

② 右足上步與棍前劈要上下一致。

2.左下掛反劈棍

（1）動作過程

① 左退步左下掛棍

左足向後退半步，右足隨之後撤至左足前；同時，右手握棍，使棍梢由前向下、向後，經體左側向上擺起，身

微左轉側身；左手在右腋下握棍把配合；目隨視棍梢（圖5-10）。

② **右進步反劈棍**

右足向前進一大步，左足跟進半步，大部分重量在左足；同時，右手運棍向上、向前、向下反手劈落，棍梢高與肩平，右手心向上，右臂在棍下；左手隨棍的運轉畫弧，滑握

圖 5-10

棍把端，拉回至左腰側緊貼身。力達棍前段；頭向上頂，目視棍端前方（圖5-11）。

（2）動作要點

① 退步、撤步要一致，與棍左掛要上下相隨。注意腰

圖 5-11

身左轉。

②　右足進步與棍前劈
要手腳齊到，整個動作要連
貫不停，一氣呵成。

3.右下掛拗步蓋劈棍

（1）動作過程

① 右進步右下掛棍

右足向前進半步，左足
跟進右足內側不落地；同
時，右手棍梢自前向下、向
後畫弧，至體右側；左手隨
之向上抬起向前推，高與頭
齊；身微向右轉，目視棍梢（圖5-12）。

圖 5-12

形意拳械精解（下）

② 左上步蓋劈棍

左足向前上一大步，右足跟進半步，大部分重量在右

圖 5-13

足;同時,兩手運棍畫弧不
停,右手棍梢向後、向上
起,再向前、向下用力蓋
劈。棍成水平,高與肩齊;
左手握棍把,自前向右腋下
拉回,左手心向上握棍至右
腋下;目視棍梢前方(圖
5-13)。

(2)動作要點

① 右足進步與棍右下
掛,上下相隨,協調一致。
注意身微右轉。

② 左足上步與棍劈落
要整齊一致,步到棍落。

圖 5-14

4. 左下掛反劈棍

(1)動作過程

① 左進步左下掛棍

左足向前進半步,右足跟進提起;同時,右手棍梢向
前、向下、向身左側畫弧掛棍,身微左轉;左手隨之在右
腋下配合;目視棍梢(圖5-14)。

② 右上步反劈棍

右足向前上一大步,左足跟進半步;同時,右手棍下
掛,自身左側向後、向上,再向前下反手劈落,棍梢高與
肩平。右手心向上握棍,右前臂在棍下;左手握棍把,自
身前拉回至左腰側,左手心向下緊貼身;頭向上頂,目視
棍梢前方(圖5-15)。

圖 5-15

　　以下動作同前，反覆練習。在下掛反劈棍時，步法可先退後進。在下掛棍蓋劈時，既可順步練習，也可拗步練習，靈活掌握。

　　（2）動作要點

　　① 下掛劈棍是一個完整的動作，中間要連貫不停。無論蓋劈、反劈，拗步、順步都是如此。

　　② 向前上步與棍向前下劈落，動作要整齊一致。

5.下掛劈棍轉身

　　（1）動作過程

　　如左足在前，右足在後，成拗步蓋劈棍回身時：

　　① 左扣步回身右下掛棍

　　左足向右足前扣步，重心在左足，右足提起，身右轉180°，面對來時方向；同時，右手棍梢隨轉身向上、向前、向下畫弧下掛，至體右側後方；左手握棍把，隨之向

上抬，微向前推；目視棍梢
（圖5-16）。

②　右上步蓋劈棍

右足向前上一步，左足
跟進半步；同時，右手棍梢
自後向上、向前、向下劈
擊，棍梢高與胸齊；左手棍
把拉至右腋下；頭微上頂，
目視前方（圖5-17）。

如右足在前，左足在
後，反手劈棍回身時：

③　左扣步回身右下掛棍

左足向前上一步，扣步落地，重心移向左足，身右轉
180°，面對來時方向。以下動作同前。

圖5-16

圖5-17

（2）動作要點

① 扣步轉身，扣步的幅度要大一些，轉身動作要快。

② 轉身下掛時，兩手動作要協調配合。

③ 向前蓋劈與右足上步要整齊一致，發力時要「固把擊發」。

（三）劈棍收勢

劈棍練法一和練法二的收勢都是同一個收勢。劈棍練至原出勢位置欲收勢，如是左足在前，右足在後，右手蓋劈棍時：

圖 5-19

1.動作過程

① 右退步雙手舉棍

右足向後退半步，左足隨之後撤，與右足併攏，身向右轉45°，兩腿成立正姿勢；同時，右手握棍，向身右側拉回，右手向上舉起，高與頭齊；左手握棍把，推至右腋下，使棍向上直立；頭向左側平視，頭微上頂（圖5-18）。

② 併步立棍

兩足不動；左手鬆開，垂於體左側；同時，右手向下直落，使棍直立於體右側，棍把端拄地；頭向前平視（圖

5-19）。

③ 如右足在前，左足在後，成反手劈棍或蓋劈棍時，收勢動作與上相同，也是右足向後退一步，左足再撤步併攏。其餘均相同。

2.動作要點

① 收勢動作注意精神要貫注，氣勢要飽滿。

② 立正站立舉棍，身體要挺拔，要有氣勢，不能鬆懈無力。

圖 5-18

433

③ 退步或撤步重心後移時，右手棍梢有向上挑、向後掛的含意，勁要內含。

四、劈棍的勁力

1.棍向上掛時，注意兩手的配合，右手屈臂後拉懷中帶，左手伸臂前推往前送，一推一拉，一屈一伸，用腰身帶肩，用兩肩帶動兩臂。上掛動作時，要收腹含胸，身形微向下縮。

2.劈棍打出要有定點，不能因慣性下落很多，棍梢高與胸齊。劈棍時，速度要快，使棍梢在運動過程中發出響聲。動作靜止時，要力達棍端，使之顫抖。以擰腰順肩，右推左拉，帶動兩臂。在發力點的剎那間，兩手把位要突然握緊制動，左手緊貼左胯腰間，右臂微屈約在 150°，要掌握「固把擊發」的原則。

3. 劈棍時，身體要微向上長，頭頂收頦，用整個身力向前劈，周身要完整不懈，配合發力而呼氣。

4. 向左右下掛棍時，身要向左右微轉，以身帶棍，以身領手動，手動身隨。用腰身帶動兩臂，以兩手運棍，棍運轉要貼身。運勁要柔和，周身要完整不懈。注意右手把位要活。下掛時，右手要向下滑一些，內中含有用棍前段掛開敵械之意。右手向下掛，左手向前微推。右手在下時，要微向前滑把，以加大掛的力量。

5. 下掛與劈棍是棍在身兩側繞了一個圓圈。自前向下畫弧是掛，動作要柔和。向後畫弧有向後帶的技法，同時，也是蓄勁。向上至頭上畫弧是運棍，是逐漸加速。自上向前下劈落，這是目的，速度要快，力量要大。劈棍要很好地體會「過中發力」的原則。

6. 扣步翻身向上提棍時，兩手同時旋轉。左手上提，右手有向外推撐之勁。

翻身退步劈棍，要擰腰翻身借助慣性猛力下劈，要收腹掄臂頭上頂。

五、劈棍的呼吸

練習劈棍時，為了打出整勁，不但手腳整齊，身械合一，勁力順達，氣勢勇猛以外，而且，還要注意動作與呼吸的配合，只有動作與呼吸配合得當，才更有利於勁力的發揮。

在劈棍動作中，上掛和左右下掛的動作時吸氣，棍向前下劈擊的動作時呼氣。一般以不發力的動作或蓄勁的動作吸氣，以發力的動作呼氣。發力呼氣，以氣助力，氣沉丹田。這是一個總的原則。

六、劈棍教學訓練法

1. 先做定步劈棍練習。即兩足原地不動，保持左前右後三體勢步型成棍法預備勢姿勢，兩手運棍做劈棍動作。先不要用力，以慢動作細心體會棍的運動軌跡。不但要注意右手的掛，而且還要注意左手的推拉配合。更要體會腰身和兩肩、兩手的運勁，按劈棍的動作規格要求慢慢練習。

2. 動作基本掌握之後，再逐步加快速度，逐漸加力。注意發力時，棍劈出要有定點。不要因發力，棍劈出沒有定點。快速劈擊時，棍梢要有響聲，定點時棍梢要顫抖，力達棍端。

3. 然後，再結合步法進行練習，按前面講的劈棍動作過程、規格要求、要點勁力逐步進行。進步、上步、跟步，也是按先慢後快，先不用力到逐步加力的原則進行練習。

4. 劈棍的動作和技法全部熟練掌握之後，要反覆重複練習，這是增長功力的關鍵。不要滿足於學會、會練，只有多練才能長功。在練習時，還要加強意念。要有技擊意識、要有敵情觀念、要有勇猛快速、無堅不摧、排山倒海，勢不可擋的氣勢。帶著這樣的意念和氣勢練功，長功夫最快，收效最大。有什麼樣的意念和氣勢，就有什麼樣的功夫產生。

七、劈棍的技擊含義及用法

1. 上掛劈棍是兩個技法，上掛是防守中上部，內中有挑掛的含義。以我棍的前段挑掛對方槍棍的中段，防開進

步劈擊。掛是防守是自保，而劈擊才是目的。在運用時，上掛畫弧不要揚的過大，以免動作大速度慢給對方以可乘之機。要動作小，掛開而進，發揮快速勇猛的氣勢。劈擊時，要連頭帶身，用力劈擊，有人劈人，無人劈械。關鍵是進步近身，要表現出形意的整勁。

2. 左右下掛劈棍，下掛主要防守對方持槍或棍向我中下部直線扎來時，我用下掛的方法防開敵械，速進步蓋劈或反劈敵頭部。下掛既是防下的掛帶，又內含有撥掛之法。在運用左右下掛之法時，也是用我棍的前段去找對方槍棍的中段，接觸對方器械之後，要有黏住向後引帶的意念。再順勢向前劈擊。

3. 無論在運用上掛下掛技法時，步法可進、可退，要視雙方情形而定。如對方勢猛，我可先退步而掛。但在劈擊時，一定要進步或上步，要步到、身到、棍到，全身合為整體。劈擊對方的頭部、身體、手臂和器械。

4. 劈棍在運用時，既是進攻的技法，也是防守的技法。進攻時重創敵身，防守時可用力劈打敵械，運用整勁貫注於棍端，迫使敵械脫手。後手再運用各種技法打擊。所以說劈棍既是打，又是破，連破帶打，連打帶破，顧打兼備，實用性非常強，充分的體現出了形意棍法的風格和特點。

八、劈棍歌訣

劈棍氣勢要勇猛，上掛前劈步要沖。
左右下掛側身走，劈械劈身緊連崩。

第三節　崩　棍

一、概　述

　　崩棍是形意五行棍中的叫法，是按五行拳中崩拳而命名的棍法，實際是棍術技法中的戳棍。在《武術套路競賽規則》中戳棍的定義是：「棍梢或棍把直線向前、向側或向後戳擊，力達棍的頂端。」崩棍的主要技法即是以棍梢或棍把用力向前戳擊，但崩棍技法中含有拿壓、蓋壓的技法。在棍術技法中有「寧挨一打，不挨一戳」之說。戳棍接觸面小，壓強大，故而能重創致傷。

二、崩棍內容

　　崩棍按步法上分有左步崩棍、右步崩棍、進步崩棍、退步崩棍。按技法上分則有拿壓崩棍、蓋壓崩棍、劈砸崩棍，還有前後左右的崩棍。總之，崩棍是以戳擊為核心。

三、崩棍的練法

（一）右步崩棍

1.動作過程（自五行棍預備勢起）

① 左進步拿壓棍

　　左足向前進半步，右足跟進提起至左足內側不落地；同時，右手運棍畫弧，使棍梢由前向下、向右，再向上、向左繞一圓弧，圓弧直徑約 30 公分，右臂微屈，微向後

帶，右肘在心窩前，虎口向下握棍；左手棍把緊貼左腰側，隨之微旋，棍梢高與胸齊；頭微向上頂，目視棍梢前方（圖5-20）。

② 右上步戳棍

右足向前上一大步，左足跟進半步，大部分重量在左足；同時，左手棍把上起至左肋處，使棍身向前成一水平直線。兩手握棍，向前用力戳擊，高與胸齊；右臂微直，右前臂貼棍身；左臂屈，左上臂夾肋，左手在胸前，戳棍力達棍端；頭微向上頂，目視棍端前方（圖5-21）。

圖 5-20

圖 5-21

2. 動作要點

① 左足進步與棍梢繞弧拿壓動作，要上下相合。
② 右足上步與棍向前戳擊，動作要整齊一致。

形意拳械精解（下）

圖 5-22

（二）左步戳把

1.動作過程

① 右進步蓋壓把

右足向前進半步，左足跟進至右足內側不落地；同時，左手棍把向後引拉，右手鬆握，向前滑把，右臂微直握棍，自前向下、向後拉回至右腋下，右手心向上握棍；左手滑把握於棍中，使棍把自後向上、向前、向下蓋壓，左肩前順；身右轉約 90°；左手心向下，虎口向右，左手向前蓋壓回收至左胸前；右手在右肋後側，使棍成水平高與胸齊；頭微上頂，目視棍把前方（圖 5-22）。

② 左上步戳把

左足向前上一大步，右足跟進半步，大部分重量在右足，成前四後六步型；同時，雙手握棍，隨左足上步用力

圖 5-23

向前戳把，棍把高與胸齊。左手心向右，右手心向左，左臂微屈，右手在胸前，棍梢端在右肩下上臂處；頭微上頂，力達把端，目視棍把前方（圖 5-23）。

2.動作要點

① 右足進步與棍把的蓋壓，動作要協調整齊一致。
② 左足上步與左手棍把向前戳擊，動作要整齊一致。

（三）右步崩棍

1.動作過程

① 左進步掛把拿壓

左足向前進半步，右足跟進至左足內側不落地；同時，左手棍把向下、向後掛，左手至左側後方時向後滑把；右手棍梢自後向上、向前、向下劈砸蓋壓；向左擰身，收腹含胸；右手微向懷中後帶，右手虎口向下握棍，

形意拳械精解（下）

圖 5-24

右肘在心窩處；左手在左肋後方握棍把，使棍成水平，高
與胸齊；眼先視左手掛把，再視右手棍拿壓（圖 5-24）。

② 右上步戳棍

動作過程與前同（見圖 5-21）。

2.動作要點

① 左足進步、左把上掛、右手棍梢向前砸壓，整個動
作要協調一致。

② 右上步戳棍要點與前同。

(四)崩棍回身法(狸貓倒上樹)

1.動作過程

① （如練至右步崩棍時）左扣步翻身右下掛棍

右足原地外擺，左足向前上一步，至右足尖前扣步落
地，重心移向左足，身右轉 180°，面對來時方向；同時，

圖 5-25 圖 5-26

右手棍梢向上挑起，隨轉身後向前、向下掛至身右側後
方。左手棍把隨之向上提起，向前微推；腰身微向右擰，
目視棍梢（圖 5-25）。

② 右足橫蹬

左腿獨立站穩，右腿提膝，橫足向前、向上蹬出，右
足蹬出，高與腰平；目視右足前方（圖 5-26）。

③ 歇步蓋劈棍

右足橫腳向前落地，左足隨之跟進半步，兩腿屈膝下
蹲，左足跟抬起，兩腿成交叉姿勢（即形意龍形步）；同
時，右手運棍，自後向上、向前、向下蓋劈；左手棍拉至
右腋下，棍成水平，棍梢高與胸齊；頭向上頂，目視棍梢
前方（圖 5-27）。

圖 5-27

2.動作要點

① 崩棍回身動作是個完整的動作。練習時，中間不停，要一氣呵成。

② 右足掰步與右手棍梢向上挑起動作要同時；左足扣步與轉身和棍向下掛，動作要整齊一致。向上挑時要展腰，向下掛時要收腰。

③ 右腳橫蹬要盡量高一些。起腿時要恰到好處，在棍向下掛至身右側時起腳橫踹。

④ 歇步蓋劈棍發力不要猛，動作要協調，上下要一致。右腳落地與棍劈落要整齊一致，注意要含胸收腹。

（五）崩棍收勢

1.動作過程

（1）崩棍練習至原起勢位置時，如是左步崩棍姿勢，收勢動作如下：

① 併步舉棍

右足向後退半步，重心後移，左足後撤，與右足併攏，身右轉 90°，雙腿直立；同時，右手握棍向上舉起，使棍梢豎直向上；左手向把端滑握，推向右肋處；目視身左側（圖5-28）。

② 立正立棍

兩足不動，成立正姿勢；右手棍直線下落，左手鬆開成掌垂於體側。使棍把觸地，棍直立於體右側；目視前方（圖5-29）。

（2）如是右步崩棍時，收勢動作如下：

① 退步舉棍

右足向後退一步，重心後移，左足隨之向後撤一步，與右足併攏，身右轉 90°，起身

圖 5-28

圖 5-29

站立。右手棍梢向上舉起，左手握把在右肋處，目視左側
（見圖 5-28）。

② 立正立棍

動作與前同。

2.動作要點

與劈棍收勢要點相同。

四、崩棍的勁力

1. 右步崩棍，棍梢不但有繞弧拿的動作，而且，還要
有向下壓、向回帶的勁力。拿是畫弧纏繞，靠身形的收腹
含胸而蓋壓，注意右手把位要活，拿時微向前滑把。向後
帶時，右手微向後滑把。

2. 棍梢向前戳擊時，要身械合一，用力前戳。上步要
遠、要大、要快，要靠步法向前沖，而加長棍向前戳擊的
距離。發勁時，兩臂要沉肩合肘，兩手要有合勁。發力要
有寸勁，步法要有沖勁。注意棍端戳擊時，不要左右搖
晃，把身勁貫到棍端成為一整體。

3. 左步戳把時，注意右手要先向前滑把，身形要「欲
右先左」，以身帶臂，以臂運棍而繞弧下掛。兩手動作要
完整一致，一拉一推，一提一壓，要用身勁。兩手滑把要
順暢靈活而自然。

4. 由於棍把的戳擊較短，只有 30～50 公分，因而步法
向前上步尤為重要，上步要沖、要遠。這樣，上步和棍的戳
擊加起來，就有 1.5 公尺左右。所以關鍵還是步法的前沖。

5. 左手掛把，要先以腰身帶棍而畫弧，身法有「欲左
先右」的微動。兩手運棍的拿壓和蓋把下壓，要擰腰順

肩，雙手運棍，不但有向下壓的勁力，而且還有向後帶、向後抽的勁力，為向前戳擊做好蓄勁的準備。注意含胸收腹，身形有微向下之意，向前戳擊要長腰伸臂而發勁。體會身勁，注意身械合一。

五、崩棍教學訓練法

1. 崩棍在初學時，首先要認真仔細的觀看老師的示範動作，在自己大腦裡進行錄影。透過眼睛的看，建立感性認識。所以，要求教練在做示範動作時，一定要正確，還要把勁力打出來，把精神面貌體現出來。

2. 在學習動作時，先認真模仿，先學習大的動作，後找細小動作。先學外形，後學神態。由自己的做，去感覺、去體會，去感覺自己的身體姿勢、動作的運動軌跡和速度，去體會兩手持棍的感覺和運棍的發力感覺。在反覆的體悟中，不但要學動作的外形，而且還要找動作的內涵，找每個動作的技擊含義，這樣才能加深對動作的理解。只有理解了，才能更好地體現，只有深刻地理解了，才能更好地發揮和表現得更充分。

3. 練習時，開始階段先要慢，先不要用力，按動作規格的要求去找協調、找身勁、找技法。動作熟練之後，要逐漸加快速度。在動作快速的演練過程中去體會發力，練出全身的整勁。這一階段練習的時間要加長，這正是出功夫、長勁力的階段。在這一階段練習時，還要增加技擊意識，練出氣勢。

只有技法掌握純熟，打出整勁，步法靈活多變，經常切磋實踐，才能言用。

六、崩棍的技擊含義及用法

1. 崩棍的用法主要是戳擊，用棍的梢端和把端直線戳擊。由於戳擊面積小，故壓強大。所以一旦被棍戳擊打中，必能致傷。為了發揮「棍兼兩頭」的技法，所以，在崩棍中加有棍把的戳擊。為了達到戳擊的目的，前輩們吸取了槍術中攔拿和絞壓技法。攔拿和絞壓是防守技法，有破開敵械、控制敵械之用。進步近身向前戳擊，目標是敵方的胸、腹部。

2. 如對方持槍向我胸部扎來時，我右手棍梢向左拿壓，以使對方的槍偏離目標，以我棍前段壓住，使其難以逃脫和變化，速進步近身，向敵胸部用力戳擊。拿壓棍時要有黏勁、帶勁。

3. 左手棍把的絞壓戳擊，是防敵向我左側進攻的招法，或返身顧後的招法。用此招時，兩手滑把要活、要快，右手棍梢既可向下掛，也可向上挑，左手棍把既可向下砸壓，也可向上挑撥，配合步法，可退、可閃。但戳擊時，一定要向前上步，發力要狠，用力前沖。

4. 崩棍轉身也叫狸貓倒上樹，實際是轉身下掛、蹬腿、蓋劈的動作。它的技擊含義是：如敵向我背後用槍扎來時，我左足上步，扣足轉身，上步含有閃格其位，拉開距離之意。我用棍梢向下掛開，如敵逼近我身，速起腳蹬出，緊接用棍前劈敵人頭部。能否用上？得看得機得勢，碰巧有可能，但這樣的機會不會多。

5. 崩棍的用法，要結合其他技法一起來用，一般與劈棍連用較多，一劈一崩，劈砸打落，緊跟向前戳擊，威力較大，實用性較強。

七、崩棍歌訣

　　崩棍技法是戳擊，戳時身械要合一。
　　拿壓蓋把側身走，對準心窩疾加急。

第四節　鑽　棍

一、概　述

　　形意五行拳中的鑽拳定義是：「只要打出向前、向上勁力的拳法，都屬於鑽拳的範疇。」鑽棍是以鑽拳而命名的棍法，與鑽拳有很多相似之處。所以，鑽棍也是一種向前、向上挑擊的技法。

　　在《武術競賽規則》中挑棍的定義是：「兩手握棍，棍的一端由下向前上挑起，動作要快，力達上挑的一端。」挑棍在棍術技法中，也是非常實用和重要的技法之一。在鑽棍中，不但有棍梢的挑擊，而且，還有棍把的挑擊。在棍法中有「棍兼兩頭」之說，能發揮棍的兩頭使用，兩頭打擊的長處。

　　在形意棍法中，只要打出向前、向上的挑擊，不管是棍梢，還是棍把，不管是前進、後退、順步、拗步，都算做是鑽棍的範疇。

二、鑽棍內容

　　鑽棍從步法上分有：左步鑽棍、右步鑽棍、順步鑽棍、拗步鑽棍，還有進步、退步之分。從技法上分有上掛挑棍、下掛挑棍、上掛挑把。

三、鑽棍練法

（一）鑽棍練法一（下掛前挑）

拗步鑽棍

（1）動作過程（自形意棍預備勢起）

① 右上步右下掛棍

左足不動，重心前移，右足向前上一步；同時，右手棍梢向下經右腿外側向後畫弧下掛，右手微向前滑把；左手握把，向上提起至頭左前方；身形右擰，頭向前頂，目視棍梢（圖5–30）。

② 左上步擺挑棍

左足向前上一大步，右足跟進半步，成前四後六步型；同時，右手棍梢自身後向前、向上擺挑，右手隨挑隨外旋擰轉，至手心向上；左手棍把隨之向回拉、向下按壓至左腰側緊貼身，棍梢高與頭齊，右前臂在棍下，右肘內掩，右肩前順；臀部微向下坐，左手心向下，頭向上頂，目視棍梢前方（圖5–31）。

以下動作重複①②練習。

圖5–30

圖 5-31

（2）動作要點

① 右足上步與棍梢向下掛，上下動作要整齊一致。

② 左足上步與棍向前上撅挑動作要整齊一致。

③ 拗步鑽棍是一個完整的動作。練習時動作要連貫，中間絲毫不能停，要一氣呵成。

（二）鑽棍練法二（上掛撅挑）

1.右步鑽棍

（1）動作過程（自五行棍預備勢起）

① 左進步上掛棍

左足向前進半步，右足跟進至左足內側不落地；同時，右手向前滑把，使棍梢自前向上、向後掛，右臂向上揚起至頭頂上方時下落至身後；身微右轉，左肩前順；左手棍把向前推至胸前方；目視前方（圖 5-32）。

圖 5-32　　　　　　　　　　圖 5-33

② 右上步挑棍

　　右足向前上一大步，左足跟進半步。大部分重量在左足；同時，左手向前滑把，左手棍把由右前向上、向後掛把；右手棍梢順體右側向下畫弧，再由下向前、向上挑起，右手內旋，手心向上，右肘內掩，右前臂在棍下，棍梢高與頭齊；左手棍把向下拉回至左腰側，左手心向下。擰腰右肩前順，棍在身體中線；目視棍梢前方（圖 5-33）。

（2）動作要點

　　① 左足進步與棍向後掛上下要一致。

　　② 右足上步與棍向上擺挑要整齊一致。右手棍梢的挑出與右足落地，要棍到步到，上下整齊一致。

　　③ 練習時，注意動作的完整性，動作要連貫不停，一氣呵成。

2.左步挑把

（1）動作過程

① 右進步上掛棍

右足向前進半步，左足跟進不落地；同時，右手棍梢自前向上、向右後掛，右手向前滑把，右手上掛下落至右肩前；左手向棍中滑把，使棍把露出 30～50 公分，左手在左腰側；目視前方（圖 5-34）。

② 左上步挑把

左足向前上一大步，右足跟進半步；同時，右手棍向下拉回至右腰側緊貼身；左手棍把自下向上、向前挑出，把高與鼻齊；左肩鬆沉前順，左臂微屈在棍下，左肘下垂，左手虎口對胸部；目視棍把前方（圖 5-35）。

圖 5-34

圖 5-35

（2）動作要點

① 右足進步與右手上掛
上下要整齊一致。

② 左足上步與左手挑把
要完整如一。

③ 左手棍把的上挑與左
足上步和右手向下拉回，三者
動作要同時，上下協調一致。

3.右步鑽棍

圖 5-36

（1）動作過程

① 左進步上掛把

左足向前進半步，右足跟進不落地；同時，左手棍把
自前向上、向後掛至左肩上方；右手在右腰側不動；目先
隨棍把再視前方（圖5-36）。

② 右上步挑棍

動作同前。

以下左右重複練習，練習數量自定。

（2）動作要點

左足進步與左手掛把動作要一致。注意掛把要走一弧
形而後掛。

（三）鑽棍回身

鑽棍回身法無論是右順步鑽棍、左順步鑽棍，還是拗
步鑽棍，欲回身都是以拗步鑽棍動作回身，只是第一步的
扣腳不同，但都是右足扣步，左轉身。如右足在後時，右足
向前上一步扣足轉身。如右足在前時，則原地扣步轉身。

1.動作過程

① 右扣步下掛棍

左足不動，右足向前上一步，扣足落地，重心前移至右足，左足提起至右足內側；同時，右手棍梢向左、向下、向右畫弧下掛，至右腿外側，棍梢以不觸地為標準；左手棍把向左肩前上提，至頭左上方；目視棍梢前方（圖5-37）。

圖 5-37

② 轉身左上步擺挑

向左轉身180°，面對來時方向。左足向前上一大步，右足跟進半步，大部分重量在右足；同時，右手棍梢自後下方向前、向上擺挑，棍梢高與頭齊；左手握棍把，拉回至左腰側，手心向下，緊貼身；右手外旋，右前臂在棍下，右肩微前順；目隨棍走，頭向上頂（圖5-38）。

2.動作要點

① 右足扣步與棍向下掛撥動作要相合。

② 左足上步與棍的擺挑動作要整齊一致，動作要

圖 5-38

點和勁力與拗步鑽棍相同。

（四）鑽棍收勢

無論是右順步鑽棍、拗步鑽
棍或左步鑽把，收勢動作均相
同。

1.動作過程

① 右退步舉棍

如右足在前時，右足向後退
一步。如左足在前時，則右足向
後退半步。然後左足撤回，向右
足併攏，兩腿蹬直站立，身右轉
45°，成立正姿勢；同時，右手
握棍，拉回至體右側，向頭上直
棍舉起，右臂微直；左手握棍
把，推至右腋下；目向左平視
（圖5-39）。

② 立正立棍

兩足不動；右手下落，使棍
豎直立於體右側，棍把觸地；左
手垂於體左側；頭向上頂，目視
前方。收勢畢（圖5-40）。

2.動作要點

與劈棍收勢相同。

圖 5-39

圖 5-40

四、鑽棍的勁力

1. 從預備勢到右步鑽棍，動作中有兩個上掛，一個是向右上掛，一個是向左上掛，左足進半步要完成兩個上掛的動作。上掛時，兩手把位要活，滑把要快，要隱蔽，棍身中段不要遠離身體。注意身法勁力要有「欲前先後，欲左先右」的體現。

2. 拗步鑽棍時，棍向下後掛要貼右腿外側走，右足上步與腰的右擰要協調一致。一上一下，一前一後同時動作，這樣，有利於勁力的順暢。右手向下掛時，手要內旋，使手心向後，並向前滑把，這樣能增加下掛的勁力。

3. 棍向上擰挑時，要用腰帶肩，擰腰順肩，長腰、坐臀的身勁，右手外旋、屈臂掩肘的鑽勁，再加左手回拉向下按的壓勁，再加步法的前沖後蹬，催動身體向前衝撞之力。這些勁力合為整體，勢必力大勢猛，勇不可擋。

4. 鑽棍的上步要快、要大，氣勢要勇。注意鑽棍打出要有定點。兩手的滑把要適宜。兩手的內外旋轉，要有利於棍的發勁。在練習中慢慢體會，仔細琢磨，認真尋找。

5. 鑽棍向上挑擊，要擰腰順肩，以腰帶肩，以肩催手，以手運棍，棍要貼身，右手內旋掩肘上挑，左手下壓拉回，兩手同時運動。在發勁的瞬間，臀部微向下坐。配合發力呼氣，內外如一，使全身的整勁貫注於棍的前段。

6. 練習時，兩手的滑把要靈活、要快。滑把是在運動過程中完成的，隨走隨滑把，找到適當的時機，找到適當的位置。滑把要有利於技法的完成，有利於勁力的發揮。左手挑把時，肘要貼肋而行，使棍身緊貼身體。

五、鑽棍的技擊含義及用法

1. 從鑽棍的動作來看，主要技法是棍自下向前、向上的挑擊。目標是挑擊對方的器械，挑擊對方的肢體，原則是「遠挑器械，近挑身」。

2. 從左步鑽棍和右步鑽棍的技法來分析，前手棍梢或棍把有向左右後掛的技法。意在掛開對方向我頭部扎來或打來的各種器械。右手在前向右後掛，左手在前則向左後掛。在做掛法時，手法要繞圓畫弧，以尋找和接觸對方的器械，掛過之後，要速上步向前，用棍的另一端向前挑擊。鑽棍用法的關鍵，就看是否敢於進步近身和火候時機掌握得如何。

3. 拗步鑽棍是一種先向下掛，再向上攛挑的技法。向下掛是為了防對方向我中下部刺來的技法，只要我棍梢向下掛開對方器械，使其偏離目標時，我棍應貼其械，順杆向前、向上攛挑其手、臂、身。關鍵是上步要快，氣勢要勇，動作要猛。

4. 總之，鑽棍的用法，在對敵相較的過程中，一定要創造有利發揮鑽棍技法的勢態和時機。如劈棍之後緊接挑掛，上劈下挑連續運用。劈頭挑襠，使對方防上有下，手腳忙亂，在對方後退之時，緊跟向前崩棍一戳，必能重創。具體運用，還在靈活多變，隨機應用。

六、鑽棍歌訣

棍法掛挑謂之鑽，兩臂擰旋腰催肩。
掛開敵械進身挑，快步向前闖中間。

第五節　炮　棍

一、概　述

炮棍的練法與炮拳的練法動作相似，它是一種向左右斜前方拗步架撩擺的技法。炮棍在傳統練法中，由於師承傳系的不同和地域的差異，各地的練法不盡相同。但炮棍的推架撩擺的技法基本上相同。只是在動作的連接上，在勁力的轉換過程中一些細小動作上各不相同。這些都是正常的，這是各位前輩們對炮棍理解的不同所致。在考慮這些問題時，我認為應以棍法的技擊實用為前提，應以勁力順達為保證，應以充分體現形意的風格和特點為原則。

二、炮棍內容

炮棍內容有左炮棍、右炮棍、炮棍轉身。從技法上講有：進步絞壓、上步挑架擺撩把、進步絞壓把、上步挑架擺撩棍。

三、炮棍練法

(一)炮棍練法一

1.右步炮棍

（1）動作過程（自五行棍預備勢起）
① 左進步絞壓棍
左足向前進半步，右足提起至左足內側不落地，兩腿

圖 5-41 圖 5-42

相靠，左腿微向下屈蹲；同時，右手棍梢自前向左、向下，再向右、向上、向左蓋壓，使棍梢逆時針繞一圓弧，右手隨之向前滑把，右手虎口向下壓於棍上，棍身成水平，高與腰平；左手握棍把，在左腰側隨之旋擰，頭微上頂，棍梢指向右斜前方；目視棍梢前方（圖 5-41）。

② 上步挑架擺撩把

右足向右斜前方上一大步，左足跟進半步，大部分重量在左足；同時，右手向前滑把，棍梢向上挑起，右臂彎曲上舉至頭部右上方，虎口向後；左手向前滑把，使棍把順出，左手向右斜前方推出，使棍把向前、向上擺撩，棍把高與腰平，使棍身斜架於身前；目視棍把前方（圖 5-42）。

（2）動作要點

① 左足進步與右手棍梢絞壓，前後上下動作要一致。

② 右足上步與棍把的擺撩動作要整齊如一。

③炮棍動作練習時，要連貫不停。左進步絞壓棍的動作注重身法，動作要柔和要有內含力；上步挑架擺撩棍的動作注重發勁，上步要大，氣勢要勇猛。

2.左步炮棍

（1）動作過程

① 右進步絞壓把

右足向前進半步，左足跟進至右足內不落地，右腿微向下蹲，兩腿併攏；同時，右手握棍，自頭上下落至右側腰肋間；左手棍把指向左斜前方，使把端向下、向左，再向上、向右絞壓，順時針繞一圓弧，左肘彎曲在棍上，虎口向右。棍成水平，高與腰平；頭微上頂，目視棍把前方（圖5-43）。

② 左上步挑架擺撩棍

左足向左斜前方上一大步，右足跟進半步，大部分重量在右足；同時，左手棍把向上挑起，左手向把端滑把，上舉至頭部左上方，虎口向後，左臂微屈；右手向後滑把，使棍梢自下向左斜前上方擺撩，棍梢高與腰平。右臂微屈，右手心向前，右肩前順；目視棍梢前方（圖5-44）。

圖5-43

形意拳械精解（下）

圖 5-44

以下練習，動作同前，左右循環不已。

（2）動作要點

① 右足進步與棍把的絞壓繞圓動作要一致。

② 左足上步與右手棍梢向前攉撩和左手棍把的後掛上架，動作要整齊一致。

（二）炮棍練法二（換把攉撩）

1.右步炮棍

（1）動作過程（自五行棍預備勢起）

① 左進步換把

左足向前進半步，右足跟進不落地；同時，右手鬆握，左手握把向前推送，右手向上領，使棍梢向前、向上揚起，至頭上方時，右手下滑握把；左手向上、向左後畫弧滑把抓握，棍梢向左後下落，至身左側後方；右手握把在左肩前，棍梢離地約 10 公分；腰向左擰，目視棍梢（圖 5-45）。

② 右上步擺撩

右足向右斜前方上一
大步，左足跟進半步，大
部分重量在左足；同時，
右手握棍把自身左側，向
右斜前方提拉向上至頭部
右上方，右臂微屈；左手
握棍向前推出，手心向
上，棍梢高與腰齊；左肩
前順，頭向上頂，目視棍
梢前方（圖5-46）。

圖 5-45

（2）動作要點

① 左足進步與兩手換把要同時完成。兩手運棍交換把
位，動作要柔和協調，注意換把時棍梢的運動軌跡跡和所
指的方向。

圖 5-46

圖 5-47

② 右足上步與棍向前擺撩動作要協調整齊一致。

③ 整個動作要連貫不停，一氣呵成。

2.左步炮棍

（1）動作過程

① 右進步換把

右足向前進半步，左足跟進不落地；同時，左手棍梢擺向左前方，左手上揚鬆握；右手握把向前推送，使棍梢向前、向上起；至頭上方時，左手下滑抓握棍把，右手向上滑，右手向右後方下落，至體右下側，左手棍把在右肩處，右手後擺在體右側後方。棍梢離地約 10 公分；身微右轉，目隨棍梢運轉（圖 5-47）。

② 左上步擺撩

左足向左斜前方上一大步，右足跟進半步，大部分重量在右足；同時，左手握棍把，自體右側向左斜前方上提

圖 5-48

拉起，至頭左上方，左臂微屈，撐圓；右手自右後方向左斜前方用力推出，手心向前，右手高與胸齊。使棍梢向前擺撩，棍梢高與腰齊；右肩前順，頭向上頂，目視棍梢前方（圖5-48）。

以下動作左右相同，如此練習不止。

（2）動作要點

與右步炮棍相同，惟左右互換。

（三）炮棍回身

1. 動作過程

（1）炮棍練法一回身，以左步炮棍為例：

① 左扣步轉身絞壓棍

左足向右足尖前外側扣步，重心移向左足，右足提起，身後轉270°；同時，右手棍梢隨轉身向右擺；轉身

後，右手運棍做逆時針絞壓動作。左手下落至左腰側，棍梢與腰平；目視棍梢前方（圖5-49）。

② 右上步撩攉棍

動作同前。

如是右步炮棍回身時，則右足扣步轉身，左手棍把做絞壓動作。動作同前。

圖 5-49

（2）炮棍練法二回身，以左步炮棍為例：

① 左扣步轉身換把

動作與前同，只是在轉身過程中兩手做換把動作。

② 右上步撩攉棍

動作同前。

2.動作要點

① 回身動作前腳扣步幅度要大，轉身要快。

② 頭要向上頂，使身體中正，不要低頭彎腰。

③ 扣步轉身與上步撩棍整個動作要連續不停，一氣呵成。

（四）炮棍收勢

無論是左炮棍，還是右炮棍，收勢動作都是右足撤步或退步，兩足併攏舉棍，立正立棍收勢，動作與劈棍收勢相同。

四、炮棍的勁力

1. 炮棍練法一棍梢逆時針繞圓絞壓，要用腰勁、身勁，以腰帶動兩臂，兩手要陰陽相轉。棍前段要絞纏膠帶。絞纏時棍微向前伸，右手在前繞大圓時，左手在後繞一小圓。壓帶時用身壓微向後帶。要收腹含胸，周身完整一致。

2. 棍把順時針繞圓絞壓，要上不過肩，低不過腰。以腰帶動兩肩，以肩帶臂，以臂運棍。不要光用前臂，注意棍身要貼住腰腹不要離開，使棍與身成為一體。左手在前繞一大圓，右手在後繞一小圓。

3. 炮棍練法二換把撩棍。兩手滑把要快，棍把要先挑、後掛、再滑把。右手棍梢有向上挑，向後掛的技法。兩手要順暢，兩手相交時，滑把換手，注意要合順，要身順、勁順、棍順。

4. 左、右手擺撩要擰腰順肩，前肘內掩，棍撩出要有定點。前手要有制動力。前上臂貼肋，掩肘向前推棍撩擺要快速有力，要有定點。後手在頭上要有撐勁。發勁時，要長腰順肩，使力達於棍把前端，配合呼氣以助力，打出全身的整勁。

5. 炮棍的擺撩勁力發源於步，主宰於腰，催動於肩，運用於臂，而達於棍端。棍梢由後向前為擺，由下向上為撩。前手有提拉撐的勁力，後手有推擺撩的勁力。找勁力，要多練習多體會，先從慢中去找，再從快中加力。

五、炮棍的技擊含義及用法

1. 炮棍是由絞壓和上挑後掛、上步擺撩技法所組成。

絞壓技法是用我的棍梢或棍把絞纏繞壓對方的器械，都是從外向裡圈拿壓住，要以黏勁沾住，使其不得逃脫。

2. 上挑後掛，其實是一個動作過程的兩個階段，向前、向上為挑，向後運行為掛，內中含義是向前、向上挑開對方的器械，同時還有後掛敵械的用法。

3. 擺撩是用棍的下端自下向前、向上的技法，它是炮棍的主要攻擊方法。目標是對方的前手臂或對方的前腿或膝部，近身則撩擊對方的襠部。棍法中一個很重要的用法是「棍兼兩頭」。既可用棍梢，也可用棍把。

4. 從動作結構上、從技法上這樣分析和理解是可以的，是合情合理的。但在實用中則不完全一樣，要根據實際情況靈活運用，要活學活用，不能死搬硬套。但是，努力培養勇敢善戰，建立敢打必勝的信念，增強技擊意識，在這一點上任何時候都是必要的，都是重要的。

六、炮棍歌訣

左右擺撩是炮棍，絞壓挑架不停頓。
技法勁力腰肩找，前沖後蹬腳下問。

第六節　橫　棍

一、概　述

五行棍中橫棍是左右橫擊的棍法。在棍術技法中屬於側擊棍。《武術競賽規則》對側擊棍的定義是：「棍梢或棍把橫向左或右擊打，力達棍端。」但形意橫棍又不完全等同於側擊棍，側擊棍是兩手的推拉完成擊打動作，而橫

棍是用身勁轉腰的橫擊。側擊棍力點在棍端，而橫棍的力點是在棍身的前段。

橫棍還與平掄棍有相似之處。平掄棍是：「棍梢在胸部以上向左或向右平掄半周以上，要求迅猛有力，力達棍前端。」但大部分平掄棍都是雙手抓握棍把，平掄一周以上。而橫棍是兩手前後開握，以棍端繞圓而橫擊。另外，在橫棍技法中還含有撥棍的技法，但又比撥棍動作幅度大。有雲棍的技法，但又不像雲棍的平圓繞環。這就是形意橫棍不同於其他棍術的技術特點，有自己獨特的風格。

二、橫棍內容

橫棍的內容有右步橫棍、左步橫棍、橫棍回身和收勢。

三、橫棍練法

（一）右步橫棍

1.動作過程（自形意棍預備勢起）

① 左進步右撥雲棍

左足向前進半步，右足跟進至左足內側不落地；同時，右手運棍，使棍前段自前向右撥、向後畫弧，經頭上方繞圓至左肩前方。右前臂在棍上，右手內旋以手心向前握棍；左手握棍把，與右手動作的同時反向在身前繞一小圓，左手棍把推至右腋下，左手心向上握棍；身微左轉，目視棍梢（圖5-50）。

圖 5-50　　　　　　　　　　圖 5-51

② 右上步右橫棍

右足向右斜前方上一大步，左足跟進半步，大部分重量在左足，成四六步型；同時，右手握棍向右揮擺，使棍梢自身左前方向前、向右平行畫弧橫擊，停於右前方 45°，右手內旋，手心向右；左手在右腋下，使棍把緊貼右肋。棍梢略高於肩；下頦內收，頭向上頂，目視棍梢前方（圖5-51）。

2.動作要點

① 左足進半步與兩手的運棍要上下協調一致。

② 右足向斜前上步與棍的橫掄打擊，要步到棍到，整齊一致。

③ 橫棍練習時，動作要連貫不停，一氣呵成。

圖 5-52

（二）左步橫棍

1.動作過程

① 右進步左撥棍

右足向前進半步，左足跟進至右足內側不落地；同時，右手向左撥棍，使棍梢向前、向左、向後，經頭前上方畫弧繞圓至右肩前方，右臂向右前伸，右手外旋，以手心向前握棍；左手握棍把，與右手動作配合在身前反向繞一小圓，左手擺至右肩前，左手內旋，手心向下；目隨棍梢，至棍梢轉至頭上後方時，目平視前方（圖5-52）。

② 左上步左橫棍

左足向左斜前方上一大步，右足跟進半步，大部分重量在右足；同時，雙手運棍，使棍梢自身右前方向前、向左斜前方掄棍橫擊；左手握棍把，拉至左肩前，左肘下垂

圖 5-53

向後。右臂微屈，停於左斜前方，兩手心均向左握棍，棍
梢略高於肩；腰微左擰，右肩前順。下頦內收，頭向上
頂。目視棍梢前方（圖 5-53）。

以下動作同前，左右循環練習，數量多少視個人體力
和場地大小而定。

2.動作要點

與右步橫棍相同，惟左右互換，注意左橫棍時左手的
位置。

（三）橫棍回身

練至左步橫棍時，欲回身，則扣步轉身做右步橫棍。
如練至右步橫棍時，欲回身，則扣步轉做左步橫棍。左右
相同，惟動作互換。

1. 動作過程（左步橫棍回身）

① 左扣步回身右撥雲棍

左足向右足尖前扣步，重心移向左足，右足提起靠於左足內側不落地，身向右轉，面對來時方向；同時，右手棍梢隨轉身而向右撥棍，至來時方向時，繼續向右、向後畫弧，經面前頭上，向左畫弧繞圓，至左肩前方，右手內旋；左手推棍至右腋下，手心向上；目視棍梢（圖5-54）。

② 右上步右橫棍

動作同前，請參閱右步橫棍動作，惟方向相反。

2. 動作要點

橫棍回身只是扣步幅度要大，轉身要快，其他動作要點均與前相同。

（四）橫棍收勢

五行棍的收勢動作基本相同，如是左步橫棍時，右足向後退半步，左足向右足併攏。如是右步橫棍時，則右足向後退一步。然後，左足向右足併攏，雙手舉棍。最後再向下立棍至體右側，收勢完畢。

圖5-54

四、橫棍的勁力

1. 橫棍兩手運棍時，要先撥後雲，撥棍要用身勁。雲棍兩手要同時反向運動。右手動作幅度大，左手動作幅度小。以腰身帶動兩臂，以兩臂運棍。注意腰身勁力的蓄發原則是：「欲左先右，欲右先左。」

2. 橫棍打出要有定點，要充分發揮擰腰之力，使力達棍梢的前段。在運棍的過程中，要逐步加速，使棍梢在快速運動中發出響聲，在定點時產生顫抖。

3. 注意勁力的蓄發，蓄要蓄滿，發要發盡。橫棍的撥轉雲繞一定要遵循「過中發力，固把擊發」的原則。「過中發力」是指棍繞圓過半之後要發力，要加速。但在前半圓的運行過程中應很好的蓄力，要為下面的動作做好充分的準備，主要是身勁的蓄發，這一點很重要。如果沒有前半圓中的蓄力和充分的準備，「過中發力」也是一句空話。「固把擊發」是兩手各自握緊合適的把位以穩固，擊發是打擊的各種方法。擊發需要固把，擊發必須固把，不固把無法擊發。形意棍法的各種擊發，都是講究身械合一的整體勁，以腰勁、身勁為上。橫棍不但有向左右橫掄的勁力，同時，還應有擰腰坐胯、向後錯拉沉墜的勁力。

4. 橫棍練習時，在右手運棍過程中，把位可以適當活一些，有向前或向後少許的滑把。左手露出棍把約 15 公分，也可左手握棍不露把。這樣是為了使運棍更加靈活和順，為了使棍的發勁更加力厚勢雄。

五、橫棍的技擊含義及用法

1. 橫棍是左右橫向的掄打側擊的技法，打擊的主要目

標是對方的頭部。擊中頭部收效最佳，打擊胸、腹則次之。由於橫棍勢大力猛，不但可以打擊對方的身體，而且還可以打擊對方的各種器械，使其器械折斷或脫手，以取得進攻的效果。

2. 右步橫棍動作的技擊含義是：假如對方持械向我中上部擊刺打來時，我右手以棍梢向右橫撥，以防開敵械。速順勢進步，以棍的前段向右橫擊對方頭部。

3. 左步橫棍的用法是：假如對方持械向我中上部擊刺打來時，我右手以棍梢向左橫撥，以格開敵械，速進步用棍向左運行的慣性，運棍橫掄，擊打對方的頭部、手臂和胸腹等部。

4. 在我棍向左或向右撥開敵械時，步法可進、可退，要靈活掌握。但在橫掄擊打時，則應該上步。這也要視情況而定。

5. 橫棍在練習時，棍的運行幅度要大一些，以體會身形各部的勁力，加大慣性，以練出整勁，使身械合一。但在用時，棍的運行幅度要小。拳諺中有：「大動不如小動」之說。動作幅度小，是為了技法嚴謹，是為了快。快是制敵取勝的法寶，正如拳譜所講：「拳無不破，惟快不破。」

六、橫棍歌訣

橫棍勁力氣勢雄，左右雲撥任意行。

過中固把身發勁，上步橫棍似旋風。

第七節　五行連環棍

一、概　述

　　五行連環棍是傳統套路，它是按五行連環拳的格局、路數和特點，結合棍術的技法，編排而成的一個深受廣大群眾喜愛，流傳很廣的套路。

　　整個套路短小精幹，一去一回，技法簡捷，招法實用，勁路暢達，銜接和順，勁整力充，氣勢勇猛。套路內容以劈棍、鑽棍、橫棍為主要技法，內含劈、掛、挑、格、撥、掄諸法。套路的結構和演練的氣勢，能突出地表現出形意棍法的特點和風格。

　　演練五行連環棍要打出整個套路的運動節奏，起勢動作要慢、要穩。2、3、4三個劈棍要打出勁力，注意步法的靈活，有進有退。第5白鶴亮翅（併步左格棍）動作要注重身法，體現身勁。動作先柔而後剛，柔時走身法，剛時要發勁。6、7、8、9這四個動作要連續不斷，勇猛快速，要有「追風趕月不放鬆」，勇往向前，無堅不摧，勢不可當的氣勢。第10回身動作要穩，手法要嚴，落地姿勢要低，動作不宜快。至收勢時，氣勢要飽滿，精神貫注。

二、五行連環棍動作順序名稱

　　（一）起勢（預備勢）

　　（二）上掛劈棍

　　（三）下掛蓋劈棍

　　（四）下掛反劈棍

（五）併步格棍（白鶴亮翅）

（六）右步橫棍

（七）左步橫棍

（八）拗步鑽棍

（九）上掛劈棍

（十）回身下掛蹬腿歇步蓋劈
（狸貓倒上樹）

以下再重複一遍以上動作，至原起勢位置收勢。

三、五行連環棍練法

（一）起勢（預備勢）

圖 5-55

1.動作過程

① 立正持棍

雙腿成立正姿勢，面向練習方向 45°站立；棍直立於體右側，棍把觸地；右臂伸直，虎口向上握住棍中段；左臂伸直垂於體左側；頭微上頂，目視前方（圖 5-55）。

② 併步舉棍

兩足不動；右手握棍向上舉起；同時，左手向右腋下抓握棍，棍把露出約 10 公分；頭向左轉，目視左前方（圖 5-56）。

圖 5-56

圖 5–57

③ 左進步劈棍

左足向左前方上一步，身微左轉，兩腿成三體勢步型；同時，兩手握棍向前、向下劈落，左手拉至左腰、胯間，緊貼身。右肩前順，臂微屈、肘內掩；右手高與胸齊，棍梢高與肩齊；頭向上頂，目視棍前方（圖 5–57）。

2.動作要點

① 向上舉棍，頭要向左甩。
② 左足落地與棍劈下要整齊一致。

（二）上掛劈棍

1.動作過程

① 右上步上掛

右足向前上一大步，落地站穩腿微屈，左足跟進至右足內側不落地；同時，右手使棍梢先向下落與腰平後，再

屈臂向上、向後掛起，至右肩前上方；左手握棍把向前推，高與腰平；收腹含胸，右肩微後移，目視前方（圖5-58）。

② 左上步劈棍

左足向前上一大步，右足跟進半步，成前四後六三體勢步型；同時，右手握棍，向正前方用力劈下，棍梢高與胸齊；左手拉回至腰、胯間緊貼身；右肩前順，臂微屈，肘內掩，右手虎口向下；頭向上頂，目視棍梢前方（圖5-59）。

圖 5-58

圖 5-59

形意拳械精解（下）

2.動作要點

① 上掛劈棍是由上掛和劈兩個技法組成。練習時，動作要連貫，中間不停，一氣呵成。上步要大、要遠，跟步要快。

② 右足上步與棍向上掛起動作要一致。左足上步與棍向前下劈落動作要整齊一致。步到棍到，上下相齊。

(三)下掛蓋劈棍

1.動作過程

① 左進步右下掛

左足向前進半步，右足跟進至左足內側不落地；左手握棍把，向上提起至左肩前，向前推；右手使棍端由前向下、向後掛，經體右側向後，再向上掄起；身微右轉，目隨棍梢（圖5-60）。

② 右上步蓋劈

右足向前上一大步，左足跟進半步；同時，左手棍把向右腋下拉，左手心向上握棍，使棍把緊貼右肋；右手運棍由頭上向前、向下蓋劈，右臂在棍上，手心向下，棍成水平，棍梢略低於肩；頭向上頂，目視前方（圖5-61）。

圖 5-60

圖 5-61

2.動作要點

① 左足進半步與棍梢向下掛，上下動作要相合，注意兩手的推拉。

② 右足上步與棍梢蓋劈動作要整齊一致。

（四）下掛反劈棍

1.動作過程

① 左退步左下掛棍

左足向後退半步，右足後撤至左足前；同時，右手使棍梢由前向下、向後，經體左側向上擺起，身微左轉；左手在右腋下握棍配合；目隨棍梢，至棍梢運至左後時，轉頭目視左下方（圖 5-62①②）。

圖 5-62① 　　　　　　　　圖 5-62②

② 右進步反手劈棍

　　右足向前進一大步，左足跟進半步，大部分重量在左足；同時，右手使棍梢自左後方向上畫弧擺起，再向前、向下反手劈落，棍梢高與肩平，右手心向上握棍，右臂在棍下；左手抓握把端，拉回至左腰側緊貼身。力達棍前段，頭向上頂。目視棍梢前方（圖 5-63）。

圖 5-63

2.動作要點

　　① 退步、撤步與棍左下掛動作要協

調一致。

②右足進步與棍的反劈動作要整齊一致。

③動作要連貫不停,一氣呵成。下掛動作以棍領身,前劈時要以身帶棍。

(五)併步格棍(白鶴亮翅)

1.動作過程

① 左退步絞棍

重心微向前移至右足,左足向後退半步;同時,右手握棍畫弧,使棍梢向上、向左、向下繞圓畫弧,圓弧直徑約40公分,棍梢至前上方;左手棍把在腹前隨之攪動;目視右手棍梢前方(圖5-64)。

② 併步左格棍

重心後移至左足,右足後撤拉回至左足內側落地,震地有聲,兩腿屈蹲;同時,右手棍自前向左、向身前擺動左格,右手內旋,擺至左胸前約 20 公分;左手棍把隨之拉回緊貼左腰側;目視右前方,身左轉,使右肩對

圖 5-64

圖 5-65① 圖 5-65②

準前方（圖 5-65①②）。

2.動作要點

①左足後退與雙手運棍繞圓絞棍，上下動作要協調一致。要體現身法和腰力，動作要柔和。

②右足撤步拉回要踩地震腳發聲，但不是踩地。與雙手運棍左格，要手腳整齊一致。發力要猛，棍格擊要有定點。

（六）右步橫棍

1.動作過程

① 右撥雲棍

兩足原地不動，重心移向左足；右手向右擺，使棍梢向前、向右撥，身微右轉，棍至右前方不停，向後在頭上

圖 5-66   圖 5-67

雲繞一圈，至左前方時，右手內旋在左肩前；左手握棍把，在身前反向繞一小圓，左手棍把推至右腋下，左手心向上握棍；身微左轉，目視右前方（圖 5-66）。

②　**右上步橫棍**

右足向右斜前進一大步，左足跟進半步，大部分重量在左足；同時，右手握棍，向右用力揮擺，使棍梢自身左前方向前、向右平掄橫擊，停於右前 45°，右手內旋，手心向右；左手棍把在右腋下，緊貼右肋。棍梢高與肩平；下頦內收，頭向上頂，目視棍梢前方（圖 5-67）。

2.動作要點

①　右手向右撥棍時，畫弧做一圓錐運動，再做雲棍的平圓橫掄。注意腰身的蓄勁，要「欲左先右，欲右先左」。

②　右足進步與橫棍的掄擊，上下動作要整齊一致。以

圖 5-68

呼氣助力，身械合一，力達棍梢。

（七）左步橫棍

1.動作過程

① 右進步左撥雲棍

右足向前進半步，左足跟進不落地；同時，右手向左撥棍，使棍梢自身前向左撥、向後繞，經頭前上方畫弧繞圓，至右肩前方，右手外旋，右臂向右前伸，手心向上握棍；左手握棍把，在身前反向繞一小圓，左手內旋，手心向下，左手擺至右肩前；頭微上頂，目視前方（圖5-68）。

② 左上步橫棍

左足向左斜前方上一大步，右足跟進半步，大部分重量在右足；同時，雙手運棍，使棍梢自右前方向前、向左

圖 5-69

掄棍橫擊，右臂微屈，停於左斜前方，棍梢略高於肩；左手握棍把，屈臂拉至左肩前，左肘下垂向後，兩手心均向左；腰微左擰，右肩前順。下頦內收，頭向上頂，目視棍梢前方（圖 5-69）。

2.動作要點

① 右足進步與向左撥棍上下動作要一致。

② 左足上步與掄棍向左橫擊，動作要整齊一致。雙手用力，擰腰順肩，要使身械合一，打出整勁。

（八）拗步鑽棍

1.動作過程

① 右上步下掛棍

重心前移至左足，左足不動，右足向前上一步；同時，右手微向前滑把，右手內旋，棍梢向下經右腿外側向

後掛，至身右側後方，身微右擰；左手棍把隨之向上提至左肩前上方；目視棍梢（圖5-70）。

② *左上步撈挑棍*

左足向前上一大步，右足向前跟進半步，大部分重量在右足；同時，右手外旋擰轉，以手心向前握棍，使棍梢自身後向前、向

圖 5-70

上撈挑，棍梢高與鼻齊，右前臂在棍下，手心向上握棍；左手先向上提，再向下按壓，回至左腰側，左肘貼肋；挺腰沉肩，頭向上頂，目視前方（圖5-71）。

圖 5-71

2.動作要點

① 右足向前上步與棍向右下掛，一前一後，一上一下，動作要整齊如一。

② 右足上步與棍向前上擺挑，動作要整體合一。注意右手的滑把和內旋外轉，左手的上提和向下壓回，左右兩手要協調一致。

圖 5-72

（九）上掛劈棍

1.動作過程

① 右上步上掛棍

左足不動，重心前移，右足向前上一步；同時，右手握棍，後拉屈臂到右肩前上方，使棍梢向上、向後掛；左手棍把向前推，高與腰齊；右肩後移，目視前方（圖5-72）。

② 左上步劈棍

左足向前上一大步，右足跟進半步；同時，右手握棍，向正前方伸臂用力劈下，棍梢高與胸齊；左手拉回至腰、胯間緊貼身；右肩前順，右臂微屈，肘內掩；頭向上頂，目視棍梢前方（圖5-73）。

2.動作要點

同（二）上掛劈棍。

圖 5-73

(十)回身下掛蹬腿歇步蓋劈（狸貓倒上樹）

1.動作過程

① 回身下掛

左足向右足尖前外側扣步，重心移向左足，身右轉 180°，面對來時方向，右足隨之扭轉；同時，右手棍梢向上挑起，隨轉身後向前、向下掛至體右側後方；左手握棍把，向上提起至左肩前上方；腰身向右擰轉，目視棍梢（圖5-74）。

圖 5-74

② 右腳橫蹬

左腿微屈獨立站穩，右腿提膝橫足向前、向上蹬出，高與胸平；目視右足前方（圖5-75）。

③ 歇步蓋劈棍

右足橫腳向前落地，左足隨之跟進，兩腿屈膝下蹲，左足跟抬起，兩腿成歇步姿勢，即形意龍形步。同時，右手運棍不停，自後向上、向前、向下蓋劈；左手握棍把，拉

圖5-75

至右腋下，緊貼右肋，手心向上握棍，棍身成水平，棍梢高與胸齊；頭向上頂，目視前方（圖5-76）。

圖5-76

2.動作要點

① 扣步幅度要大，轉身與下掛要同時。

② 右足蹬出腳尖外擺，要在棍下掛至右腿外側時，起腿橫蹬。

③ 落步與棍的蓋劈和身形下落要整齊一致。

④ 整個動作要連貫不停，一氣呵成。

以下動作再接（二）上掛劈棍，重複一遍，轉身練至原起勢位置後，成（二）上掛劈棍收勢。

收　勢

1.動作過程

① 右退步雙手舉棍

右足向後退半步，左足隨之後撤，與右足併攏，身向右轉45°，兩腿伸直成立正姿勢；同時，右手握棍向上、向身右側拉回，右手上舉，高過頭頂；左手握棍把，推至體右腋下，使棍向上直立；頭微上頂，目向左側平視（圖5-77）。

② 併步立棍

兩足不動；左手鬆開，垂於體左側成掌；同時，右手向下直落，使棍直立於體

圖 5-77

右側，棍把拄地；頭向前平
視（圖5-78）。

2.動作要點

① 併步舉棍，身體要
挺拔，要有氣勢，不能鬆懈
無力。

② 注意精神要貫注，
氣勢要飽滿。

圖 5-78

形意拳械精解（下）

導引養生功 系列叢書

- ◎ 1. 疏筋壯骨功
- ◎ 2. 導引保健功
- ◎ 3. 頤身九段錦
- ◎ 4. 九九還童功
- ◎ 5. 舒心平血功
- ◎ 6. 益氣養肺功
- ◎ 7. 養生太極扇
- ◎ 8. 養生太極棒
- ◎ 9. 導引養生形體詩韻
- ◎ 10. 四十九式經絡動功

張廣德　養生著作

每冊定價350元

全系列為彩色圖解附教學光碟

古今養生保健法 強身健體增加身體免疫力

養生保健 系列叢書

1 醫療養生氣功
定價250元

2 中國氣功圖譜
定價250元

3 少林醫療氣功精粹
定價250元

4 龍形實用氣功
定價220元

5 魚戲增視強身氣功
定價220元

7 道家玄牝氣功
定價200元

8 仙家秘傳祛病功
定價160元

9 少林十大健身功
定價180元

10 中國自控氣功
定價250元

11 醫療防癌氣功
定價250元

12 醫療強身氣功
定價250元

13 醫療點穴氣功
定價250元

14 中國八卦如意功
定價180元

15 正宗馬禮堂養氣功
定價420元

16 秘傳道家筋經內丹功
定價300元

17 三元開慧功
定價250元

18 防癌治癌新氣功
定價180元

19 禪定與佛家氣功修煉
定價200元

20 顛倒之術
定價360元

21 簡明氣功辭典
定價360元

22 八卦三合功
定價230元

23 朱砂掌健身養生功
定價250元

24 抗老功
定價230元

25 意氣按穴排濁自療法
定價250元

27 健身祛病小功法
定價200元

28 張氏太極混元功
定價250元

29 中國璇密功
定價250元

30 中國少林禪密功
定價200元

31 郭林新氣功
定價400元

32 八卦之源與健身養生
定價280元

33 現代原始氣功1
定價400元

歡迎至本公司購買書籍

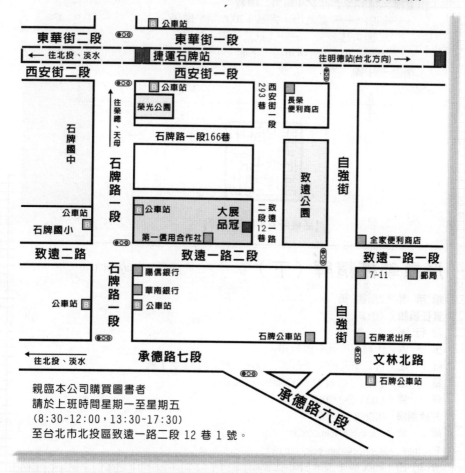

親臨本公司購買圖書者
請於上班時間星期一至星期五
(8:30~12:00,13:30~17:30)
至台北市北投區致遠一路二段 12 巷 1 號。

建議路線
1.搭乘捷運
　　淡水線石牌站下車,由出口出來後,左轉(石牌捷運站僅一個出口),沿著捷運高架往台北方向走
(往明德站方向),其街名為西安街,至西安街一段293巷進來(巷口有一公車站牌,站名為自強街口),
本公司位於致遠公園對面。

2.自行開車或騎車
　　由承德路接石牌路,看到陽信銀行右轉,此條即為致遠一路二段,在遇到自強街(紅綠燈)前的巷
子左轉,即可看到本公司招牌。

國家圖書館出版品預行編目資料

形意拳械精解（下）/邱國勇　編著
——初版，——臺北市，大展，2006年〔民95〕
面；21公分，——（武術特輯；84）
ISBN 957-468-470-9（下冊：平裝）

1.拳術—中國
528.97　　　　　　　　　　　　95008315

形意拳械精解（下）

ISBN 957-468-470-9

編 著 者/邱 國 勇
責任編輯/趙 新 華
發 行 人/蔡 森 明
出 版 者/大展出版社有限公司
社　　址/台北市北投區（石牌）致遠一路2段12巷1號
電　　話/（02）28236031・28236033・28233123
傳　　眞/（02）28272069
郵政劃撥/01669551
網　　址/www.dah-jaan.com.tw
E－mail／service@dah-jaan.com.tw
登 記 證/局版臺業字第2171號
承 印 者/高星印刷品行
裝　　訂/建鑫印刷裝訂有限公司
排 版 者/弘益電腦排版有限公司
授 權 者/北京人民體育出版社
初版1刷/2006年（民95年）7月

定價/480元

大展好書　好書大展
品嘗好書　冠群可期